Julien Le Maux

Sport et finance

Fondements de la gestion financière et comptable dans le secteur sportif

JFD Éditions

Sport et finance – Fondements de la gestion financière et comptable dans le secteur sportif
Julien Le Maux

Catalogage avant publication de Bibliothèque et Archives nationales du Québec
et Bibliothèque et Archives Canada

Titre : Sport et finance – Fondements de la gestion financière et comptable dans le secteur sportif

Noms : Julien Le Maux

Identifiants : Canadiana 20250031272 | ISBN 9782897998424

Vedettes-matière : RVM : Sports – Finances. | RVM : Sports – Gestion – Aspect économique. | RVM : Sports – Comptabilité. | RVM : Analyse financière. | RVM : Entreprises – Finances – Prise de décision.

Classification : LCC GV716.L46 2025 | CDD 796.06/91–dc23

Les Éditions JFD inc.
CP 15 Succ. Rosemont
Montréal (Québec)
H1X 3B6

Courriel : info@editionsjfd.com
Web : editionsjfd.com

ISBN : 978-2-89799-842-4

Dépôt légal : 3e trimestre 2025
Bibliothèque et Archives nationales du Québec
Bibliothèque et Archives Canada

Imprimé au Québec

Table des matières

Introduction de l'ouvrage

Le sport est bien plus qu'une simple compétition où s'affrontent des athlètes en quête de records et de victoires. Derrière l'émotion des grandes rencontres et la passion des supporters, un écosystème économique et financier sophistiqué façonne le destin des clubs, des fédérations et des événements sportifs. De la gestion des droits télévisés aux stratégies de financement des infrastructures, en passant par l'analyse des états financiers d'une fédération ou par l'évaluation du marché des transferts, chaque décision prise en coulisses influence le visage du sport moderne.

Ce livre propose une immersion au cœur des mécanismes financiers qui structurent l'industrie du sport, à travers quatre grandes parties. Chacune d'elles est illustrée par des cas réels qui mettent en évidence l'impact décisif des choix financiers dans le sport, tant au niveau des clubs et des organisations que des investisseurs et des instances dirigeantes.

1re partie – Utilisation de l'information comptable et financière

La comptabilité est bien plus qu'un simple exercice de conformité : elle est un outil de pilotage stratégique.

Le **chapitre 1 « Introduction à la comptabilité financière »** présente les principes fondamentaux de la comptabilité appliquée au sport. Les clubs, les ligues et les fédérations doivent rendre des comptes aux investisseurs, aux commanditaires et aux régulateurs. L'exemple du FC Barcelone, qui a accumulé une dette colossale en raison d'une gestion financière peu rigoureuse, illustre l'importance d'une comptabilité transparente et d'un contrôle efficace des coûts pour éviter des crises financières qui compromettent la compétitivité sportive.

Le **chapitre 2 « Analyse des états financiers »** explore comment les dirigeants sportifs peuvent interpréter les bilans, les états de résultats et les flux de trésorerie pour orienter leurs décisions. L'analyse des états financiers de la WWE (World Wrestling Entertainment) montre comment une entreprise de divertissement sportif peut structurer ses flux de revenus, maîtriser ses coûts et optimiser ses profits, tout en gérant les fluctuations du marché et les attentes des actionnaires.

2e partie – Décision financière et évaluation

Dans le sport, chaque décision d'investissement doit être justifiée par des analyses financières solides, car une erreur stratégique peut mettre en péril un club ou un événement majeur.

Le **chapitre 3 « Choix d'investissement »** met en lumière les outils d'évaluation des projets sportifs. La construction d'un stade, l'acquisition d'un joueur ou le développement d'un centre de formation nécessitent des analyses précises des coûts et des bénéfices attendus. Le stade SoFi de Los Angeles, financé à hauteur de 5 milliards de dollars par des capitaux privés et des obligations municipales, est un parfait exemple de l'ingénierie financière utilisée pour rentabiliser un projet d'envergure.

Le **chapitre 4 « Évaluation »** s'intéresse aux méthodes utilisées pour estimer la valeur des clubs, des joueurs et des infrastructures sportives. Comment déterminer la juste valeur d'une franchise ? Quels critères entrent en jeu lorsqu'un investisseur rachète une équipe ? Le cas du rachat du Chelsea FC par Todd Boehly en 2022, pour un montant dépassant 4 milliards de dollars, montre comment les clubs sont évalués en fonction de leurs revenus, de leur marque et de leurs actifs, et met en lumière les risques financiers associés à de tels investissements.

3e partie – Gestion des coûts et prise de décision

Le **chapitre 5 « Fondamentaux de la comptabilité de gestion »** détaille comment les clubs optimisent leurs coûts pour améliorer leur rentabilité. Une gestion rigoureuse des salaires et des transferts est essentielle dans les sports où la masse salariale représente une part prépondérante des dépenses. La NBA et son *salary cap*, qui impose des plafonds de dépenses aux équipes pour éviter des écarts trop importants entre franchises, illustre parfaitement les enjeux d'un contrôle budgétaire strict.

Le **chapitre 6 « Analyse des coûts et prise de décision »** met en avant les outils qui permettent aux gestionnaires sportifs de prendre des décisions éclairées. L'organisation d'un événement sportif majeur, comme les Jeux olympiques de Tokyo 2020, peut entraîner des dépassements budgétaires massifs. Avec un coût final de plus de 15 milliards de dollars, bien au-delà des estimations initiales, cet événement souligne l'importance de l'analyse des coûts et de la gestion des risques financiers dans le sport.

4e partie – Budget et tableau de bord

Le **chapitre 7 « Budget et contrôle budgétaire »** explique comment les clubs et les fédérations élaborent des plans financiers cohérents. Une mauvaise gestion budgétaire peut rapidement conduire une organisation à la faillite, même si elle génère d'importants revenus. Un exemple marquant est celui de l'écurie de Formule 1 Williams, qui, après avoir dominé la discipline dans les années 90, a vu ses finances se détériorer faute de commanditaires suffisants et d'investissements stratégiques bien gérés. Confrontée à des difficultés budgétaires, l'écurie a dû être rachetée en 2020 par le fonds d'investissement Dorilton Capital pour assurer sa survie et relancer son développement. Ce cas montre comment une mauvaise gestion financière peut nuire à la compétitivité d'une organisation et l'amener à perdre sa place dans l'élite.

Le **chapitre 8 « Le tableau de bord et les indicateurs de performance »** présente les outils permettant d'analyser la rentabilité et l'efficacité des stratégies mises en place. L'exemple des San Antonio Spurs en NBA illustre comment une franchise peut maximiser sa performance sportive grâce à une gestion rigoureuse des indicateurs de performance et à une vision à long terme. Contrairement à d'autres équipes misant sur des stars coûteuses, les Spurs ont privilégié une approche basée sur le développement des joueurs, la gestion optimisée du plafond salarial et l'analyse des statistiques avancées, leur permettant d'être compétitifs sur plusieurs décennies sans dépenser autant que d'autres grandes franchises.

Partie 1

Utilisation de l'information comptable et financière

L'information comptable et financière constitue le socle des décisions stratégiques dans le sport. Derrière chaque contrat signé, chaque investissement réalisé et chaque budget établi, des données chiffrées guident les choix des dirigeants. Loin d'être une simple obligation administrative, la comptabilité permet d'évaluer la santé financière d'un club, d'optimiser l'allocation des ressources et d'anticiper les risques économiques. Dans un secteur où les sources de revenus sont diverses (billetterie, droits TV, commandites, transferts) et les dépenses souvent considérables, une gestion rigoureuse des chiffres est indispensable pour assurer une croissance durable et éviter les crises financières.

Loin d'être un simple exercice de conformité, l'information comptable est un véritable levier stratégique. L'analyse des états financiers permet d'évaluer la rentabilité d'une organisation, de piloter ses investissements et d'optimiser ses coûts. Dans un secteur soumis à d'importantes fluctuations économiques, la maîtrise de ces éléments est essentielle pour assurer une gouvernance efficace et pour maximiser les occasions de développement.

Cette première partie du livre introduit les principes fondamentaux de la comptabilité appliquée au sport. Elle explore les bases de l'établissement des états financiers, notamment le bilan, l'état des résultats et le tableau des flux de trésorerie, en les adaptant aux spécificités du secteur sportif. Elle met en lumière la diversité des sources de financement et les particularités économiques des clubs et fédérations, tout en s'attardant sur l'analyse financière : rentabilité, solvabilité et structure des coûts des organisations sportives.

Enfin, la transparence financière et l'audit sont abordés, dans un contexte où les enjeux économiques sont considérables et où les risques de dérives existent, comme l'ont montré plusieurs scandales récents. Assurer la fiabilité de l'information comptable est essentiel pour maintenir la confiance des parties prenantes : investisseurs, commanditaires, institutions et grand public.

En combinant théorie, outils pratiques et études de cas, cette partie vise à fournir une compréhension approfondie des mécanismes comptables et financiers qui structurent le secteur du sport. Elle donnera ainsi aux lecteurs les clés pour analyser et exploiter efficacement l'information financière afin d'optimiser la gestion des organisations sportives, garantir leur stabilité et soutenir leur développement à long terme.

Chapitre 1

Introduction à la comptabilité financière

Introduction

La comptabilité financière, en tant que langage universel des affaires, permet aux parties prenantes – investisseurs, commanditaires, supporters, dirigeants et régulateurs – de comprendre la santé économique d'une organisation sportive. Elle ne se limite pas à un exercice de conformité réglementaire; elle constitue un outil essentiel pour orienter les décisions managériales et assurer une gouvernance transparente. En effet, les clubs et fédérations doivent démontrer leur capacité à générer des revenus, à gérer leurs coûts et à maintenir une situation financière équilibrée, sous peine de voir leur projet sportif menacé.

Dans ce chapitre, les fondements de la comptabilité financière appliquée au sport sont explorés. Sont examinés les méthodes utilisées par les organisations sportives pour structurer et publier leurs états financiers, les normes comptables qu'elles doivent respecter et les impacts stratégiques des choix faits pour présenter ces informations. En mettant en lumière les spécificités comptables propres au secteur sportif, la maîtrise des principes financiers est un levier de performance aussi déterminant que le talent des athlètes sur le terrain.

Section 1 – La comptabilité financière : pourquoi et pour qui ?

Objectifs des états financiers

Les états financiers servent à fournir des informations essentielles à ceux qui souhaitent évaluer la qualité de la gestion d'un club ou d'une organisation sportive. Ces documents permettent de prendre des décisions éclairées sur l'attribution des ressources (comme des fonds ou des investissements) et d'évaluer la manière dont les dirigeants gèrent l'organisation. Ils répondent notamment aux questions suivantes :

- **Quels sont les actifs, les dettes et les capitaux propres du club ou de l'organisation ?**

  Cela signifie qu'ils montrent ce que l'organisation possède, ce qu'elle doit, et la valeur nette détenue par les actionnaires ou les propriétaires.

- **Comment ces actifs, dettes et capitaux propres évoluent-ils au fil du temps ?**

  Les états financiers illustrent les changements dans ces éléments pour voir si l'organisation s'améliore ou non sur le plan financier.

- **Quelle est la performance économique de l'organisation ?**

  Cela permet d'évaluer si le club ou l'organisation dégage des profits ou des pertes.

L'information financière consiste essentiellement en un processus de communication[1]. Les états financiers doivent donner une **image fidèle** de la situation financière, des résultats d'exploitation et des flux de trésorerie d'une entité selon les principes comptables généralement reconnus du Canada[2].

Les utilisateurs de l'information financière

Les utilisateurs des états financiers sont divers :

- **Dirigeants et administrateurs** : Les dirigeants de l'entreprise, y compris les cadres supérieurs et les gestionnaires, utilisent les états financiers pour évaluer la performance opérationnelle de l'entreprise, identifier les domaines nécessitant des améliorations et prendre des décisions stratégiques.
- **Actionnaires** : Les actionnaires détiennent des actions dans l'entreprise et sont donc directement intéressés par ses performances financières. Ils utilisent les états financiers pour évaluer la rentabilité de leur investissement et prendre des décisions d'achat, de vente ou de conservation de leurs actions.
- **Créanciers** : Les créanciers, c'est-à-dire les banques et les prêteurs, examinent les états financiers pour évaluer la capacité de l'entreprise à rembourser ses dettes et à respecter ses obligations financières. Ces informations influencent les décisions de prêt et les conditions de crédit.
- **Analystes financiers** : Les analystes financiers, travaillant pour des institutions financières, des agences de notation ou des cabinets de conseil, analysent les états financiers pour évaluer la santé financière de l'entreprise et émettre des recommandations d'achat ou de vente d'actions.
- **Fournisseurs** : Les fournisseurs peuvent examiner les états financiers pour évaluer la solvabilité de l'entreprise et décider des conditions de paiement ou de crédit qu'ils lui accordent.
- **Clients** : Les clients et les partenaires commerciaux peuvent utiliser les états financiers pour évaluer la stabilité financière de l'entreprise avec laquelle ils font affaire. Cela peut influencer leur décision de continuer à faire des affaires avec elle.

Section 2 – Les fondamentaux comptables et juridiques

Les structures juridiques des organisations dans le monde sportif

Les organisations présentes dans le monde sportif sont essentiellement de deux formes juridiques : la société par actions ou l'organisme à but non lucratif.

- Une **société par actions** est une entreprise juridiquement constituée qui peut conclure des contrats, détenir des biens et contracter des dettes. Elle est détenue par un ou plusieurs actionnaires, qui peuvent être des particuliers ou des investisseurs institutionnels. Dans le sport professionnel, certaines franchises de ligues comme la NBA ou la NHL sont des sociétés par actions, avec des propriétaires privés et, parfois, une cotation en bourse. Cette structure permet une levée de fonds plus facile et une gestion axée sur la rentabilité.

---

1. Paragraphe 1400.01 du chapitre 1400 « normes générales de présentation des états financiers » des normes comptables pour les entreprises à capital fermé.
2. Paragraphe 1400.03 du chapitre 1400 « normes générales de présentation des états financiers » des normes comptables pour les entreprises à capital fermé.

- Un **organisme à but non lucratif (OBNL)** est une structure qui n'a pas pour objectif de générer des profits à partager entre ses membres. Il peut être doté d'une personnalité juridique ou non. Son fonctionnement est centré sur des missions d'intérêt social, éducatif, ou sur tout autre objectif non lucratif. De nombreuses organisations sportives, telles que les fédérations (p. ex. FIFA, CIO) et les clubs amateurs, adoptent cette structure pour répondre aux exigences de développement du sport et d'accessibilité.

Les documents comptables obligatoires[3]

Toutes les organisations, qu'elles soient à but lucratif ou non lucratif, doivent produire et publier des états financiers à la fin de chaque exercice comptable, qui doit couvrir une période de 12 mois[4]. Ces documents, publiés annuellement, sont essentiels pour évaluer la gestion des ressources et assurer la transparence de l'organisation.

Dans le cas des **entreprises à but lucratif**, les états financiers se composent généralement des documents suivants :

- **L'état de la situation financière (bilan)** : Il présente la situation financière de l'entreprise à un moment donné, en montrant les **actifs** (ce que l'entreprise possède), les **passifs** (ce qu'elle doit) et les **capitaux propres** (la part appartenant aux actionnaires).
- **L'état des résultats** : Il récapitule les **revenus** et les **dépenses** de l'entreprise sur une période donnée, et indique si elle a généré un **bénéfice** (résultat net positif) ou une **perte** (résultat net négatif).
- **L'état de variation des capitaux propres (ou l'état des bénéfices non répartis)** : Il montre l'évolution des bénéfices accumulés, c'est-à-dire la part des profits qui n'a pas été distribuée aux actionnaires et qui est réinvestie dans l'entreprise.
- **Le tableau de flux de trésorerie (ou l'état des flux de trésorerie)** : Il détaille les mouvements d'argent entrants et sortants, permettant de comprendre comment l'entreprise génère et utilise ses liquidités.
- Les **notes annexes aux états financiers** : Elles fournissent des informations supplémentaires sur les méthodes comptables utilisées et sur certains postes spécifiques des états financiers.

---

3. Différents cadres existent pour établir les états financiers. Les normes comptables applicables dépendent de la forme juridique de l'organisation :
   - Entreprises à capital fermé : Les normes comptables applicables sont les « normes comptables pour les entreprises à capital fermé » (NCECF);
   - Entreprises cotées en bourse : les normes comptables applicables sont les normes d'information financière internationales (« *International Financial Reporting Standards* » – IFRS);
   - OBNL : Les normes comptables applicables sont les « normes comptables pour les organismes sans but lucratif ».
4. Il n'y a aucune obligation selon laquelle un exercice comptable devrait être une année civile. De nombreuses entreprises clôturent leurs états financiers le 31 décembre, mais il est tout à fait possible de choisir une autre date de l'année. Par exemple, pour les organisations sportives dont l'activité se concentre essentiellement entre le 1er septembre et le 30 juin, il est logique que l'exercice comptable clôture le 30 juin.

Dans le cas des **organismes à but non lucratif (OBNL)**, les états financiers sont similaires, mais avec des particularités propres à leur statut :

- **L'état de la situation financière** : Il présente les **actifs**, les **passifs** et **l'actif net**[5] (ou fonds nets) de l'OBNL. L'actif net peut être divisé en **fonds affectés** (destinés à des usages spécifiques) et **fonds non affectés** (libres d'utilisation).
- **L'état des résultats** : Il montre les revenus et les dépenses de l'OBNL. Une particularité des OBNL est que leurs revenus peuvent inclure des dons, des subventions, des cotisations et des contributions, contrairement aux entreprises commerciales qui génèrent leurs revenus principalement par la vente de biens et services.
- **Le tableau de flux de trésorerie** : Il permet de suivre les mouvements d'argent entrants et sortants, montrant comment l'OBNL finance ses activités.
- **L'état de l'évolution de l'actif net** : Il explique comment les excédents ou déficits affectent l'actif net au fil du temps. Les OBNL n'ont pas d'**état des bénéfices non répartis**, car leur objectif n'est pas de générer des profits à redistribuer, mais de réinvestir tout excédent dans leurs activités.
- **Les notes annexes aux états financiers** : Elles fournissent les informations relatives aux particularités des sources de financement et à la gestion des ressources, notamment les restrictions éventuelles imposées aux dons et subventions.

Certaines organisations doivent également faire vérifier leurs états financiers par un auditeur indépendant. Cette obligation dépend de la taille de l'organisation, de son statut juridique et des exigences réglementaires. L'auditeur émet une opinion sur la fiabilité des états financiers et leur conformité aux normes comptables en vigueur[6].

Tableau 1 Documents comptables obligatoires

Normes	*International Financial Reporting Standards (IFRS)*	Normes comptables pour les entreprises à capital fermé (NCECF)	Normes comptables pour les organismes sans but lucratif
Type d'organisation	Entreprises cotées en bourse	Entreprises à capital fermé	Fédérations sportives, clubs, associations
Documents obligatoires	Bilan État des résultats État de variation des capitaux propres État des flux de trésorerie Notes annexes Rapport de l'auditeur	Bilan État des résultats États des bénéfices non répartis Tableau des flux de trésorerie Notes annexes	État de la situation financière État des résultats État de l'évolution de l'actif net Tableau des flux de trésorerie Notes annexes

5. L'actif net remplace les capitaux propres dans les OBNL, car ces derniers ne disposent pas de fonds apportés par les actionnaires.
6. Le rapport de l'auditeur est présenté de manière détaillée dans la section 8 de ce chapitre.

Les principes comptables

L'ensemble de ces documents comptables sont fondés sur des principes comptables fondamentaux définis par les différentes normes comptables.

- Le **principe de la continuité d'exploitation**[7] suppose que l'organisation poursuivra ses activités dans un avenir prévisible. Dans cette perspective, elle n'a pas l'intention ni l'obligation de cesser ses activités ou de réduire considérablement son exploitation. En cas de doute sur cette continuité (p. ex. faillite imminente, difficultés financières majeures), les états financiers doivent en tenir compte et inclure des mentions spécifiques.
- Le **principe de prudence** impose une approche **conservatrice** lors de l'enregistrement des éléments comptables. Ce principe vise à éviter une surestimation des résultats financiers et à offrir une image réaliste de la situation de l'organisation :
  - Les gains futurs ne doivent être comptabilisés que lorsqu'ils sont réalisés, même s'ils semblent certains;
  - Les pertes doivent être comptabilisées dès qu'elles sont probables, même si elles ne sont pas encore définitivement confirmées.
- Le **principe du coût historique** impose que les actifs et les passifs doivent être enregistrés à leur **coût d'acquisition initial** plutôt qu'à leur valeur actuelle. Il existe quelques exceptions pour les instruments financiers et les actifs réévalués à leur juste valeur.
- Le **principe de l'indépendance des exercices**[8] (ou principe de la **comptabilité d'exercice**) stipule que les revenus et les charges doivent être enregistrés lorsqu'ils sont engagés et non au moment où l'argent est reçu ou déboursé. Une exception existe pour certains OBNL : ils peuvent recourir à la **comptabilité de trésorerie**, c'est-à-dire que les transactions sont comptabilisées uniquement lors des encaissements et des décaissements.
- Le **principe de permanence des méthodes** exige que les méthodes comptables utilisées pour établir les états financiers restent **stables dans le temps**. Ce principe permet de faciliter la comparaison des résultats financiers d'une période à l'autre.
- Le **principe de non-compensation** interdit aux organisations de compenser les actifs avec les passifs, ou les revenus avec les dépenses, sauf exception prévue par les normes comptables. Ce principe garantit une présentation transparente et détaillée de la situation financière.

---

7. En anglais, la continuité d'exploitation est appelée «*going concern*».
8. En cas d'achat de fournitures au moyen d'un paiement en trésorerie, la comptabilisation est la suivante :
   - Selon la méthode de la comptabilité d'exercice, l'achat de fournitures est comptabilisé dès l'achat de fournitures, peu importe la date de paiement. Le montant de l'achat est inclus dans les charges comptables et dans les dettes fournisseurs.
   - Selon la méthode de la comptabilité de trésorerie, l'achat est comptabilisé lorsque l'OBNL a payé.

- Le **principe de la prééminence de la réalité sur l'apparence**[9] stipule que les transactions doivent être comptabilisées en fonction de leur **substance économique réelle**, et non seulement de leur **forme juridique**.
  - Exemple : Une ligue professionnelle vend des droits de diffusion pour une saison entière, mais les paiements par la chaîne de télévision sont étalés sur plusieurs périodes. Selon ce principe comptable, le club a cédé les droits pour toute la saison, et la totalité des revenus doit être comptabilisée dès que la saison est entamée, même si les flux de trésorerie n'arrivent qu'au fil du temps.
- Le **principe de transparence** exige que les états financiers soient suffisamment détaillés et explicites pour permettre aux utilisateurs de comprendre la situation financière réelle de l'organisation, ainsi que les performances réalisées. Les informations pertinentes doivent être clairement présentées et expliquées.
- Le **principe de l'intangibilité du bilan d'ouverture** stipule que le bilan d'ouverture d'un exercice comptable doit correspondre au bilan de clôture de l'exercice comptable précédent, sauf en cas de changement de méthode comptable ou de correction d'erreur.

Section 3 – Le bilan

Introduction au bilan

Le bilan (ou état de la situation financière) est un document comptable qui présente une « photographie » du patrimoine de l'entreprise à une date précise, généralement à la clôture de l'exercice. Il se divise en trois parties principales : l'actif, le passif et les capitaux propres.

- **L'actif** représente tout ce que l'entreprise possède et utilise pour mener ses activités. Cela inclut, par exemple, les stocks de marchandises ou de matières premières, la trésorerie (argent disponible) et les biens immobiliers (comme les bâtiments ou les terrains).
- **Le passif** regroupe toutes les dettes de l'entreprise. Ces dettes peuvent être financières (comme les emprunts bancaires) ou d'exploitation (par exemple, les dettes envers les fournisseurs).
- **Les capitaux propres** correspondent à la part de la richesse comptable qui appartient aux actionnaires. Ils se calculent en faisant la différence entre l'actif et le passif. Les capitaux propres incluent le capital apporté par les actionnaires (par exemple, les actions) et les bénéfices que l'entreprise a conservés (bénéfices non répartis).

En résumé, **le total de l'actif** doit toujours être **égal à la somme du passif et des capitaux propres**. Cela signifie que tout ce que possède l'entreprise (l'actif) est financé soit par des dettes (passif), soit par les fonds apportés par les actionnaires (capitaux propres).

9. En anglais, ce principe s'appelle « *substance over form* ».

La structure simplifiée d'un bilan pour une entreprise commerciale est présentée ci-dessous :

Tableau 2 Bilan pour une entreprise commerciale

Actif	Passif
Immeubles	Dettes financières
Créances clients	Dettes fournisseurs
Stocks	Dette fiscale
Trésorerie	**Capitaux propres**

Actif – Passif = Capitaux propres

La présentation du bilan est différente pour les OBNL, car, par définition, ils ne comptent pas d'actionnaires. Les apporteurs de fonds ne sont pas propriétaires de l'organisation. Par conséquent, il n'y a pas de capitaux propres. Ceux-ci sont remplacés par l'actif net. Le solde de l'actif net fournit donc de l'information sur les ressources nettes dont dispose l'organisme pour assurer la prestation de ses services dans l'avenir. Contrairement aux entreprises à but lucratif, les OBNL reçoivent souvent des apports affectés (dons, subventions) qui doivent être comptabilisés différemment selon la méthode comptable utilisée (report ou comptabilité par fonds affectés). L'actif net peut être grevé d'affectations internes ou externes.

Tableau 3 Bilan pour un organisme sans but lucratif (OBNL)

Actif	Passif
Immeubles	Dettes financières
Créances clients	Dettes fournisseurs
Stocks	Dette fiscale
Trésorerie	**Actif net**

La valeur comptable de l'actif net est calculée selon la formule suivante : **Actif – Passif = Actif net**

Actif : définitions et structures

Définition d'un actif comptable

Les trois caractéristiques qui définissent un actif comptable sont les suivantes :

- Il représente un **avantage futur**, c'est-à-dire qu'il contribue directement ou indirectement aux flux de trésorerie nets futurs;
- L'entité est en mesure de contrôler l'accès à cet avantage (**accès actuel**);
- L'opération, ou le fait à l'origine du droit de l'entité de bénéficier de l'avantage ou à l'origine du contrôle qu'elle a sur celui-ci, s'est déjà produit (**découle d'une opération passée**).

Exemple : la place du joueur professionnel dans l'actif comptable d'un club.

- **Avantage futur** : Le contrat d'un joueur de football représente un avantage économique futur pour un club. En effet, le joueur contribue à la performance sportive de l'équipe, ce qui peut entraîner une augmentation des revenus liés aux ventes de billets, aux droits télévisuels, aux commandites, ainsi qu'aux résultats des compétitions. De plus, la valeur marchande du joueur peut augmenter, permettant un transfert lucratif vers un autre club.

- **Contrôle de l'accès à cet avantage** : Le club détient un contrat avec le joueur, ce qui lui donne le contrôle exclusif de ses services. Tant que ce contrat est en vigueur, le club décide de l'utilisation du joueur, de son affectation dans l'équipe et des conditions d'un potentiel transfert vers un autre club. Aucun autre club ne peut bénéficier de cet actif sans obtenir l'accord du club propriétaire du contrat.

- **Opération passée** : Le club a acquis le joueur lors d'un transfert antérieur, ce qui signifie que l'opération s'est déjà produite et que les droits associés à l'actif (le joueur) ont déjà été transférés au club. Le joueur est donc officiellement sous contrat avec le club, et tous les avantages économiques découlant de ses performances sportives sont liés à cette transaction passée.

- Dans les états financiers du club, un joueur de football est inscrit comme une immobilisation incorporelle à son coût d'acquisition (frais de transfert) et est amorti sur la durée de son contrat. Il est important de noter que seul le coût d'acquisition d'un joueur (p. ex. frais de transfert) est comptabilisé en immobilisation incorporelle. Son salaire, lui, est une charge comptabilisée en résultat chaque année.

Actif à court terme et à long terme

Les actifs et passifs sont classés selon leur degré de liquidité, c'est-à-dire leur rapidité de conversion en argent comptant. **L'actif à court terme** (ou « **actif courant** » selon les normes IFRS) est présenté en premier dans la section des actifs. Il regroupe les éléments qui devraient être convertis en liquidités ou utilisés dans l'année qui suit la date du bilan, ou pendant le cycle normal d'exploitation si celui-ci dure plus d'un an. Des exemples courants d'actifs à court terme sont la trésorerie (l'argent disponible) et les créances clients (les sommes que les clients doivent encore à l'entreprise).

Ensuite viennent les **actifs à long terme**, c'est-à-dire ceux que l'organisation détient pour une utilisation à long terme, comme des terrains, des bâtiments ou des équipements sportifs. Ces actifs ne sont pas destinés à être vendus rapidement dans le cadre des activités normales de l'organisation. Dans les normes comptables IFRS, ces éléments sont appelés **actifs non courants**. Bien que cette appellation ne soit pas spécifique aux normes canadiennes, la distinction entre court et long terme reste importante pour comprendre la structure du bilan.

Tableau 4 Structure d'un bilan selon le type d'actifs

Normes comptables canadiennes	Normes IFRS
Actif à court terme	Actif courant
Actif à long terme	Actif non courant

Postes de l'actif courant

Trésorerie

La trésorerie inclut l'argent disponible sur les comptes bancaires de l'organisation et les actifs très liquides (comme les dépôts à court terme) qui peuvent être convertis rapidement en espèces. Ce poste est intitulé différemment selon les entreprises ou les OBNL : « trésorerie », « encaisse », « disponibilités ».

La trésorerie permet de financer les opérations quotidiennes de l'organisation, comme le paiement des salaires des joueurs ou des frais liés à l'organisation des matchs.

Créances clients

Les créances clients regroupent l'ensemble des comptes débiteurs des clients. Il s'agit d'un poste essentiel dans le cycle d'exploitation, car elles sont issues des ventes et des prestations de l'organisation et que les clients n'ont pas encore payé. Ce poste est également intitulé « clients », « créances clients » ou « débiteurs ».

Par exemple, il s'agit des montants dus par les commanditaires, les diffuseurs ou les spectateurs qui ont acheté des billets ou des abonnements. Par exemple, lorsqu'un club vend des places pour une saison complète, il peut ne pas recevoir l'argent immédiatement, ce qui est inscrit comme une créance à court terme jusqu'à ce que le paiement soit effectué.

Les créances doivent être présentées au bilan à leur valeur nette de réalisation, c'est-à-dire au montant qu'une créance est censée générer à son expiration. En cas d'informations qui indiquent que le paiement intégral ne pourra probablement être effectué, il est obligatoire d'évaluer annuellement la présence de créances douteuses. Si elles existent, le montant des créances doit être ajusté afin de présenter le montant qui sera probablement collecté.

Stocks

Les stocks regroupent les biens destinés à la vente ou à la production. On distingue : les produits finis, ceux en cours de fabrication et les matières premières :

- Les **produits finis**, qui sont prêts à être vendus;
- Les **produits en cours de fabrication**, qui sont en train d'être transformés pour être vendus;
- Les **matières premières** ou fournitures, qui seront utilisées dans le processus de production.

Dans le cadre des clubs sportifs, les stocks peuvent inclure des articles comme des maillots, des ballons ou d'autres équipements destinés aux supporters. Ces stocks sont classés comme des **actifs à court terme**, car ils devraient être vendus ou consommés dans l'année qui suit.

D'un point de vue comptable, la **valorisation des stocks** repose sur la comparaison entre deux valeurs :

- **La valeur nette de réalisation** : Il s'agit du prix estimé auquel les stocks pourraient être vendus dans le cadre normal des activités du club.

- **Le coût des stocks** : Ce coût inclut tous les frais associés à l'acquisition, la transformation et tout autre coût nécessaire pour que les stocks soient prêts à être vendus. Il comprend :
  - Le **prix d'achat** des biens, ainsi que les taxes et droits de douane associés;
  - Les **coûts de transformation**, comme les coûts de production directe (main-d'œuvre, par exemple);
  - Les **autres coûts** engagés pour amener les stocks à l'endroit où ils doivent être et dans l'état adéquat pour la vente.

Ainsi, la valeur retenue pour les stocks sera la plus basse entre la valeur nette de réalisation et le coût d'acquisition, garantissant une valorisation prudente de l'actif de l'organisation.

Frais payés d'avance

Les frais payés d'avance sont des paiements déjà effectués pour des services futurs, comme la location d'un stade ou la couverture par une compagnie d'assurances. Ce type de dépense est comptabilisé comme un actif à court terme, car le service sera utilisé dans l'année.

Les immobilisations : définitions et typologie

Définition

Les **immobilisations** représentent les biens détenus par l'entreprise, non pour être vendus ou transformés, mais **pour être utilisés d'une manière durable**. Cette catégorie d'actifs comprend les immobilisations **corporelles**, **incorporelles** et **financières**.

La règle de comptabilisation est que les immobilisations sont inscrites au **coût d'acquisition** (*immobilisations brutes*) minoré de **l'amortissement**, c'est-à-dire la diminution de la valeur en raison du temps qui passe. La différence entre le coût d'acquisition et l'amortissement est la valeur comptable de l'immobilisation (*immobilisations nettes*).

Typologie

Une **immobilisation corporelle** est un **actif physique**, c'est-à-dire un bien que l'on peut voir, toucher ou mesurer. Cette catégorie inclut des éléments tels que les terrains, les bâtiments, les véhicules et les équipements industriels. Dans le monde sportif, les principales immobilisations corporelles sont les suivantes :

- *Les terrains et installations sportives* : Les stades, les arènes, les terrains de football, les piscines, les courts de tennis et autres installations physiques utilisées pour la pratique sportive peuvent être considérés comme des immobilisations corporelles.
- *Les équipements sportifs* : Les équipements utilisés dans les pratiques sportives, tels que les ballons, les raquettes, les équipements d'entraînement physique, les vélos, les planches de surf, les skis, etc., peuvent être enregistrés comme des immobilisations corporelles.
- *Les véhicules* : Les véhicules utilisés par les équipes sportives ou les organisations sportives, tels que les bus d'équipe, les camions de transport de matériel, les motos, les bateaux, etc., peuvent être traités comme des immobilisations corporelles.

- *Les installations de conditionnement physique* : Les équipements de gym, les machines de musculation, les tapis roulants, les vélos d'exercice, les poids, etc., utilisés dans les centres de conditionnement physique ou dans les installations sportives, peuvent être enregistrés comme des immobilisations corporelles.
- *Les installations de stockage et de maintenance* : Les entrepôts, les installations de stockage et les ateliers utilisés pour entreposer et entretenir les équipements sportifs peuvent également être considérés comme des immobilisations corporelles.

Une **immobilisation incorporelle** est un **actif non physique** détenu, identifiable et qui possède une valeur économique. Le concept d'identifiable se rapporte au fait que les immobilisations incorporelles peuvent être séparées et vendues, transférées, concédées en licence ou générer des avantages économiques de façon indépendante. En IFRS, certains actifs incorporels, comme les marques, peuvent être évalués à la juste valeur sous certaines conditions. En NCECF (normes comptables pour les entreprises à capital fermé), ces actifs restent comptabilisés au coût historique.

Les immobilisations incorporelles courantes comprennent les marques de commerce, les brevets, les droits d'auteur, les logiciels ou les licences.

Les **actifs sportifs** qui peuvent être traités comme des immobilisations incorporelles comprennent généralement les éléments suivants :

- *Les droits de propriété intellectuelle* : Il s'agit des droits exclusifs liés à des propriétés intellectuelles telles que les marques de commerce, les brevets, les droits d'auteur et les noms de domaine. Par exemple, une équipe sportive peut posséder des marques de commerce protégeant son nom, son logo et ses slogans.
- *Les licences et les contrats* : Les licences sportives, les contrats de diffusion et les contrats de parrainage peuvent être considérés comme des actifs incorporels. Par exemple, une équipe de football peut détenir une licence exclusive pour commercialiser des produits portant son logo.
- *Les contrats de joueurs* : Les contrats de joueurs professionnels peuvent être traités comme des actifs incorporels. La valeur du contrat peut être amortie sur la durée du contrat. Par exemple, un club de football peut acheter les droits d'un joueur pour une certaine durée, et cette valeur est enregistrée comme un actif incorporel.
- *Les logiciels et les bases de données* : Les logiciels spécifiques utilisés dans le domaine du sport, tels que les programmes de gestion des performances ou les outils d'analyse de données, peuvent être considérés comme des actifs incorporels. De même, les bases de données contenant des informations sportives peuvent être traitées comme des actifs incorporels.
- *Les droits de diffusion* : Les droits de diffusion de compétitions sportives peuvent être enregistrés comme des actifs incorporels. Par exemple, une ligue sportive peut détenir des droits de diffusion exclusifs pour ses matchs, qu'elle peut valoriser et amortir sur la durée de ces droits.

Il est important de noter que seules les immobilisations incorporelles acquises peuvent être comptabilisées. Une immobilisation incorporelle développée en interne ne peut pas être comptabilisée au bilan d'une entreprise. Par exemple, une marque de commerce développée en interne ne peut pas être comptabilisée, alors qu'elle peut l'être si elle est acquise.

Une **immobilisation financière** est un type d'actif détenu par une entité et qui est lié à des investissements financiers à long terme dans d'autres entités. Elle représente les participations, les titres de participation, les prêts, les dépôts ou les autres formes d'investissements dans d'autres entreprises, sociétés ou entités. Les immobilisations financières sont présentées dans les états financiers de l'entreprise dans la catégorie des « actifs financiers » ou des « investissements » à long terme.

Exemples d'immobilisations financières dans le monde sportif :

- *Investissements dans des entreprises liées au sport* : De nombreux clubs ou franchises investissent dans des entreprises partenaires, telles que des équipementiers sportifs ou des sociétés de marketing. Ces participations financières à long terme sont des exemples typiques d'immobilisations financières.
- *Prêts à des filiales* : Un groupe sportif qui possède plusieurs entités peut accorder des prêts à ses filiales (par exemple, un club qui fait partie d'un groupe plus large d'équipes sportives). Ces prêts, considérés comme des immobilisations financières, sont destinés à soutenir le développement à long terme des filiales.

L'amortissement

L'amortissement comptable est le processus par lequel une entreprise répartit le coût d'un actif immobilisé sur sa durée de vie utile. Il s'agit d'une méthode de comptabilisation des coûts d'acquisition ou de production d'un actif sur plusieurs exercices comptables, afin de refléter la consommation progressive de la valeur de l'actif au fur et à mesure de son utilisation.

La **durée de vie utile** correspond à la plus courte des durées physique, technologique, commerciale ou juridique. Tout actif ayant une durée de vie finie doit faire l'objet d'un amortissement. À l'exception des terrains, dont la durée de vie est considérée comme illimitée, les immobilisations corporelles ont une durée de vie limitée.

L'amortissement des immobilisations incorporelles dépend de leur durée de vie. Lorsque celle-ci est infinie, l'amortissement est impossible. Dans cette catégorie peut être citée la marque. Par définition, elle n'a pas de durée déterminée. Au contraire, si la durée de vie est finie, la valeur comptable de l'immobilisation doit être amortie.

Cas particulier de l'amortissement des transferts de joueur

Prenons le cas d'un club professionnel qui fait l'acquisition d'un joueur pour 60 millions de dollars avec un contrat de 6 ans.

- Coût initial : 60 millions $
- Durée du contrat : 6 ans
- Amortissement annuel : 60 millions $ ÷ 6 = 10 millions $ par an

Chaque année, le club devra enregistrer une charge d'amortissement de 10 millions de dollars pour ce joueur. Si, après 3 ans, le joueur est vendu pour 45 millions de dollars, le club devra également tenir compte de l'amortissement déjà comptabilisé (30 millions de dollars sur les 3 premières années) pour déterminer le gain ou la perte sur la vente.

Tableau 5 Extraits de la liste des catégories de biens amortissables selon Revenu Canada

Catégorie	Taux (%)	Description
1	4 %	La plupart des immeubles que vous avez acquis après 1987 et le coût de certaines modifications ou certains ajouts faits après 1987.
10	30 %	Le matériel électronique universel de traitement de l'information (communément appelé « matériel informatique ») et les logiciels d'exploitation pour ce matériel.
10	30 %	Véhicules à moteur et voitures de tourisme.
14.1	5 %	Fonds commercial, bien matériel ou corporel, bien qui n'est pas acquis en vue d'en tirer ou de produire un revenu d'une entreprise, droit relatif à une fiducie, participation dans une société de personnes, bien pour le revenu d'agriculture (contingents de production de lait et d'œufs), biens pour le revenu d'entreprise (franchises, concessions et licences pour une période illimitée).
38	30 %	La majorité du matériel mobile muni d'un moteur acquis pour l'excavation, le déplacement, la mise en place ou le compactage de terre, de pierres, de béton ou d'asphalte.
43	30 %	Des machines ou du matériel admissibles servant à la fabrication ou à la transformation au Canada de marchandises en vue de la vente ou de la location et qui ne sont pas compris dans la catégorie 29.
45	45 %	Le matériel électronique universel de traitement de l'information (communément appelé « matériel ») et les logiciels de systèmes connexes, y compris le matériel auxiliaire de traitement de l'information.
46	30 %	Le matériel d'infrastructure de réseaux de données et les logiciels d'exploitation pour ce matériel acheté.
52	100 %	Le matériel électronique universel de traitement de l'information (communément appelé « matériel ») et les logiciels de systèmes connexes, y compris le matériel auxiliaire de traitement de l'information, dans la catégorie 52 si vous avez acquis ces biens après le 27 janvier 2009 et avant février 2011.

Source : site Internet de Revenu Canada (https://www.canada.ca/fr/agence-revenu/) consulté en mars 2023.

Tableau 6 Exemple de présentation de durées de vie d'immobilisations corporelles

Immobilisations corporelles (suite)

Les terrains ne sont pas amortis. Le coût de l'immobilisation corporelle, diminué de sa valeur résiduelle, le cas échéant, est amorti selon le mode linéaire sur les durées d'utilité estimées suivantes :

Actif	Durée d'utilité
Bâtiments et améliorations[1)]	De 5 à 40 ans
Matériel de fabrication[2)]	De 2 à 20 ans
Autre matériel	De 3 à 10 ans

1) La majorité des bâtiments de la Société est amortie sur une période de 30 à 40 ans.
2) La majorité du matériel de fabrication de la Société est amortie sur une période de 15 à 20 ans

Les actifs non encore utilisés dans le cadre des activités comprennent les dépenses engagées à ce jour au titre des constructions ou des agrandissements d'installations en cours et du matériel qui n'avait pas encore été mis en service à la date de clôture. Ces actifs ne sont amortis qu'à partir du moment où ils sont prêts pour utilisation.

Source : rapport annuel 2023 de Gildan

Tableau 7 Exemple de présentation de durées de vie d'immobilisations incorporelles

Les immobilisations incorporelles dont la durée de vie est déterminée sont amorties selon la méthode linéaire sur les durées d'utilité estimées qui suivent :

Actif	Durée d'utilité
Contrats avec les clients et relations clients	De 7 à 20 ans
Conventions de mise sous licence	De 3 à 10 ans
Logiciels	De 4 à 7 ans
Marques de commerce à durée de vie définie	5 ans
Ententes de non-concurrence	2 ans

Source : rapport annuel 2023 de Gildan

Après avoir exploré le rôle des immobilisations dans les organisations sportives, qui représentent des actifs essentiels pour assurer leur fonctionnement à long terme, il est important de se pencher sur une spécificité des **organismes à but non lucratif (OBNL)** : les **apports affectés.**

OBNL : le cas des apports affectés

Contrairement aux immobilisations, qui sont des actifs tangibles ou financiers inscrits au bilan, les apports affectés sont des ressources financières sans contrepartie, souvent reçues sous forme de subventions ou de dons, et qui jouent un rôle clé dans le financement des OBNL. Comprendre la nature de ces apports et leur traitement comptable permet de mieux saisir comment les OBNL gèrent leurs ressources dans un cadre distinct des entreprises à but lucratif.

Les apports représentent un produit propre aux OBNL. La principale caractéristique d'un apport réside dans le fait qu'il s'agit d'un transfert sans contrepartie. C'est cette absence de contrepartie qui le distingue de tous les autres produits comptables. Ainsi, le financement public d'un OBNL est considéré comme un apport.

Les personnes qui apportent des fonds peuvent exiger des restrictions quant à l'utilisation des fonds apportés. Ces restrictions sont appelées des affectations. Par exemple, les restrictions peuvent consister à limiter l'utilisation d'un apport aux fonds d'un programme particulier ou pour acquérir une immobilisation.

Il existe une typologie des apports :

- Un **apport non affecté** est un apport qui n'est pas grevé d'affectations externes, et l'OBNL est libre d'utiliser le montant des fonds. Cette absence de restriction fait que les montants apportés ne représentent ni un *apport affecté* ni *une dotation.*
- Un **apport affecté** est un apport grevé d'une affectation externe stipulée par l'apporteur de fonds.
- Une **dotation** est un type particulier d'apport grevé d'une affectation en vertu de laquelle l'OBNL est tenu de maintenir en permanence les ressources qui lui sont attribuées.

Les OBNL sont obligés de comptabiliser séparément les produits tirés des apports et les autres produits, et de faire état des apports dans leurs états financiers, y compris des apports affectés non dépensés.

Chaque apport doit pouvoir être suivi séparément et faire l'objet d'une divulgation de comptes distincte : la **méthode du report** et **la méthode de la comptabilité affectée.**

- La **méthode du report** : Les apports affectés sont comptabilisés à titre de produits dans l'état des résultats dans la période au cours de laquelle les charges connexes sont comptabilisées. Avant que les charges connexes soient comptabilisées, les apports affectés sont comptabilisés à l'état de la situation financière. Le traitement comptable dépend du type d'apport :
  - › Un apport non affecté est comptabilisé en produits dans la période au cours de laquelle il est reçu.
  - › Un apport grevé d'une affectation externe est comptabilisé en produits de la période si les charges connexes sont engagées au cours de la même période :
    - — Si les charges connexes à un apport grevé ne sont pas engagées au cours de la période, l'apport est comptabilisé à l'état de la situation financière à titre d'apport reporté;
    - — Lorsque les charges connexes sont engagées, le solde de l'apport reporté est réduit et les produits sont augmentés du montant correspondant à l'état des résultats.
  - › Si l'apport grevé d'une affection externe est affecté à l'achat d'une immobilisation, l'apport reporté est amorti au fur et à mesure que l'immobilisation est amortie.

La méthode du report a pour effet de réduire les variations de l'excédent ou de l'insuffisance des produits par rapport aux charges qui peuvent notamment survenir lorsqu'un apport affecté important est reçu au cours d'un exercice et dépensé au cours de l'exercice ultérieur. Le fait que cette méthode permette ainsi de réduire les variations des montants nets la rend populaire auprès des organismes qui reçoivent du financement public pour des programmes, et qui sont ainsi tenus de rattacher les produits et les charges associés aux programmes[10].

---

10. *Guide sur les états financiers des organismes sans but lucratif*, 2e édition, CPA Canada.

Tableau 8 Exemple de structure d'apports reportés

12. Apports reportés

Les apports reportés représentent des ressources non dépensées octroyées au cours de l'exercice et destinées à couvrir les charges de programmes spécifiques au cours des exercices subséquents.

Les variations survenues dans le solde des apports reportés sont les suivantes:

	Solde au 31 mars 2023	Octroyés	Constatés à titre de produits	Solde au 31 mars 2024
Ministère de l'Éducation - PSDE	69 000 $	159 341 $	180 741 $	47 600 $
Ministère de l'éducation - Engagement des entraineurs	153 507	160 655	314 162	-
Patinage Canada	137 500	150 000	150 000	137 500
Patinage Canada - Championnats du monde ISU 2024	-	100 000	-	100 000
	360 007 $	569 996 $	644 903 $	285 100 $

Source : rapport annuel 2023 de Patinage Québec

- La **méthode de la comptabilité par fonds affectés** consiste à comptabiliser les apports affectés en les accumulant dans des fonds. L'organisme présente un fonds d'administration (appelé *fonds général* ou *fonds d'administration générale*) et au moins un fonds affecté, et, s'il reçoit des dotations, un fonds de dotation. Les fonds sont réduits au fur et à mesure que les charges sont engagées aux fins des affectations.

  Le traitement comptable des apports affectés varie selon le type d'apport et la nature de l'élément auquel il est destiné :

  - Un apport non affecté est comptabilisé en produits dans la période au cours de laquelle il est reçu;
  - Un apport grevé d'une affectation externe est présenté immédiatement à titre de produits du fonds affecté correspondant.

Tableau 9 Exemple de structure d'actif d'une fédération

FÉDÉRATION QUÉBÉCOISE DE BADMINTON INC.

BILAN

AU 31 MARS 2023

	Fonds général	Fonds bourses	2023	(non audité) 2022
	$	$	$	$
ACTIF				
ACTIF À COURT TERME				
Encaisse	94 318	-	94 318	246 900
Placements	672 512	53 750	726 262	566 643
Débiteurs (note 3)	193 673	-	193 673	195 945
Frais payés d'avance	14 618	-	14 618	28 966
	975 121	53 750	1 028 871	1 038 454
IMMOBILISATIONS CORPORELLES (note 4)	218 245	-	218 245	229 089
	1 193 366	53 750	1 247 116	1 267 543
PASSIF				

Source : rapport annuel 2023 de Fédération québécoise de badminton

Cas des contrats de location

Les contrats de location sont une composante importante de la comptabilité financière dans le secteur sportif, notamment pour les clubs et les organisations qui louent des stades, des centres d'entraînement ou des équipements. Selon le référentiel comptable, la comptabilisation des contrats de location varie significativement.

Contrats de location selon la norme IFRS 16

La norme IFRS 16 impose une comptabilisation unique des locations pour les locataires. Presque toutes les locations doivent être comptabilisées au bilan sous la forme :

- d'un *actif au titre du droit d'utilisation*, représentant le droit d'utiliser l'actif sous-jacent;
- d'un *passif de location*, correspondant aux paiements futurs actualisés[11].

Seules les locations à court terme (moins de 12 mois) ou de faible valeur peuvent être comptabilisées en charges directement.

Contrats de location selon les normes pour les entreprises à capital fermé (NCECF)

Les NCECF distinguent encore les *locations-financement* des *locations-exploitation* :

- *Location-financement* : L'actif loué est inscrit au bilan, ainsi que la dette associée, si le contrat transfère pratiquement tous les avantages et risques liés à la propriété.
- *Location-exploitation* : Aucune inscription au bilan. Les paiements sont comptabilisés en charges de manière linéaire sur la durée du contrat.

Différences en matière de présentation des états financiers

Les locations sont courantes dans l'industrie sportive, qu'il s'agisse de stades, de centres d'entraînement ou d'équipements. Dans le cadre des NCECF, le club présente un bilan moins large, ce qui peut être un avantage pour ses ratios financiers et sa capacité d'endettement. Au contraire, si la norme IFRS 16 est appliquée, la dette du club paraît plus élevée, mais l'actif augmente aussi.

11. Le concept de paiements futurs actualisés est développé dans le chapitre 3.

Le transfert d'un joueur comme actif

Le club de hockey Hockey Canada Élite recrute une jeune vedette pour renforcer son équipe en vue de la saison prochaine. Le transfert a coûté 7 millions de dollars, avec un contrat de cinq ans.

- Comment le coût du transfert doit-il être enregistré dans le bilan de Hockey Canada Élite ?
- Quel est le montant annuel de l'amortissement de cet actif, et comment est-il comptabilisé dans les états financiers ?
- Que se passerait-il si le joueur quittait la franchise après trois ans pour un transfert de 4 millions de dollars canadiens ?

Corrigé du cas

Enregistrement initial de l'actif dans le bilan

- Montant : 7 millions $
- Intitulé de l'actif : immobilisation incorporelle – transfert de joueur
- Entrée au bilan : le coût de transfert du joueur est enregistré dans les immobilisations incorporelles du bilan de Hockey Canada Élite. Ce montant représente la valeur initiale de l'actif.

Calcul et enregistrement de l'amortissement annuel

- Durée du contrat : 5 ans
- Montant de l'amortissement annuel : 1 400 000 $ par an

  $$\frac{7\ 000\ 000\ \$}{5\ \text{ans}} = 1\ 400\ 000\ \$\ \text{par an}$$

- Chaque année, Hockey Canada Élite enregistre une charge d'amortissement de 1,4 million de dollars pour cet actif, ce qui réduit la valeur comptable de l'actif dans le bilan et enregistre une charge dans l'état des résultats.

Vente du joueur après trois ans

- Hypothèse de revente : le joueur est transféré pour 4 millions de dollars après trois ans.
- Valeur comptable de l'actif après trois ans :

  7 000 000 $ – (1 400 000 $ × 3) = 2 800 000 $
- Calcul du gain sur cession :

  gain sur cession = prix de vente – valeur comptable

  gain sur cession = 4 000 000 $ – 2 800 000 $ = 1 200 000 $
- Le gain de 1 200 000 $ est enregistré dans l'état des résultats sous la forme d'un revenu de cession d'actif, augmentant le bénéfice de la franchise pour l'année de vente.

Passif : définitions et structures

Les trois caractéristiques qui définissent un passif comptable sont les suivantes :

- Il représente une **obligation actuelle** de l'organisation envers un tiers, résultant d'un engagement contractuel, réglementaire ou implicite;
- Il résulte d'un **événement passé**, comme l'acquisition d'un bien ou d'un service, un emprunt contracté ou une obligation légale imposée à l'organisation;
- Il entraînera **une sortie probable de ressources économiques** dans le futur, généralement sous forme de trésorerie ou d'un transfert d'actifs.

Ces obligations peuvent découler de contrats, de règlements ou d'autres engagements juridiques. La probabilité d'une sortie de ressources économiques est évaluée en fonction des engagements pris par l'organisation, qu'ils soient liés à des accords contractuels ou à des événements déjà survenus.

Dans le domaine sportif, certaines obligations contractuelles peuvent être assimilées à des passifs, même si elles ne prennent pas la forme de dettes financières. Par exemple, un club ayant signé un contrat de diffusion avec une chaîne de télévision peut être tenu de fournir des matchs en échange d'un paiement différé. Ce type d'engagement doit être mentionné dans les notes aux états financiers.

Passif à court terme et à long terme

Le **passif à court terme** (aussi appelé **passif courant** selon les normes IFRS) regroupe toutes les sommes que l'organisation doit payer dans l'année suivant la date du bilan, ou pendant le cycle normal d'exploitation si ce cycle est plus long qu'un an. Ce cycle correspond à la période nécessaire pour convertir des actifs à court terme, comme les stocks, en trésorerie.

Le passif à court terme est généralement subdivisé en plusieurs grandes catégories :

- *Emprunts bancaires à court terme* : Prêts que l'organisation doit rembourser dans l'année.
- *Fournisseurs et charges à payer* : Dettes envers les fournisseurs pour des biens ou services reçus, mais non encore payés.
- *Impôts à payer* : Montants dus au gouvernement pour les impôts courants.
- *Produits reportés* : Revenus déjà reçus, mais correspondant à des services ou à des produits qui seront fournis dans l'avenir.
- *Tranche de la dette à long terme* venant à échéance dans l'année : Partie de la dette à long terme qui doit être remboursée dans l'année qui suit.

Dans les OBNL, les passifs incluent non seulement les dettes courantes, mais aussi des engagements spécifiques, comme les fonds reçus avec des restrictions d'usage (apports affectés). Par exemple, une fédération sportive ayant reçu une subvention pour la rénovation d'un centre d'entraînement peut comptabiliser cette somme en « produits reportés » jusqu'à l'utilisation effective des fonds.

Le **passif à long terme** (ou **passif non courant** selon les normes IFRS) désigne les engagements financiers ou les obligations que l'organisation doit rembourser sur une période supérieure à un an. Ce sont des dettes qui ne sont pas dues immédiatement, mais qui s'échelonnent sur plusieurs années.

Les principaux exemples de passifs à long terme incluent :

- *Dettes financières à long terme* : Emprunts bancaires ou obligataires à rembourser sur plusieurs années.
- *Engagements de retraite* : Obligations de l'organisation envers ses employés pour leurs retraites futures.
- *Provisions à long terme* : Montants mis de côté pour couvrir des dépenses futures, comme des réparations importantes ou des obligations légales.

Les provisions

Les **provisions** représentent des **dettes probables**, c'est-à-dire des obligations dont la survenue est plus probable que leur absence. Les provisions sont des passifs pour lesquels l'entreprise anticipe une sortie probable de ressources, bien que l'échéance et le montant exacts puissent être incertains. De plus, le montant de cette obligation doit pouvoir être estimé de façon fiable, ce qui signifie qu'il est possible de faire une évaluation raisonnable du coût potentiel.

Voici les provisions comptables les plus courantes :

- **Provisions pour litiges et poursuites judiciaires** : Les organisations peuvent constituer des provisions pour anticiper les dépenses liées aux procédures judiciaires en cours ou potentielles, ainsi que les éventuelles indemnités à payer.
- **Provisions pour garanties** : Lorsqu'une organisation propose des garanties sur ses produits ou services, elle constitue une provision pour couvrir les futurs coûts de réparation, de remplacement ou de remboursement des produits défectueux.
- **Provisions pour restructuration** : En cas de plan de restructuration important (comme la fermeture d'une division ou un plan de licenciement), une provision est constituée pour couvrir les coûts associés, tels que les indemnités de départ, les frais de licenciement ou les réaménagements nécessaires.
- **Provisions environnementales pour remise en état** : Les entreprises ayant des obligations de remise en état de l'environnement ou de dépollution doivent constituer des provisions pour couvrir les coûts futurs associés à ces responsabilités.

Tableau 10 Extrait du rapport annuel 2022 de Gildan

Coûts de démantèlement et de remise en état de sites
La Société comptabilise des obligations au titre du démantèlement et de la remise en état de sites liées à certains coûts futurs d'enlèvement et de remise en état de sites associés à la remise en état de certaines immobilisations corporelles si elle décidait de mettre un terme à quelques-unes de ses activités.

Contrats déficitaires
Des provisions pour contrats déficitaires sont comptabilisées lorsque les coûts inévitables devant être engagés pour satisfaire aux obligations contractuelles sont supérieurs aux avantages économiques que l'on s'attend à recevoir de ce contrat. Les provisions pour contrats déficitaires sont évaluées au plus faible du coût d'exécution du contrat et du coût attendu de la résiliation du contrat.

Source : rapport annuel 2022 de Gildan

Dans le domaine sportif, les provisions présentes dans les bilans sont les suivantes :

- **Provisions pour blessures des joueurs :** Les clubs sportifs doivent souvent constituer des provisions pour couvrir les frais liés aux blessures des joueurs. Ces frais peuvent inclure les soins médicaux, la rééducation, et même les compensations financières à verser si un joueur doit être écarté des compétitions pendant une longue période. Par exemple, un club de football pourrait constituer une provision pour couvrir les salaires des joueurs blessés qui ne peuvent plus jouer, ou pour couvrir l'achat temporaire de remplaçants.
  - Exemple : Un club de football estime que le coût des soins médicaux et des compensations salariales pour ses joueurs blessés pourrait s'élever à 2 millions de dollars pour la saison à venir. Il comptabilise donc une provision pour blessures de 2 millions de dollars au passif, qui sera ajustée en fonction des dépenses réelles.
- **Provisions pour résiliation de contrats :** Lorsqu'un club ou une organisation sportive met fin au contrat d'un joueur ou d'un entraîneur avant la fin de celui-ci, il peut devoir verser des indemnités. Les clubs peuvent constituer des provisions pour couvrir ces frais de résiliation, anticipant ainsi les coûts éventuels liés à des ruptures de contrat. Par exemple, un club de basket pourrait avoir à constituer une provision pour payer les compensations d'un entraîneur licencié.
- **Provisions pour litiges juridiques :** Les clubs sportifs peuvent être impliqués dans des litiges juridiques, que ce soit avec des joueurs, des commanditaires ou des organisations concurrentes. Par exemple, une équipe pourrait être poursuivie en justice par un commanditaire pour non-respect d'un contrat, ou par un autre club pour des différends liés à un transfert de joueur. Dans ces cas, une provision est constituée pour couvrir les frais de justice et les éventuelles indemnités à verser.
- **Provisions pour la maintenance des infrastructures sportives :** Les stades et autres installations sportives nécessitent une maintenance régulière. Les clubs peuvent constituer des provisions pour couvrir les frais de rénovation ou de remise à niveau de ces infrastructures à long terme. Par exemple, un club pourrait anticiper des travaux de rénovation de son stade et constituer une provision pour les coûts liés à ces travaux futurs.
- **Provisions pour annulation d'événements sportifs :** Si un événement sportif majeur, comme une compétition ou un tournoi, est annulé ou reporté en raison de circonstances imprévues (comme une pandémie ou des conditions météorologiques extrêmes), les organisateurs peuvent constituer des provisions pour couvrir les frais d'annulation, les remboursements des billets et les compensations aux commanditaires.

Le tableau suivant récapitule les principaux types de passifs et leur classification en fonction de leur durée et de leur nature.

Tableau 11 Récapitulatif des types de passifs

Type de passif	Exemples courants	Durée
Passif à court terme	Dettes fournisseurs, impôts à payer, produits reportés	Moins d'un an
Passif à long terme	Emprunts bancaires, obligations, engagements de retraite	Plus d'un an
Provisions	Provisions pour litiges, blessures, maintenance des infrastructures	Variable selon estimation

Capitaux propres ou actif net

La troisième et dernière partie du bilan diffère en fonction du statut juridique de l'organisation. Dans le cas des entreprises, il s'agit des capitaux propres. Dans le cas des OBNL, la dernière partie du bilan est l'actif net.

Les capitaux propres dans une entreprise

Les capitaux propres sont des ressources permanentes mises à la disposition de l'entreprise par des actionnaires. Les capitaux propres représentent la valeur résiduelle de l'entreprise après le remboursement de toutes ses dettes. En d'autres termes, ils correspondent aux ressources appartenant aux actionnaires après que l'ensemble des obligations financières ont été payées.

Les capitaux propres jouent un rôle essentiel dans la structure financière d'une entreprise en constituant une source de financement stable et durable. Ils représentent les ressources mises à disposition par les actionnaires et les bénéfices accumulés, permettant ainsi à l'entreprise de se développer sans dépendre exclusivement de l'endettement.

Les capitaux propres assurent une **stabilité financière** en servant de coussin de sécurité en cas de pertes. Une entreprise disposant de capitaux propres solides est mieux armée pour absorber les fluctuations économiques et faire face aux imprévus sans compromettre sa viabilité.

De plus, ils facilitent le **financement de nouveaux projets** sans nécessiter de recours immédiat à l'endettement. Une entreprise qui génère des bénéfices et les réinvestit peut ainsi financer son expansion, l'acquisition d'actifs ou le développement de nouvelles activités tout en maintenant une autonomie financière.

Enfin, un niveau élevé de capitaux propres **renforce la crédibilité** de l'entreprise auprès des investisseurs et des banques. Une structure financière saine, avec un bon ratio entre capitaux propres et dettes, est un signal positif pour les parties prenantes, facilitant l'accès à des financements externes à des conditions plus avantageuses.

Les composantes comptables des capitaux propres sont les suivantes :

- Le **capital-actions**, ou **capital d'apport**, correspond à l'investissement effectué par les actionnaires de l'entreprise;
- Le **surplus d'apport** représente le montant des apports versés à l'entité par les actionnaires en plus des montants attribués au poste capital-actions, notamment les primes d'émission;
- Les **résultats non distribués**, aussi appelés **bénéfices non répartis**, comprennent les parts de bénéfices non versés en dividendes aux actionnaires;
- Les **autres éléments du résultat global** sont constitués de pertes et de gains latents, qui ne sont pas pris en compte pour déterminer le résultat net de l'entreprise à la date de présentation des états financiers.

Il est possible de déterminer le montant des capitaux propres d'une autre manière. Par définition, les capitaux propres sont égaux à l'écart entre l'actif et le passif.

$$\text{Capitaux propres} = \text{actif} - \text{passif}$$

Exemples :

- Une entreprise qui a un actif total de 10 millions de dollars et un passif total de 6 millions de dollars dispose de 4 millions de dollars de capitaux propres.
- Si une entreprise réalise un bénéfice de 500 000 $ et décide de distribuer 200 000 $ en dividendes, le solde de 300 000 $ sera ajouté aux résultats non distribués.

Tableau 12 Exemple de structure de capitaux propres

Capitaux propres (note 14)		
Capital social	**202 329**	191 732
Surplus d'apport	**79 489**	58 128
Résultats non distribués	**1 590 499**	1 604 736
Cumul des autres éléments du résultat global (note 15)	**9 845**	64 809
Total des capitaux propres attribuables aux actionnaires de la Société	**1 882 162**	1 919 405

Source : rapport annuel 2022 de Gildan

L'actif net des OBNL (fédérations, clubs...)

Dans un organisme à but non lucratif (OBNL), il n'y a pas d'actionnaires. À la place des capitaux propres, la différence entre l'actif et le passif s'intitule l'**actif net**. L'actif net mesure les ressources à la disposition de l'organisation pour financer ses activités futures. L'utilisation des fonds est fonction des choix opérationnels et stratégiques de la direction.

$$\text{Actif net} = \text{actif} - \text{passif}$$

Exemple : Une fédération sportive qui a un actif de trois millions de dollars et un passif de 2,2 millions de dollars a un actif net de 800 000 $. Si cette fédération reçoit une subvention de 500 000 $ pour un programme de formation des jeunes, ce montant sera ajouté à l'actif net, mais avec une affectation spécifique.

Tableau 13 Exemple de structure de bilan d'une fédération

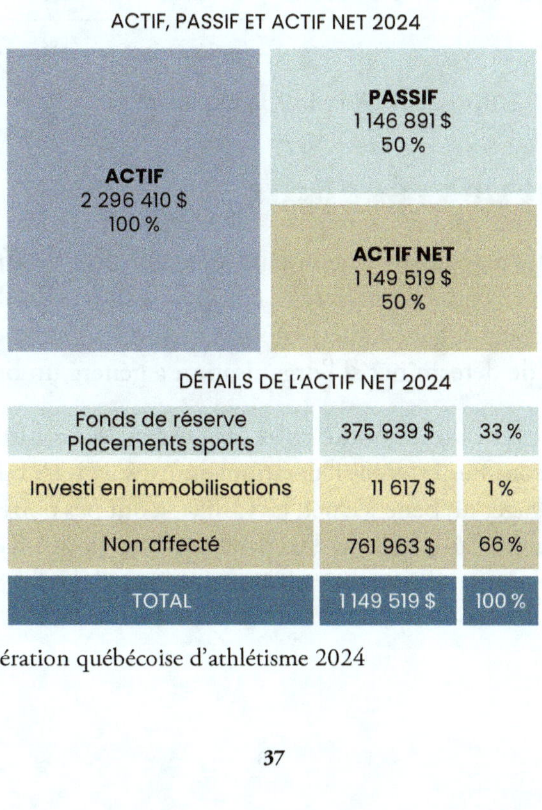

Source : rapport annuel de la Fédération québécoise d'athlétisme 2024

Lorsque l'actif est supérieur au passif, la différence est qualifiée d'**actif net**. Lorsque le passif est supérieur à l'actif, la différence est qualifiée d'**insuffisance de l'actif**.

L'état de l'évolution de l'actif net est un document comptable qui fournit des informations détaillées sur les déterminants de la variation du montant de l'actif net. Ce dernier est divisé en différentes catégories :

- **Actif net non affecté** : fonds disponibles sans restriction, utilisables librement par l'OBNL;
- **Actif net grevé d'affectations internes** : montants réservés par l'OBNL pour des projets spécifiques (p. ex. fonds de réserve);
- **Actif net grevé d'affectations externes** : fonds reçus de donateurs ou de subventions avec restrictions d'usage précises;
- **Actif net investi en immobilisations** : montants immobilisés sous forme d'équipements, de terrains ou d'installations sportives.

Tableau 14 Exemple d'évolution de l'actif net

FÉDÉRATION DE BASKETBALL DU QUÉBEC

ÉVOLUTION DE L'ACTIF NET

POUR L'EXERCICE TERMINÉ LE 31 MARS 2023

	2023			2022
	Affectés au programme Placement Sports	Non affecté	Total	Total
	$	$	$	$
SOLDE AU DÉBUT	-	179 059	179 059	198 367
Insuffisance des produits sur les charges	-	(104 432)	(104 432)	(19 307)
Affectation des produits au programme Placement Sports (note 3)	18 225	(18 225)	-	-
Affectation des charges au programme Placement Sports (note 3)	(18 225)	18 225	-	-
SOLDE À LA FIN	-	74 627	74 627	179 060

Source : rapport annuel 2023 de la Fédération de basketball du Québec

Section 4 – L'état des résultats

L'état des résultats est l'un des principaux documents financiers, car il offre une vision claire de la performance d'une organisation au cours d'un exercice comptable. Il récapitule tous les **produits** (revenus) générés et les **charges** (dépenses) engagées, peu importe quand l'argent a effectivement été encaissé ou payé. Ce document permet de déterminer si l'organisation a généré un bénéfice ou subi une perte.

Cependant, il existe une différence importante entre les **entreprises à but lucratif** et les **organismes à but non lucratif (OBNL)**, comme certaines fédérations sportives ou certains clubs amateurs. Alors que les entreprises cherchent à dégager un bénéfice net, les OBNL n'ont pas pour objectif de générer des profits pour distribution. Dans le cas des OBNL, l'état des résultats affiche donc un **excédent** ou une **insuffisance** des produits par rapport aux charges, reflétant leur mission de réinvestir les fonds pour soutenir leurs activités.

Ainsi, que l'on parle d'un grand club de football ou d'une petite association sportive, l'état des résultats joue un rôle crucial en mesurant les performances financières et en guidant les décisions pour l'avenir.

Produits et charges comptables

L'analyse des produits et des charges est essentielle pour comprendre la performance financière d'une organisation. Cette section détaille la reconnaissance des revenus et des dépenses, les normes comptables applicables ainsi que les spécificités du secteur sportif.

Définition des produits comptables

Les **produits** représentent les sommes d'argent ou autres contreparties que l'entreprise ou l'organisation reçoit ou prévoit de recevoir dans le cadre de ses activités normales. Cela inclut des éléments comme la **vente de biens**, la **prestation de services**, ainsi que les **revenus générés par l'utilisation de ressources** de l'organisation, comme les **intérêts**, les **redevances** ou les **dividendes**.

Dans le cadre de la vente de biens ou de services, les produits doivent être **constatés** (enregistrés) lorsque certaines conditions sont remplies, afin de garantir que le montant à recevoir est suffisamment **sûr** et que la transaction est bien **achevée**.

Produits liés à la vente de biens :

Les produits provenant de la vente de biens sont enregistrés lorsque :

1. **Les risques et avantages** liés à la propriété des biens ont été transférés à l'acheteur, et l'entreprise n'a plus de contrôle sur ces biens.
2. **Le montant** qui sera reçu pour les biens vendus peut être estimé de manière fiable, tout comme les éventuels retours ou remboursements.

Produits liés à la prestation de services et aux contrats à long terme :

Pour les services ou les contrats à long terme (comme la construction ou les prestations continues), deux méthodes peuvent être utilisées :

- La **méthode de l'avancement des travaux** : Les produits sont enregistrés progressivement, en fonction de l'état d'avancement du projet;
- La **méthode de l'achèvement des travaux** : Les produits sont enregistrés une fois que la prestation ou le projet est terminé.

Dans les deux cas, l'enregistrement des produits se fait uniquement lorsque la **contrepartie** (le montant payé pour le service ou le contrat) peut être mesurée avec certitude.

Dans le domaine sportif, certains revenus nécessitent une comptabilisation spécifique :

- Droits TV : les revenus sont souvent différés et reconnus progressivement;
- Billetterie : les ventes anticipées de billets sont enregistrées comme passifs jusqu'à l'événement;

- Transferts de joueurs : l'indemnité de transfert est souvent comptabilisée comme un actif amorti sur la durée du contrat du joueur;
- *Naming rights*[12] : enregistrés comme revenus différés et amortis sur la durée du contrat.

Définition des charges comptables

Les **charges** représentent les **dépenses** ou les **coûts** engagés par une organisation pour fonctionner au quotidien. Elles incluent toutes les sorties de ressources économiques nécessaires pour soutenir les activités de l'organisation. Ces charges peuvent couvrir un large éventail de dépenses : des salaires des employés aux frais de maintenance, en passant par les coûts liés aux services externes.

Les charges sont enregistrées dans l'état des résultats **lorsqu'elles sont engagées**, sans tenir compte du moment où elles sont effectivement payées, en suivant le principe de la comptabilité d'exercice.

Types de charges courantes :

Voici les principales catégories de charges qu'une organisation, y compris un club sportif, pourrait rencontrer :

- **Charges d'exploitation** : Ce sont les coûts liés aux opérations courantes de l'organisation, comme les **salaires** des employés, les **frais de transport**, ou encore les **fournitures** nécessaires à l'activité. Par exemple, pour un club de football, cela inclurait les salaires des joueurs, les frais de déplacement pour les matchs ou l'achat d'équipements sportifs.
- **Charges financières** : Elles regroupent les intérêts payés sur les emprunts contractés par l'organisation. Un club sportif peut avoir des charges financières s'il a emprunté pour financer la construction d'un stade ou pour acquérir des joueurs.

Reconnaissance des charges :

Les charges sont reconnues dans l'état des résultats lorsque :

- Elles sont liées à des biens ou à des services déjà reçus, même si le paiement n'a pas encore été effectué;
- Leur montant peut être mesuré de manière fiable.

Cela permet de refléter correctement les dépenses de l'organisation durant l'exercice comptable, et ainsi de mieux comparer les charges aux produits pour évaluer la performance financière de l'organisation.

Exemple dans le domaine sportif

Pour un club de football, les **charges courantes** incluraient les **salaires des joueurs et du personnel**, les **frais de déplacement pour les compétitions** ainsi que les **coûts d'entretien des infrastructures**, comme le stade et les terrains d'entraînement. Ces charges sont enregistrées au fur et à mesure qu'elles sont engagées, ce qui permet d'avoir une vision claire des coûts associés à la gestion du club sur une période donnée.

---

12. Les *naming rights* (droits d'appellation ou droits de dénomination en français) désignent un accord contractuel par lequel une entreprise ou une marque acquiert le droit d'associer son nom à une infrastructure (stade, aréna…) en échange d'une compensation financière. Cet accord s'inscrit dans une stratégie de commandite et de visibilité. Par exemple, le Centre Bell, initialement nommé Centre Molson, a été rebaptisé en 2002 à la suite d'une entente de droits de dénomination avec Bell Canada. Cette entente de 20 ans, d'une valeur totale de 100 millions de dollars, prévoyait que Bell verse 5 millions de dollars par an. En échange, Bell obtenait non seulement les droits de nommer l'aréna, mais également l'exclusivité des produits et services de télécommunications pour le Centre et l'équipe des Canadiens de Montréal.

Revenus de billetterie et charges de match pour un club de basketball

Le club de basketball Ballon Sportif organise un match à domicile dans le cadre de son championnat. Pour cet événement, le club génère des revenus de billetterie et prend en charge diverses dépenses liées à l'organisation de la rencontre, telles que la sécurité, le personnel et l'entretien du terrain.

Données financières

- Revenus de billetterie : 100 000 $
- Dépenses de sécurité : 12 000 $
- Dépenses de personnel : 10 000 $
- Dépenses d'entretien du terrain : 8 000 $

Questions

- Quel est le bénéfice réalisé ou la perte générée par cet événement sportif?
- Comment les revenus et les charges liés au match doivent-ils être enregistrés dans l'état des résultats de Ballon Sportif?

Corrigé

Calcul du bénéfice ou de la perte de l'événement

- Revenus de billetterie : 100 000 $
- Charges : 12 000 $ (sécurité) + 10 000 $ (personnel) + 8 000 $ (entretien) = 30 000 $
- Bénéfice : le club réalise un bénéfice de 70 000 $ pour ce match à domicile.

  Bénéfices = revenus – charges = 100 000 $ – 30 000 $ = 70 000 $

Enregistrement des revenus et des charges dans l'état des résultats

- Les revenus et les charges sont comptabilisés dans l'état des résultats, avec les revenus classés comme « produits d'exploitation » et les charges comme « charges d'exploitation ».
- Le bénéfice de 70 000 $ montre que le match a été rentable pour le club. Ce bénéfice peut être réinvesti pour d'autres besoins opérationnels ou stratégiques du club, comme le recrutement de joueurs, l'amélioration des installations ou l'organisation d'autres événements.

Structure d'un état des résultats d'une entreprise

L'objectif principal de l'état des résultats est de communiquer l'information concernant les variations survenues dans les ressources économiques et les obligations de l'organisation au cours de la période comptable, en synthétisant les produits et les charges pour la période.

L'état des résultats a pour fonction de calculer le résultat net, dernière ligne du document, qui indique l'excédent ou l'insuffisance des produits par rapport aux charges pour la période.

Les charges et les produits sont enregistrés par nature selon qu'ils se rapportent à l'exploitation courante de l'entreprise, à sa gestion financière et au paiement de l'impôt.

Tableau 15 Structure d'un état des résultats

Nature des opérations	Nature des produits	Nature des charges
Exploitation normale et courante par l'entreprise	A Produits d'exploitation Reprises de provisions	B Charges d'exploitation Amortissement et provisions
= Différencc (1)	**A – B = Bénéfice avant intérêts et impôts (BAII)** Ou **résultat d'exploitation**	
Opérations financières	C Produits financiers	D Charges financières
Différence (2)	**C – D = Résultat financier**	
(1) + (2)	**A + C – B – D = Bénéfice avant impôt (BAI)** Ou **résultat avant impôt**	
Impôt		Impôt
Solde final	**(1) + (2) – impôt = Résultat net**	

Il est possible de produire un état des résultats plus détaillé en distinguant les amortissements et les provisions des autres charges. L'intérêt de faire cette distinction est de permettre le calcul du bénéfice avant intérêts, impôts et amortissements (BAIIA).

BAIIA = chiffre d'affaires – charges d'exploitation hors amortissements et provisions
BAII = BAIIA – amortissements et provisions

Bien qu'il soit un solde comptable facultatif, le BAIIA est publié par de nombreuses entreprises. La raison principale est que ce solde n'est pas affecté par les écritures comptables qui n'ont pas d'impact sur la trésorerie, comme les amortissements et les provisions. Un amortissement est en effet une charge qui n'entraîne pas une baisse de la trésorerie. Le BAIIA est donc un indicateur plus précis de la performance en matière d'exploitation et est, par conséquent, très apprécié par les banques et les investisseurs.

Structure d'un état des résultats d'un OBNL

La structure de l'état des résultats d'un OBNL présente quelques spécificités par rapport à celle d'une entreprise. Tout d'abord, le concept de résultat net n'existe pas. L'état des résultats se termine par l'« excédent (insuffisance) des produits sur les charges ».

Cette différence de terminologie provient du fait que le résultat net est défini comme la source d'enrichissement ou d'appauvrissement de l'entreprise avec un mode de calcul basé sur la méthode de la comptabilité d'exercice. Il est aussi utilisé pour le calcul du montant des dividendes distribués. L'approche actionnariale du concept de résultat net n'est pas généralisable à l'OBNL.

La seconde différence concerne l'ordre des produits et des charges. Contrairement aux entreprises commerciales, les activités d'exploitation ne sont pas présentées avant les produits et charges financières. Tout comme le point précédent, c'est par souci de facilité de lecture que la différence n'est pas faite.

Les charges sont regroupées en catégories et peuvent être classées par objet (charges salariales, loyers, fournitures de bureau…), par fonction (administration, événements…) ou par programme (compétitions, entraînement des jeunes…).

L'Association canadienne de volleyball[13], qui est un OBNL, a pour mission de promouvoir et de développer le volleyball au Canada.

Tableau 16 État des résultats de l'Association canadienne de volleyball

	2023	2022
Produits		
Cotisations de Sport Canada	3 923 836 $	4 039 395 $
Compétitions nationales	3 586 791	12 928
Frais d'adhésion	1 618 246	1 112 578
Parcours des athlètes et des entraîneurs	973 977	691 764
Équipe Canada, volleyball intérieur	1 006 033	893 869
Équipe Canada, volleyball de plage	896 640	966 355
Ligue des Nations (m)	881 964	–
Ligue des Nations (f)	599 945	–
Opérations du bureau national	334 647	381 448
Cotisations de Sport Canada - en nature	216 300	256 300
NORCECA/Championnat panaméricain	193 867	–
Arbitres	186 049	128 149
Subventions gouvernementales	180 167	967 720
Équipe Canada volleyball assis	166 917	232 587
Marchandisage	106 930	87 433
	14 872 309	9 770 526
Charges		
Équipe Canada, volleyball intérieur	3 210 207	3 034 258
Compétitions nationales	2 722 397	280 626
Équipe Canada, volleyball de plage	1 780 531	1 838 985
Parcours des athlètes et des entraîneurs	1 760 076	810 329
Operations du bureau national	1 571 779	1 388 373
Ligue des Nations (m)	875 754	505 926
NORCECA/Championnat panaméricain	870 955	368 166
Équipe Canada volleyball assis	838 960	517 465
Ligue des Nations (f)	603 735	350 745
Arbitres	260 151	193 319
Marchandisage	104 772	87 633
	14 599 317	9 375 825
Excédent des produits sur les charges avant les éléments ci-dessous	272 992	394 701
Gain de change non réalisé	37 457	54 606
Excédent des produits sur les charges	310 449 $	449 307 $

Source : Rapport annuel 2022-2023, Volleyball Canada

L'état des résultats de l'Association canadienne de volleyball est décomposé en deux grandes parties, c'est-à-dire les revenus et les charges. La différence entre ces deux parties est l'« excédent des produits sur les charges » et non le « résultat net », qui est spécifique aux entreprises.

13. Site Internet de l'association : https://volleyball.ca/

Typologie des revenus et des charges des organisations sportives

Les principaux revenus des organisations sportives, qu'elles soient des entreprises ou des OBNL, sont les suivants :

- **Revenus de billetterie** : Divulgation des revenus provenant de la vente de billets pour les événements sportifs, y compris les recettes brutes et les recettes nettes après déductions (par exemple, les remises).
- **Revenus des droits de diffusion** : Divulgation des contrats de droits de diffusion, des revenus liés à la diffusion télévisée, radiophonique ou en diffusion en continu.
- **Revenus des parrainages et des partenariats** : Divulgation des contrats de parrainage et des partenariats avec des entreprises, y compris les montants reçus et les avantages fournis.
- **Revenus de la vente de produits dérivés** : Divulgation des revenus provenant de la vente de marchandises, de vêtements et d'autres produits portant le nom ou le logo de l'équipe ou de l'organisation sportive.
- **Revenus des transferts de joueurs** : Divulgation des revenus provenant des transferts de joueurs, s'il s'agit d'un club de football ou d'une organisation similaire.
- **Vente de droits médiatiques** : L'une des sources de revenus les plus importantes pour de nombreuses ligues et équipes. Les contrats télévisuels pour des ligues comme la NFL, la NBA, la Premier League et la Champions League UEFA se chiffrent en milliards de dollars.

Les principales dépenses sont :

- **Dépenses de personnel** : Divulgation des salaires, des primes, des avantages sociaux et des coûts associés au personnel, y compris les joueurs, les entraîneurs et le personnel administratif.
- **Coûts opérationnels** : Divulgation des coûts liés à l'organisation d'événements sportifs, aux installations, à la logistique et aux voyages.
- **Dépenses de marketing et de promotion** : Divulgation des coûts de marketing, de publicité et de promotion visant à promouvoir l'équipe, la ligue ou l'organisation sportive.
- **Amortissement et dépréciation** : Amortissement des actifs, y compris les infrastructures sportives, et des éventuelles dépréciations d'actifs.

Les principaux événements sportifs en matière de revenus

Les événements sportifs qui génèrent le plus de revenus sont principalement les grandes compétitions internationales, les championnats professionnels de ligues populaires, les tournois de golf et de tennis majeurs et les événements de sport automobile. Voici quelques exemples de ces événements :

- ***Jeux olympiques*** : Les Jeux olympiques sont le plus grand événement sportif international, avec des milliards de téléspectateurs à travers le monde et des milliers d'athlètes qui y participent. Les revenus proviennent principalement des droits de diffusion, des parrainages et des ventes de billets.

- ***Coupe du monde de la FIFA*** : La Coupe du monde de la FIFA est le plus grand événement sportif de football, avec des milliards de téléspectateurs à travers le monde et des équipes nationales de football de pays du monde entier qui y participent. Les revenus proviennent principalement des droits de diffusion, des parrainages et des ventes de billets.
- ***Ligue des champions de l'UEFA*** : La Ligue des champions de l'UEFA est la plus grande compétition de clubs de football en Europe, avec des équipes de football professionnel de haut niveau qui y participent. Les revenus proviennent principalement des droits de diffusion, des parrainages et des ventes de billets.
- ***Super Bowl de la NFL*** : Le Super Bowl est le championnat de la ligue professionnelle de football américain (NFL), avec des millions de téléspectateurs à travers le monde (124 millions en 2024). Les revenus proviennent principalement des droits de diffusion, des parrainages et des ventes de billets.
- ***Open de tennis*** d'Australie, Roland-Garros, Wimbledon et US Open : Ces tournois de tennis majeurs attirent les meilleurs joueurs de tennis du monde et génèrent des revenus grâce aux droits de diffusion, aux parrainages et aux ventes de billets.
- ***Masters de golf*** : Le Masters de golf est l'un des quatre tournois de golf majeurs et se déroule chaque année à Augusta, en Géorgie. Les revenus proviennent principalement des droits de diffusion, des parrainages et des ventes de billets.
- ***Formule 1*** : La Formule 1 est une série de courses de voitures de course de haut niveau qui se déroulent dans le monde entier. Les revenus proviennent principalement des droits de diffusion, des parrainages et des ventes de billets.

Cas des fédérations et des ligues sportives

Les fédérations ou les ligues sportives disposent de revenus et de charges différents des clubs. Les principaux revenus sont les suivants :

- Droits de licence pour les clubs/équipes participant à la ligue;
- Ventes centralisées des droits TV pour l'ensemble de la compétition;
- Commandites et partenariats au niveau de la ligue ou de la fédération;
- Revenus des événements majeurs (par exemple, une coupe du monde pour une fédération internationale);

En matière de charges, les principaux postes sont les suivants :

- Coûts associés à la gestion de la compétition (organisation, arbitrage);
- Développement du sport (programmes de formation, initiatives de base);
- Frais administratifs pour le fonctionnement de l'entité;
- Marketing et promotion de la ligue ou du sport en général.

Cas particulier de la vente de billets

La vente de billets constitue une source de revenus importante pour les organisations sportives, allant des clubs amateurs aux franchises professionnelles de grande envergure.

Les revenus issus de la vente de billets doivent être reconnus au moment où l'événement sportif a lieu. Cela s'aligne sur le principe de réalisation des revenus, qui stipule que les revenus sont comptabilisés lorsque les biens ou services sont fournis.

Exemple : Si un club de football vend des billets pour un match en mars, mais que la vente a lieu en janvier, les revenus générés par cette vente seront reconnus en mars, au moment de la tenue du match.

Les ventes anticipées de billets, souvent réalisées des mois avant l'événement, sont comptabilisées comme un passif sous forme de revenus différés. Ce passif représente l'obligation de l'organisation sportive de fournir un service futur (l'accès à l'événement). Au moment de l'événement, ce revenu différé est alors reclassé en tant que revenu réalisé.

Les remboursements et les annulations représentent une réalité opérationnelle pour les organisations sportives. La comptabilité doit refléter cette possibilité par la création d'une provision pour remboursements anticipés, qui est estimée sur la base de l'historique des ventes et des remboursements des événements précédents.

Tableau 17 Poids des différents types de produits dans les revenus des clubs européens en 2021/2022

Club	Commercial	Droits TV	*Matchday*
Manchester City	51 %	40 %	9 %
Real Madrid	45 %	43 %	12 %
Liverpool	39 %	45 %	16 %
Manchester United	45 %	37 %	18 %
Paris Saint-Germain	59 %	21 %	20 %
Bayern	58 %	32 %	10 %
Barcelone	45 %	39 %	16 %
Chelsea	37 %	49 %	14 %
Tottenham Hotspur	41 %	35 %	24 %
Arsenal	38 %	40 %	22 %
Juventus	48 %	44 %	8 %
Atlético de Madrid	27 %	57 %	16 %
Borussia Dortmund	49 %	41 %	10 %
FC Internazionale Milano	28 %	58 %	14 %
West Ham United	20 %	64 %	16 %
AC Milan	33 %	55 %	12 %
Leicester City	20 %	70 %	10 %
Leeds United	26 %	61 %	13 %
Everton	28 %	64 %	8 %
Newcastle	15 %	70 %	15 %

Source : Deloitte Football Money League (janvier 2023)

Cas particulier des *naming rights*

Les *naming rights* font référence au droit qu'a une entreprise ou une marque d'associer son nom à une infrastructure, le plus souvent un stade ou une arène, en échange d'une compensation financière. Ce type de partenariat est généralement utilisé comme une stratégie de marketing et de visibilité pour l'entreprise, lui permettant de bénéficier d'une exposition médiatique chaque fois que le nom de l'infrastructure est mentionné.

D'un point de vue comptable, la manière dont les *naming rights* sont comptabilisés dépend du côté de la transaction que l'on considère :

- **Pour l'entité qui reçoit les fonds (souvent une équipe ou une ligue sportive)** : Le paiement pour les *naming rights* est généralement comptabilisé comme un produit différé dans le bilan, puis reconnu comme revenu sur la durée de l'accord. Par exemple, si un stade signe un contrat de *naming rights* de 10 ans pour 100 millions de dollars, l'équipe recevrait les fonds initialement (supposons 10 millions chaque année) et comptabiliserait ces paiements comme un passif (revenu différé) dans son bilan. Chaque année, 10 millions de dollars seraient alors transférés du compte de revenus différés au compte de revenus de l'exercice.
- **Pour l'entité qui paie pour les *naming rights* (souvent une entreprise)** : Les paiements pour les *naming rights* sont généralement traités comme une dépense de marketing ou de publicité. Ils sont comptabilisés ainsi dans le compte de résultat de l'entreprise, et étalés sur la durée du contrat. Dans certains cas, la valeur du contrat de *naming rights* pourrait également être traitée comme un actif immatériel et amortie sur la durée du contrat.

La valeur et la durée des contrats de *naming rights* varient selon la popularité de l'entité sportive, la taille du marché et d'autres facteurs. Voici quelques-unes des transactions notables des dernières années :

- Allegiant Stadium (Las Vegas) : L'entreprise Allegiant Air a signé un contrat pour les droits de dénomination du stade des Las Vegas Raiders de la NFL.
- SoFi Stadium (Inglewood, Californie) : L'entreprise de technologie financière SoFi a acquis les droits de dénomination du stade qui accueille les Los Angeles Rams et les Los Angeles Chargers de la NFL. On estime que cet accord pourrait dépasser 30 millions de dollars par an.
- Mercedes-Benz Stadium (Atlanta) et Mercedes-Benz Superdome (Nouvelle-Orléans) : Mercedes-Benz détient les droits de dénomination pour ces deux stades majeurs de la NFL.
- Crypto.com Arena (Los Angeles) : En 2021, le Staples Center, domicile des Los Angeles Lakers et des Los Angeles Clippers de la NBA, a été rebaptisé Crypto.com Arena dans le cadre d'un contrat de *naming rights.*
- Barclays Center (Brooklyn, New York) : Barclays a signé un accord pour les droits de dénomination de cette arène, domicile des Brooklyn Nets de la NBA.

Exception pour les OBNL : la méthode du report ou la méthode de la comptabilité par fonds affectés

Les OBNL présentent une spécificité en matière de comptabilisation des produits concernant les apports. Il existe deux méthodes de comptabilisation des apports : la **méthode du report** et la **méthode de la comptabilité par fonds affectés.** Le choix de la méthode est réalisé par la direction de l'OBNL lors de la première présentation des états financiers.

Suivant la **méthode du report**, le traitement comptable varie selon le type d'apport et la fin pour laquelle l'apport est destiné. Un **apport affecté** aux charges de l'exercice comptable N est comptabilisé en produits de l'exercice comptable N. Lorsque l'apport est affecté aux charges de périodes futures, il est appelé **apport reporté.** Les apports reportés représentent des sommes non dépensées reçues ou confirmées au cours de l'exercice et destinées à couvrir les charges des programmes spécifiques de l'exercice subséquent.

Dans cette perspective, lorsque des apports reportés sont finalement utilisés pour financer des charges d'exploitation au cours d'un exercice comptable, le montant des apports reportés est comptabilisé en produits. Enfin, un **apport non affecté** est comptabilisé en produits immédiatement et fait partie du solde de l'**actif net non affecté.**

Suivant la **méthode de la comptabilité par fonds affectés**, l'OBNL présente un **fonds d'administration** (aussi appelé fonds d'administration générale) et au moins un **fonds affecté.** De plus, si elle reçoit des dotations, un fonds de dotation est créé. Une dotation est un apport grevé d'une affection d'origine externe en vertu de laquelle l'OBNL est tenu de maintenir en permanence les ressources attribuées. L'exemple d'un fonds de dotation d'un club sportif peut être cité. Dans ce cas, le donateur transfère de l'argent pour acheter des obligations, mais l'OBNL ne peut que profiter des intérêts et ne peut pas céder les titres financiers.

Section 5 – Le tableau de flux de trésorerie

Le tableau de flux de trésorerie est un document comptable essentiel qui fournit une vision d'ensemble des entrées et des sorties de trésorerie d'une organisation sur une période donnée. Contrairement au bilan, qui présente une image statique de la situation financière, et à l'état des résultats, qui mesure la rentabilité, le tableau de flux de trésorerie met en évidence la création de valeur de l'entreprise. La trésorerie générée est utilisée pour financer des investissements, rémunérer les actionnaires ou rembourser les dettes.

Le tableau de flux de trésorerie est structuré autour des trois principales activités d'une organisation :

1. Activités d'exploitation (ou activités opérationnelles)
2. Activités d'investissement
3. Activités de financement

Ces trois catégories permettent de comprendre les sources et l'utilisation de la trésorerie dans le cadre des activités courantes, des investissements à long terme et des relations avec les apporteurs de capitaux.

Les flux de trésorerie liés aux activités d'exploitation

Les flux de trésorerie liés aux activités d'exploitation (ou opérationnelles) concernent principalement les transactions générées par les activités principales de l'organisation, c'est-à-dire celles qui influencent directement la création de valeur.

Ces flux incluent notamment les éléments suivants :

- **Encaissements provenant des ventes** : Montants reçus de la clientèle en contrepartie de la vente de biens et services (billetterie, ventes de produits dérivés, abonnements).
- **Décaissement pour les achats** : Paiements effectués aux fournisseurs pour l'acquisition de matières premières et autres fournitures nécessaires à l'exercice des activités de l'organisation.
- **Paiement des charges d'exploitation** : Dépenses liées à l'entretien des installations, aux fournitures de bureau et aux frais généraux nécessaires au fonctionnement quotidien de l'organisation.
- **Paiement des salaires** : Rémunérations versées aux employés en échange de leurs prestations de travail.
- **Paiement des charges fiscales** : Règlement des obligations fiscales telles que l'impôt sur les bénéfices, les taxes locales et les autres contributions fiscales.

Les activités d'exploitation se décomposent en deux parties. La première est la marge brute d'autofinancement, aussi appelée les fonds autogénérés. Il s'agit du résultat net ajusté des charges et produits sans impact direct sur la trésorerie. Par exemple, l'amortissement d'un équipement est une charge comptable qui diminue le résultat net, mais il n'entraîne pas de sortie de trésorerie.

La seconde partie est la variation du fonds de roulement. Cette variation traduit les changements dans les postes de l'actif et du passif à court terme (créances clients, dettes fournisseurs, stocks). Elle reflète l'ajustement des besoins en liquidités nécessaires pour les opérations quotidiennes. Par exemple, une augmentation des créances clients représente une sortie de trésorerie potentielle, car elle réduit la trésorerie disponible.

Cette distinction entre la marge brute d'autofinancement et la variation du fonds de roulement permet une analyse fine de la capacité de l'organisation à générer et à gérer ses liquidités de manière autonome, en assurant la fluidité des opérations quotidiennes tout en s'adaptant aux fluctuations de trésorerie propres au secteur sportif.

Les flux de trésorerie liés aux activités d'investissement

Les activités d'investissement se rapportent aux flux de trésorerie associés à l'acquisition et à la cession d'actifs durables, essentiels à la croissance et à la compétitivité à long terme d'une organisation sportive. L'analyse de ces flux de trésorerie permet d'évaluer la mesure dans laquelle une organisation investit pour maintenir ou développer ses ressources matérielles et immatérielles, renforçant ainsi sa capacité à performer dans un environnement compétitif.

Les flux liés aux activités d'investissement comprennent les éléments suivants :

- **Achat d'immobilisations** : Cette catégorie inclut l'acquisition d'équipements sportifs, de terrains, de bâtiments ou même d'autres entreprises. Ces investissements constituent généralement des sorties de trésorerie importantes, mais ils sont essentiels pour assurer la pérennité et la compétitivité de l'organisation dans le secteur sportif.

- **Cession d'immobilisations** : La vente d'actifs tels que des terrains, des bâtiments ou des brevets génère des entrées de trésorerie. Ces opérations peuvent être stratégiques, par exemple pour libérer des fonds qui seront réinvestis dans de nouveaux projets ou pour financer des opérations courantes.

L'analyse des flux d'investissement d'une organisation sportive révèle sa stratégie de croissance et ses priorités en matière d'allocation de capital. Elle permet d'identifier dans quelle mesure l'organisation privilégie la consolidation de ses infrastructures, l'acquisition de nouvelles technologies, ou encore la recherche d'occasions de diversification économique, afin de soutenir sa performance à long terme.

Les flux de trésorerie liés aux activités de financement

Les activités de financement regroupent les flux de trésorerie liés aux interactions financières entre l'organisation et ses apporteurs de capitaux, y compris les actionnaires et les créanciers. Ces flux reflètent les méthodes de financement de l'organisation et montrent comment cette dernière gère ses besoins en capitaux pour soutenir ses opérations et sa croissance.

Les flux de trésorerie liés aux activités de financement comprennent :

- **Émission d'actions** : Obtention de capitaux par l'émission de nouvelles actions, ce qui génère une entrée de trésorerie pour l'organisation. Cette démarche est courante pour renforcer la base de capitaux propres, en particulier lors de périodes de croissance ou de projets d'envergure.
- **Souscription d'emprunts** : Obtention de nouveaux financements par des emprunts ou des lignes de crédit auprès d'institutions financières, ce qui constitue également une entrée de trésorerie. Cela permet à l'organisation d'accéder à des fonds pour financer ses besoins sans diluer la participation des actionnaires existants.
- **Remboursement de dettes** : Paiement du principal d'un emprunt, représentant une sortie de trésorerie et une réduction des engagements financiers de l'organisation. Ce flux reflète la capacité de l'organisation à honorer ses obligations financières.
- **Distribution de dividendes** : Versement de dividendes aux actionnaires, constituant une sortie de trésorerie et représentant une rémunération du capital investi.

L'analyse des activités de financement permet de mieux comprendre la structure financière de l'organisation, notamment sa capacité à attirer de nouveaux financements pour assurer sa pérennité et sa croissance. Elle offre également des indications sur la politique de l'organisation en matière de distribution de dividendes et de remboursement de dettes, deux éléments essentiels pour maintenir la confiance des investisseurs et des créanciers.

La variation de trésorerie de l'exercice

La variation de trésorerie de l'exercice est obtenue par la somme des flux de trésorerie liés aux trois principales activités de l'organisation : exploitation, investissement et financement. Cette variation représente la différence entre les niveaux de trésorerie en début et en fin de période.

Le solde final des flux de trésorerie constitue un indicateur clé pour déterminer si l'organisation a généré ou consommé des liquidités au cours de l'exercice. Le tableau de flux de trésorerie se révèle ainsi être un outil indispensable pour évaluer la liquidité de l'organisation et pour apprécier sa capacité à financer ses activités opérationnelles et ses projets d'investissement.

L'activité d'un club de football selon le tableau de flux de trésorerie

Un club de football qui organise un match de championnat génère des flux de trésorerie liés à ses opérations courantes. Il reçoit des **entrées de trésorerie** provenant de plusieurs sources :

- *Vente de billets* : Les supporters achètent leurs places avant le match, générant une entrée d'argent immédiate.
- *Contrats de commandites* : Le club reçoit un paiement d'un commanditaire pour que son logo soit affiché pendant le match.
- *Droits de diffusion* : La ligue ou la chaîne de télévision verse des revenus pour diffuser le match en direct.

En parallèle, le club a aussi des **sorties de trésorerie** pour ses opérations :

- *Salaires des joueurs et du personnel* : Ce sont des paiements réguliers.
- *Coûts d'entretien du stade* : Le club doit payer pour l'entretien de la pelouse, les réparations et l'électricité.
- *Remboursement d'un prêt* : Si le club a emprunté de l'argent pour construire ou rénover son stade, il doit rembourser une partie du capital et payer les intérêts chaque mois.

Cet exemple montre que l'évaluation de la performance d'une organisation peut être faite à partir des flux de trésorerie, car ils ne sont pas affectés par des décisions comptables sans effet sur les flux (provisions, amortissement…).

Exemple de construction d'un tableau de flux de trésorerie

Sport'ball est une petite entreprise qui vend des équipements destinés à la pratique du basketball. Les opérations de l'entreprise pour le mois de septembre sont les suivantes :

- Au 1er septembre, le solde de trésorerie est de 5 000 $;
- Sport'ball vend des ballons à différents clubs pour un montant de 12 000 $;
- Sport'ball paie une partie de ses fournisseurs au cours du mois pour un montant de 7 000 $;
- Les salariés de Sport'ball reçoivent un total de 3 500 $ en salaire au cours du mois;
- Sport'ball achète de nouveaux équipements informatiques pour un montant de 2 000 $;
- Sport'ball souscrit un emprunt de 3 000 $ auprès de la banque.

Tableau 18 Évolution de la trésorerie de Sport'ball

Description	Entrées	Sorties	Solde
Solde de début du mois		**-**	**5 000 $**
Ventes de produits	12 000 $	-	17 000 $
Paiement des fournisseurs	-	7 000 $	10 000 $
Salaires des employés	-	3 500 $	6 500 $
Achat de nouveaux équipements	-	2 000 $	4 500 $
Encaissement d'un prêt	3 000 $	-	7 500 $
Solde de fin du mois			**7 500 $**

Le tableau ci-dessous résume l'état des flux de trésorerie de Sport'ball :

Tableau 19 Tableau des flux de trésorerie de Sport'ball

Description	Flux de trésorerie
Ventes de produits	12 000 $
Paiement des fournisseurs	(7 000) $
Salaires des employés	(3 500) $
Flux de trésorerie lié à l'exploitation (1)	**1 500 $**
Achat de nouveaux équipements	(2 000) $
Flux de trésorerie lié à l'investissement (2)	**(2 000) $**
Encaissement d'un prêt	3 000 $
Flux de trésorerie lié au financement (3)	**3 000 $**
Variation de trésorerie de l'exercice = (1) + (2) + (3)	**2 500 $**

Section 6 – États de variation des capitaux propres ou de l'actif net

La structure des documents comptables diffère entre les entreprises et les OBNL; l'état de variation des capitaux propres est spécifique aux entreprises, et la variation de l'actif net concerne les OBNL.

État de variation des capitaux propres (entreprises)

L'état de variation des capitaux propres, aussi appelé **état de variation des bénéfices non répartis,** est un document comptable qui récapitule les mouvements et les ajustements dans les comptes de capitaux propres, tels que le capital-actions, les réserves, les bénéfices non distribués et d'autres éléments des capitaux propres, entre le début et la fin de la période comptable.

Les principales composantes de l'état de variation des capitaux propres :

- *Capital-actions* : Montant investi par les actionnaires lors de l'émission d'actions.
- *Primes d'émission* : Surplus reçu par l'entreprise au-dessus de la valeur nominale des actions.

- *Bénéfices non répartis ou réserves* : Bénéfices retenus pour des investissements spécifiques ou comme coussin financier.
- *Résultat net* : Le bénéfice ou la perte nette de l'exercice en cours est une composante clé qui augmente ou qui diminue le montant des capitaux propres en fin de période.
- *Dividendes distribués* : Si l'entreprise décide de distribuer des dividendes, ceux-ci sont soustraits des capitaux propres puisqu'ils représentent un transfert de richesse des actionnaires.
- *Autres éléments de variation* : Cette dernière section inclut les événements particuliers qui affectent directement les capitaux propres, comme les réévaluations d'actifs, les ajustements liés à la conversion des devises, les changements comptables ou les corrections d'erreurs comptables des périodes précédentes.

L'analyse de l'évolution des capitaux propres est cruciale pour les utilisateurs des documents comptables qui étudient les entreprises pour plusieurs raisons :

- **Santé financière** : Les capitaux propres reflètent la santé financière globale de l'entreprise. Une tendance positive indique que l'entreprise est en mesure de générer des bénéfices et d'accumuler des ressources, ce qui renforce sa stabilité financière.
- **Capacité à lever des fonds** : Les entreprises ayant des capitaux propres solides sont souvent mieux positionnées pour lever des fonds par le biais de prêts ou d'émissions d'actions.
- **Planification stratégique** : L'évolution des capitaux propres est essentielle pour la planification stratégique de l'entreprise. Elle peut aider les dirigeants à prendre des décisions sur la distribution des bénéfices, la croissance, les investissements et les acquisitions.

État de variation de l'actif net (OBNL)

L'état de variation de l'actif net, qui est un document comptable pour les organismes à but non lucratif (OBNL), fournit une vue d'ensemble des changements dans la situation financière de l'organisation sur un exercice fiscal.

L'état de variation de l'actif net[14] doit présenter les variations survenues au cours de la période en ce qui concerne les éléments suivants :

- ***Actif net affecté*** (ou *actif avec restriction*) : Cet actif net représente les montants qui ont été affectés à des usages spécifiques par des donateurs ou des organismes subventionnaires.
- ***Actif net non affecté*** (ou *actif sans restriction*) : Cet actif net comprend les ressources qui ne sont pas soumises à des restrictions spécifiques et qui peuvent être utilisées pour les opérations courantes ou les projets de développement de l'organisation.
- ***Excédent (ou insuffisance) des produits sur les charges*** : Il s'agit de la différence entre les produits et les charges de l'année qui peut être investie pour les activités futures.
- ***Variations des apports reçus*** : Ces variations reflètent les apports, affectés ou non, reçus au cours de l'année (dons, subventions, cotisations des membres).
- ***Ajustements pour réaffectation de fonds*** : Un OBNL peut modifier l'affectation des fonds dans des cas exceptionnels, souvent sous réserve de l'accord du conseil d'administration.

14. Lorsque l'organisme applique la comptabilité par fonds pour ses états financiers, l'état de l'évolution de l'actif net peut être appelé « état de l'évolution des soldes de fonds ».

Tableau 20 État de variation de l'actif net de l'Association canadienne de volleyball

État de l'évolution de l'actif net

de l'exercice clos le 31 mars 2023, avec informations comparatives de 2022

	Affecté à l'interne	Non affecté	Investissements en immobilisations corporelles	Total 2023	Total 2022
Solde au début de l'exercice	902 020 $	285 393 $	8 176 $	1 195 589 $	746 282 $
Excédent des produits sur les charges	–	310 449	–	310 449	449 307
Affectation de fonds affectés	182 016	(182 016)	–	–	–
Amortissement d'immobilisations	–	2 452	(2 452)	–	–
Solde à la fin de l'exercice	1 084 036 $	416 278 $	5 724 $	1 506 038 $	1 195 589 $

Source : Rapport annuel 2022-2023 – Association canadienne de volleyball

L'évolution de l'actif net pour un OBNL est un indicateur clé de sa santé financière et de sa capacité à atteindre ses objectifs à long terme.

Exemple d'évolution de l'actif net : l'OBNL Tra-K-C

L'OBNL Tra-K-C démarre l'année avec un actif net de 500 000 $. Au cours de l'année, l'OBNL a reçu 200 000 $ en donations non affectées, 100 000 $ en subventions pour un projet éducatif spécifique (fonds affectés) et dépense 150 000 $ en frais opérationnels et 80 000 $ dans le cadre de son projet éducatif.

Tableau 21 Évolution de l'actif net

Actif net en début d'exercice	**500 000 $**
+ Donations non affectées	200 000 $
+ Projet éducatif spécifique	100 000 $
– Frais opérationnels	(150 000) $
– Dépense sur le projet éducatif	(80 000) $
Variation de l'actif net	**70 000 $**
Actif net en fin d'exercice	**570 000 $**

L'état de variation de l'actif net est égal, à la fin de l'année courante, à 570 000 $.

Section 7 – Les notes aux états financiers

Définition des notes aux états financiers

Les notes aux états financiers font partie intégrante des états financiers d'une entité. Elles fournissent des informations détaillées et complémentaires aux informations présentées dans les autres documents comptables (bilan, état des résultats, état de variation des capitaux propres, tableau de flux de trésorerie).

Leur objectif est de donner aux lecteurs une meilleure compréhension des politiques et pratiques comptables et des détails supplémentaires qui peuvent influencer l'interprétation des données financières. Par exemple, dans les notes aux états financiers, les durées d'amortissements et les détails des biens détenus dans les stocks sont fournis. Les notes aux états financiers présentent également les méthodes d'évaluation utilisées pour établir les états financiers et les hypothèses retenues pour calculer les estimations.

Exemples de notes aux états financiers

- Un club de football détaille sa méthode d'amortissement des transferts de joueurs sur la durée du contrat, en expliquant les estimations de durée de vie utile et les méthodes utilisées pour évaluer les joueurs.
- Une fédération sportive révèle les transactions entre le comité organisateur d'un événement majeur et les membres du conseil d'administration, assurant la divulgation de potentiels conflits d'intérêts.

Extrait du rapport annuel 2024 de Patinage Québec

Immobilisations corporelles

Les immobilisations corporelles sont comptabilisées au coût. Elles sont amorties selon les méthodes et les taux indiqués ci-dessous :

	Méthodes	**Taux et période**
Matériel de compétitions	Amortissement dégressif	7 ans
Matériel et équipement	Amortissement linéaire	20 %

Source : rapport annuel 2024 (page 11)

8. Immobilisations corporelles

	2024			2023
	Coût	**Amortissement cumulé**	**Valeur nette**	**Valeur nette**
Matériel et équipement	29 948 $	29 948 $	- $	- $
Matériel de compétitions	120 453	76 675	43 778	61 316
	150 401 $	106 623 $	43 778 $	61 316 $

Au cours de l'exercice, la direction a modifié la méthode comptable pour ses immobilisations corporelles. Le matériel de compétitions était amorti selon la méthode dégressive sur une période de 10 ans jusqu'au 31 mars 2023. Depuis le 1er avril 2023, la période d'amortissement est de 7 ans.

Source : rapport annuel 2024 (page 14)

14. Affectations internes

Au cours des exercices antérieurs, le conseil d'administration a résolu d'affecter les sommes suivantes de son actif net:

Fonds de prévoyance	250 500 $
Engagement et formation des entraineurs	50 000
Développement des patineurs	50 000
Équipe du Québec	50 000
	400 500 $

Ces affectations internes ne peuvent être utilisées à d'autres fins sans le consentement au préalable du conseil d'administration.

Source : rapport annuel 2024 (page 15)

La note sur les transactions entre parties liées

Pour illustrer la pertinence de la lecture des notes aux états financiers, la note sur les transactions entre parties liées peut être citée. La divulgation des transactions entre parties liées est soumise à des règles strictes visant à garantir que ces transactions sont comptabilisées de manière transparente et équitable. Les parties liées incluent des entreprises affiliées, des sociétés mères, des filiales, des coentreprises, des partenaires commerciaux, des dirigeants clés, des membres de la famille proche ou d'autres parties qui ont un lien économique étroit.

Dans le domaine sportif, les transactions entre parties liées les plus courantes sont les suivantes :

- **Transfert de joueurs à des tarifs non conformes au marché** : Il arrive parfois que des clubs professionnels transfèrent des joueurs entre eux à des tarifs qui semblent largement en dehors des normes du marché. Cela peut se produire lorsque le propriétaire d'un club est également propriétaire d'un autre club et qu'il décide de transférer un joueur d'un club à l'autre à un prix bien en dessous ou au-dessus de sa valeur marchande.
- **Prêt d'installations sportives à des entités affiliées à des conditions préférentielles** : Des clubs ou des organisations sportives peuvent prêter leurs installations, par exemple des stades ou des terrains, à des entités affiliées, comme des équipes de jeunes ou des entreprises liées aux propriétaires, à des conditions qui semblent avantageuses pour les bénéficiaires.

Section 8 – Le rapport de l'auditeur

Un rapport d'audit est un document officiel préparé par un comptable professionnel agréé[15] (les initiales de cette profession sont souvent utilisées : CPA) à la suite de l'examen approfondi des états financiers d'une entreprise. Le but principal de cet examen est de déterminer si ces états représentent fidèlement la situation financière, les performances et les flux de trésorerie de l'entreprise, conformément aux normes comptables en vigueur.

15. Pour plus d'informations sur la profession, voir le site Internet de l'Ordre des CPA du Québec : https://cpaquebec.ca/

Les rapports d'audit peuvent se présenter sous trois formes, chacune offrant un niveau différent d'assurance quant à la fiabilité des états financiers : la mission d'audit, la mission d'examen et la mission de compilation.

Le premier type de rapport concerne la **mission d'audit**. Au cours de cette mission, l'auditeur examine les états financiers de l'entreprise pour s'assurer qu'ils sont conformes aux normes comptables en vigueur et qu'ils reflètent fidèlement la réalité financière de l'entreprise. Il émet alors une opinion sur les états financiers.

Bien qu'il soit plus coûteux que les autres types de missions, l'audit offre le plus haut niveau d'assurance sur la qualité des états financiers. L'auditeur exprime une opinion indiquant que les états financiers sont préparés, dans tous leurs aspects significatifs, conformément au référentiel d'information financière applicable. Toutefois, l'audit ne garantit pas l'absence totale d'erreurs ou de fraudes. Il vise à offrir une assurance raisonnable en identifiant les anomalies significatives, mais il ne détecte pas systématiquement toutes les irrégularités.

L'obligation d'audit dépend des réglementations en vigueur et des seuils fixés par les autorités compétentes. Par exemple, au Canada, certaines entreprises privées doivent également se soumettre à un audit si elles dépassent un seuil de revenus ou si leurs créanciers l'exigent.

La mission d'audit est obligatoire pour :

- Les entreprises cotées en bourse : pour garantir la transparence envers les actionnaires et les investisseurs;
- Les entreprises réglementées : soumises à des obligations spécifiques (par exemple, dans les secteurs bancaires et de l'assurance);
- Les organismes à but non lucratif (OBNL) : lorsque leurs revenus, leur taille ou les subventions reçues dépassent un seuil prédéfini.

Il est important de noter que l'audit ne porte pas sur la qualité de la gestion des dirigeants ni sur la performance de l'entreprise. Il se limite à vérifier que les états financiers respectent les normes comptables applicables.

Extrait d'un exemple de rapport d'audit

RAPPORT DE L'AUDITEUR INDÉPENDANT

[…]

Opinion

Nous avons effectué l'audit des états financiers de la société ABC (l'« entité »), qui comprennent le bilan au 31 décembre 20XX, et les états des résultats, des bénéfices non répartis et des flux de trésorerie pour l'exercice clos à cette date, ainsi que les notes annexes, y compris le résumé des principales méthodes comptables.

À notre avis, les états financiers ci-joints donnent, dans tous leurs aspects significatifs, une image fidèle de la situation financière de l'entité au 31 décembre 20XX, ainsi que des résultats de son exploitation et de ses flux de trésorerie pour l'exercice clos à cette date, conformément aux normes comptables canadiennes pour les entreprises à capital fermé.

[…]

Source : CPA Canada (2020), *Comprendre les rapports sur les états financiers*

La **mission d'examen** est une procédure d'assurance qui offre un niveau de contrôle moins approfondi que celui de l'audit, avec une assurance modérée plutôt qu'absolue. Dans le cadre de cette mission, l'auditeur réalise une série de procédures limitées, mais suffisantes pour détecter des anomalies importantes.

La mission d'examen est une alternative à l'audit pour les entreprises cherchant à offrir une certaine transparence financière à leurs parties prenantes, sans engager les coûts et les efforts associés à un audit complet.

Extrait d'un exemple de rapport de mission d'examen

RAPPORT DE MISSION D'EXAMEN DU PROFESSIONNEL EN EXERCICE INDÉPENDANT

[...]

Conclusion

Au cours de notre examen, nous n'avons rien relevé qui nous porte à croire que les états financiers ne donnent pas, dans tous leurs aspects significatifs, une image fidèle de la situation financière de la société ABC au 31 décembre 20X1, ainsi que des résultats de son exploitation et de ses flux de trésorerie pour l'exercice clos à cette date, conformément aux normes comptables canadiennes pour les entreprises à capital fermé.

[...]

Source : CPA Canada (2020), *Comprendre les rapports sur les états financiers*

La **mission de compilation** est le niveau de service le plus élémentaire offert par les professionnels comptables. Dans ce type de mission, le CPA rassemble, classe et présente les informations financières fournies par la direction sans procéder à des vérifications ou à des analyses détaillées. Contrairement aux missions d'audit et d'examen, la mission de compilation ne vise pas à exprimer une opinion ou une assurance sur la conformité des états financiers.

La mission de compilation est couramment utilisée par les petites entreprises ou organisations qui n'ont pas besoin d'une assurance formelle, mais qui souhaitent disposer de rapports financiers structurés pour leur gestion interne.

Extrait d'un exemple d'avis au lecteur

Avis au lecteur

J'ai compilé, à partir des informations fournies par la direction (le propriétaire), le bilan de Client Limited au – 20X1, ainsi que les états des résultats, des bénéfices non répartis et des flux de trésorerie pour la période close à cette date.

Je n'ai pas réalisé une mission d'audit ou d'examen à l'égard de ces états financiers et, par conséquent, je n'exprime aucune assurance à leur sujet.

Le lecteur doit garder à l'esprit que ces états risquent de ne pas convenir à ses besoins.

[...]

Source : CPA Canada (2020), *Comprendre les rapports sur les états financiers*

Le tableau ci-dessous résume les principales différences entre ces trois types de missions comptables :

Tableau 22 Les rapports d'audit

	Mission d'audit	Mission d'examen	Mission de compilation
Objectif	Se former une opinion afin de déterminer si les états financiers ont été préparés, dans tous leurs aspects significatifs, conformément au référentiel d'information financière applicable.	Formuler une conclusion indiquant si l'auditeur a relevé quoi que ce soit le portant à croire que les états financiers n'ont pas été préparés, dans tous leurs aspects significatifs, conformément au référentiel d'information financière applicable.	Compiler les informations fournies par le client selon la méthode comptable décrite.
Communication fournie	Opinion	Conclusion	Avis au lecteur ou rapport de mission de compilation
Niveaux d'assurance	Exprime une assurance raisonnable.	Exprime une assurance limitée.	N'exprime aucune assurance.
Avantages	Meilleur indicateur de la crédibilité des états financiers. Peut aider à détecter les déficiences des contrôles internes. Peut identifier les anomalies significatives ou la non-conformité au référentiel d'information financière applicable.	Rehausse la confiance voulant que les états financiers aient été préparés conformément au référentiel d'information financière applicable. Peut identifier des anomalies significatives ou la non-conformité au référentiel d'information financière applicable.	Le comptable peut aider la direction dans la préparation et la présentation de l'information financière.

Source : CPA Canada (2020), *Comprendre les rapports sur les états financiers*

Conclusion du chapitre 1

Comprendre la comptabilité financière, c'est maîtriser un outil stratégique incontournable pour toute organisation sportive. Ce chapitre nous a permis de voir comment les états financiers, les bilans et les états de résultats servent d'outils essentiels pour évaluer la performance, sécuriser des financements et assurer la transparence. Dans un secteur où l'enthousiasme des supporters peut vite être terni par une mauvaise gestion financière, la rigueur comptable devient un levier de confiance et de crédibilité. La suite de ce livre approfondira ces concepts pour fournir aux futurs gestionnaires sportifs les clés pour prendre des décisions financières éclairées et stratégiques.

Chapitre 2

Analyse des états financiers

L'analyse des états financiers permet de mieux **comprendre la situation financière d'une organisation**. Elle consiste à examiner les chiffres comptables et financiers afin d'évaluer si **l'organisation crée de la valeur**, si elle est en **bonne santé** et si elle dispose des ressources nécessaires pour poursuivre ses activités. En interprétant correctement ces données, il devient possible de poser un diagnostic sur sa performance et sa solidité.

Cette démarche s'applique aussi bien aux entreprises qu'aux organismes à but non lucratif (OBNL). Si les entreprises cherchent généralement à réaliser un profit, les OBNL doivent, eux aussi, s'assurer qu'ils ont suffisamment de ressources pour couvrir leurs dépenses et atteindre leurs objectifs.

Ce chapitre présente les principaux outils utilisés en analyse financière. Il débute par **l'analyse du tableau de flux de trésorerie**, un document essentiel pour comprendre les mouvements d'argent dans une organisation. L'exemple de l'Olympique Lyonnais illustre cette première approche. Ensuite, la **méthode des ratios comptables** est introduite à partir d'une étude de cas portant sur la World Wrestling Entertainment (WWE).

Section 1 – Analyse des flux de trésorerie

L'analyse du flux de trésorerie doit être décomposée en trois parties, chacune abordant les trois thèmes du tableau : exploitation, investissement et financement.

Flux de trésorerie lié aux activités d'exploitation

La section du tableau de **flux de trésorerie lié aux activités d'exploitation** (ou flux d'exploitation) est essentielle pour évaluer la santé financière à court terme d'une organisation. Elle mesure la capacité de l'entité à **générer des liquidités à partir de ses activités courantes**, sans recourir à l'endettement ou à la vente d'actifs.

Le flux d'exploitation **ne correspond pas au résultat net**, car ce dernier intègre des éléments comptables non monétaires. Le passage du résultat net au flux de trésorerie opérationnel s'effectue par **ajustements** :

- Sont ajustées les charges non décaissées (comme les amortissements);
- Sont retirés les produits non encaissés (comme certains revenus à recevoir);
- Sont ajustées les variations du fonds de roulement, c'est-à-dire les créances, les stocks et les dettes fournisseurs.

Exemple : construction d'un flux de trésorerie lié aux activités d'exploitation

Une entreprise de production de vêtements génère un résultat net de 500 000 $. Ses charges comprennent un amortissement de ses équipements de 300 000 $. De plus, une variation de son activité a amené l'entreprise à augmenter les délais de paiement de ses clients pour un montant de 150 000 $ et à payer plus rapidement ses fournisseurs pour 100 000 $.

Tableau 23 Construction du flux d'exploitation d'une entreprise textile

Élément	Montant
Résultat net	500 000 $
Amortissement des équipements	300 000 $
Augmentation des créances clients	(150 000 $)
Diminution des dettes fournisseurs	(100 000 $)
Flux de trésorerie d'exploitation	= 500 000 $ + 300 000 $ – 150 000 $ – 100 000 $ =550 000 $ Le flux de trésorerie d'exploitation est égal à 550 000 $

Bien que le résultat net soit positif, nous constatons une augmentation des créances (clients qui n'ont pas encore payé) et une baisse des dettes (fournisseurs payés plus rapidement) qui viennent réduire la trésorerie réellement disponible.

Le montant du flux d'exploitation est un indicateur clé du diagnostic. Par définition, **toute entreprise doit générer de la trésorerie du seul fait de son exploitation**. Un flux de trésorerie positif permet de conclure que l'entité crée de la valeur, situation qui assure la pérennité de l'organisation à long terme. Contrairement à une idée répandue, la création de richesse se mesure dans le tableau de flux de trésorerie et non dans le résultat net.

Une lecture attentive du tableau permet également de savoir si les principales activités d'exploitation ont généré suffisamment de flux de trésorerie pour rembourser ses emprunts, verser des dividendes (pour les entreprises) et faire de nouveaux investissements sans recourir à des sources externes de financement.

Lorsque le flux d'exploitation est négatif, cela indique que les activités d'exploitation détruisent de la richesse. Cette situation ne peut durer : sans trésorerie, il devient impossible de payer les salaires, les fournisseurs ou les loyers. Une entreprise qui brûle durant plusieurs années sa trésorerie est exposée à des risques de faillite.

Il est utile de rappeler que la création de richesse, mesurée par le flux d'exploitation, ne doit pas être confondue avec la rentabilité, qui est définie par un résultat net positif. Une entreprise peut disposer d'un flux de trésorerie négatif, mais d'un résultat net positif.

Par exemple, un fabricant d'équipements sportifs peut enregistrer des profits en raison des ventes comptabilisées sur la période, mais un flux de trésorerie d'exploitation négatif si les clients tardent à payer ou si les stocks s'accumulent. Ce scénario peut survenir lorsque des entreprises adoptent des pratiques de vente agressives, telles que des délais de paiement prolongés, ce qui gonfle les revenus, mais qui retarde les entrées de trésorerie.

Flux de trésorerie lié aux activités d'investissement

L'analyse du flux de trésorerie lié aux activités d'investissement permet de comprendre la politique d'investissement de l'organisation. Deux politiques existent, l'investissement et le désinvestissement.

- **En situation d'investissement, le flux de trésorerie est négatif.** Un tel flux indique que des sommes sont dépensées pour acquérir des actifs. La règle en matière de finance d'entreprise est qu'une entreprise doit investir, car la rentabilité future naît des investissements réalisés aujourd'hui.
- **En cas de désinvestissement, c'est-à-dire de vente de ses actifs, le flux d'investissement est négatif.** Bien que la cession d'actifs permette de générer de la trésorerie, cela risque de pénaliser les flux d'exploitation futurs. Le désinvestissement peut entraîner la perte d'actifs stratégiques, ce qui pourrait affaiblir la position concurrentielle de l'entreprise à long terme. De plus, le désinvestissement peut entraîner des coûts de réorganisation et affecter la motivation ou la productivité du personnel.

Comprendre la politique d'investissement est également nécessaire dans les OBNL. Dans ces derniers, les investissements sont essentiellement réalisés pour soutenir la mission de l'organisation. L'objectif n'est pas de générer des produits, mais de maximiser l'impact social, culturel ou éducatif. Le suivi des investissements dans les OBNL est souvent orienté vers la transparence et la conformité aux exigences des donateurs.

Dans le domaine sportif, la gestion de la politique d'investissement est importante, car elle peut influencer directement la compétitivité et la viabilité à long terme des organisations. Les principaux investissements en matière de flux de trésorerie dans le sport peuvent être regroupés en différentes catégories :

- *Infrastructures sportives* : Construction ou rénovation de stades et d'arénas, aménagement ou modernisation des centres d'entraînement, investissement dans des installations sportives pour les académies et les écoles de formation.
- *Acquisition de talents* : Transferts de joueurs, développement de programmes pour la formation de jeunes talents.
- *Technologie et équipement* : Achat de systèmes de billetterie et de gestion de la relation client (*Customer Relationship Management*), acquisition d'équipements sportifs de pointe pour l'entraînement et la performance des athlètes.
- *Marketing et commercialisation* : Campagnes de marketing pour accroître la visibilité et la notoriété de la marque, développement de plateformes numériques pour la diffusion de contenus et la monétisation des médias.
- *Droits de propriété intellectuelle* : Achat de droits de diffusion pour les événements sportifs, investissement dans des licences et des brevets relatifs à des produits ou services sportifs.
- *Santé et performance des athlètes* : Mise en place de programmes de santé et d'entraînement physique pour optimiser les performances des athlètes, investissement dans des équipements médicaux.
- *Partenariats et collaborations* : Investissements stratégiques par des partenariats avec d'autres entités sportives, des équipes ou des entreprises pour étendre l'influence et les opérations.

Flux de trésorerie lié aux activités de financement

Le dernier flux de trésorerie est lié aux activités de financement. Il est composé des flux entre l'organisation et ses apporteurs de fonds externes. Ces derniers peuvent être les actionnaires (capitaux propres), les créanciers (dettes financières) ou les organismes publics (subventions).

La composition du flux de financement diffère pour les entreprises et les OBNL. Concernant la situation des actionnaires, les éléments suivants doivent être étudiés :

- Dans le cas des entreprises, il faut analyser les augmentations de capital. L'émission de nouvelles actions indique que l'organisation cherche à lever des fonds par le biais des actionnaires. Ces fonds permettent de financer de nouveaux projets ou de restructurer sa dette.
- À l'opposé, une entreprise peut racheter des actions. Un tel rachat signifie que l'organisation dispose d'une trésorerie excédentaire et qu'elle souhaite la rendre aux actionnaires.
- Une entreprise peut verser des dividendes afin de rémunérer ses actionnaires. Des dividendes stables ou croissants peuvent être interprétés comme un signe de bonne santé financière.

En matière de politique d'endettement, deux lignes du tableau sont intéressantes. La première concerne les nouveaux emprunts. Il est utile de comprendre les raisons des nouvelles dettes, c'est-à-dire savoir si l'organisation cherche à financer des projets d'investissement, à renforcer sa capacité opérationnelle ou à couvrir des besoins de liquidité. La seconde ligne concerne les remboursements de dettes. Ces remboursements montrent la capacité de l'organisation à régler ses engagements financiers.

Dans le cas des OBNL, les flux de financements sont composés des subventions publiques, des dons privés et des revenus issus de prestations de services. Dans ce cadre, les OBNL doivent rendre compte de l'utilisation des fonds reçus, en particulier si ces fonds sont affectés. Les subventions ou les dons doivent être utilisés conformément aux attentes des donateurs ou des organismes subventionnaires.

Indicateurs clés pour interpréter des flux de trésorerie

Au-delà de la simple lecture des soldes comptables du tableau de flux de trésorerie, il est utile de calculer quelques indicateurs pour approfondir le diagnostic financier d'une organisation.

Flux de trésorerie disponible (FTD)

Le flux de trésorerie disponible (ou *Free Cash Flow*) correspond à la trésorerie réellement disponible après les investissements nécessaires au maintien de l'activité. Il est un indicateur clé de la **capacité d'autofinancement** d'une organisation.

Flux de trésorerie disponible =
Flux de trésorerie lié aux activités d'exploitation + Flux de trésorerie lié aux activités d'investissement

Un **FTD positif** signifie que l'organisation est capable de financer ses investissements avec ses opérations courantes. Elle peut alors utiliser l'excédent pour **rembourser des dettes, verser des dividendes ou constituer une réserve.**

Un **FTD négatif** indique une **dépendance** à des financements externes pour assurer le maintien ou le développement des activités.

Deux stratégies, deux trajectoires : le Club A et le Club B

Les dirigeants de deux clubs sportifs professionnels, le Club A et le Club B, ont récemment présenté leurs tableaux de flux de trésorerie à leur conseil d'administration. Ces deux organisations évoluent dans la même ligue, disposent d'un niveau de revenus similaire, mais ont adopté des stratégies financières très différentes.

Le Club A affiche un flux d'exploitation de 2 millions de dollars. Cette trésorerie est générée principalement par la vente de billets, les droits de diffusion et les revenus de commandites. Ce même club n'a investi que 1 million de dollars au cours de la saison, essentiellement pour l'entretien de ses installations et le renouvellement d'équipements. Aucune dette supplémentaire n'a été contractée, et le club n'a pas procédé à une augmentation de capital. La variation nette de trésorerie pour l'année est donc positive, s'établissant à 1 million de dollars.

De son côté, le Club B présente un profil très différent. Son flux d'exploitation est plus modeste, à hauteur de 800 000 dollars. Pourtant, il a investi massivement : 3,5 millions de dollars ont été dépensés au cours de la saison, notamment pour acquérir de nouveaux joueurs, rénover le centre d'entraînement et moderniser la billetterie en ligne. Pour financer ces investissements, le club a levé 3 millions de dollars, sous forme d'emprunt bancaire et de capital injecté par ses actionnaires. En fin de compte, sa variation nette de trésorerie est également positive, à hauteur de 300 000 dollars.

Tableau 24 Tableau de flux de trésorerie du Club A et du Club B (en milliers de dollars)

Nature du flux	Club A	Club B
Flux d'exploitation	2 000	800
Flux d'investissement	(1 000)	(3 500)
Flux de financement	0	3 000
Variation de trésorerie nette	**1 000**	**300**

Interprétation des situations comptables

L'analyse de ces deux tableaux de flux de trésorerie révèle deux visions de la gestion financière.

Le Club A adopte une stratégie prudente, presque conservatrice. Il dégage un flux de trésorerie lié aux activités d'exploitation grâce à ses activités courantes, et il limite ses investissements. Le fait qu'il n'ait pas recours à des sources de financement externes traduit une volonté d'autonomie financière. La variation positive de trésorerie confirme que le club gère efficacement ses opérations. Ce type de stratégie convient souvent aux organisations qui cherchent à consolider leur position sans prendre de risques majeurs, ou à celles qui évoluent dans un environnement incertain.

En revanche, le Club B fait le pari de la croissance. Ses investissements sont nettement supérieurs à son flux de trésorerie lié aux activités d'exploitation. Il mise sur le financement externe pour soutenir une transformation rapide de son modèle : nouveaux joueurs, infrastructures plus modernes, outils numériques. Cette stratégie peut s'avérer payante si les investissements génèrent, à moyen terme, une augmentation significative des revenus. Mais elle comporte aussi des risques : si les résultats sportifs ou commerciaux ne suivent pas, la dette contractée pourrait devenir difficile à rembourser.

La variation nette positive de trésorerie dans les deux cas ne doit pas masquer cette différence fondamentale de posture stratégique. Le Club A préserve ses ressources et sa stabilité; le Club B mobilise ses ressources pour accélérer son développement.

Taux de conversion en trésorerie

Ce ratio mesure la capacité d'une organisation à transformer ses revenus[16] en liquidités :

$$\text{Taux de conversion} = \frac{\text{Flux de trésorerie lié aux activités d'exploitation}}{\text{Revenus totaux}}$$

Ce taux est particulièrement utile pour détecter des problèmes de recouvrement ou de gestion des stocks. Un club sportif qui génère d'importants revenus, mais qui affiche un taux de conversion faible pourrait être confronté à des délais de paiement, à une mauvaise gestion des encaissements ou à une politique commerciale trop ambitieuse.

Un taux de conversion qui s'effrite : le cas de l'AS Laurentienne

L'Association sportive Laurentienne est un club amateur de soccer situé dans une région semi-urbaine du Québec. Organisé comme un OBNL, le club gère chaque année plus de 250 jeunes athlètes dans ses différentes équipes, des plus jeunes jusqu'aux séniors. Grâce à ses activités de formation, à des tournois annuels et à quelques partenariats avec des entreprises locales, l'AS Laurentienne a connu une progression constante de ses revenus au cours des trois dernières années.

Cependant, malgré cette croissance, la trésorerie générée par les activités d'exploitation a diminué, ce qui a interpellé le trésorier du conseil d'administration.

Tableau 25 Taux de conversion de l'AS Laurentienne

Exercice	Revenus totaux	Flux de trésorerie d'exploitation	Taux de conversion
2021	285 000 $	57 000 $	20 %
2022	312 000 $	37 000 $	12 %
2023	328 000 $	18 000 $	5 %

Le tableau met en lumière une évolution préoccupante : bien que les revenus du club aient augmenté de près de 15 % en trois ans, passant de 285 000 $ à 328 000 $, la capacité du club à convertir ses revenus en trésorerie réelle s'est effondrée. Le flux d'exploitation a chuté de 57 000 $ à 18 000 $, et le taux de conversion est passé de 20 % à 5 %.

16. Les revenus représentent le chiffre d'affaires pour les entreprises.

Ce phénomène traduit une tension croissante sur la gestion de la trésorerie. Plusieurs explications sont possibles :

- Des inscriptions payées plus tardivement, notamment par virement ou en plusieurs versements.
- Une augmentation des créances envers des commanditaires ou partenaires qui n'ont pas encore versé leur soutien promis.
- Des dépenses plus élevées, parfois engagées sans évaluation fine des flux de rentrées (p. ex. : achat d'équipements, embauche de moniteurs supplémentaires, location de terrains supplémentaires).

Pour un club amateur comme l'AS Laurentienne, dont la marge de manœuvre financière est souvent limitée, ce type de dérive peut rapidement créer des difficultés. Même si le résultat comptable est équilibré, le manque de liquidités peut entraîner :

- Un report de paiements aux fournisseurs;
- L'impossibilité d'entretenir les infrastructures ou d'investir dans de nouveaux équipements;
- Une dépendance accrue aux subventions, qui peuvent tarder à arriver.

Lecture du tableau de flux de trésorerie de l'Olympique Lyonnais

Fondé en 1950, l'Olympique Lyonnais (OL) est l'un des clubs de football les plus reconnus en France et en Europe. Basé à Lyon, le club a connu une période de succès dans les années 2000 avec sept titres consécutifs de champion de France. Le club est également coté en bourse et possède son propre stade, le Groupama Stadium. Le tableau 26 présente les tableaux de flux de trésorerie de l'OL sur la période 2022-2024.

Tableau 26 Tableau de flux de trésorerie de l'Olympique Lyonnais (en milliers d'euros)

	30/06/2022	30/06/2023	30/06/2024
Résultat net	**(55 017)**	**(98 972)**	**(25 737)**
Résultat net des entreprises associées	(39)	1 107	5 727
Amortissements et provisions	65 764	62 014	56 176
Autres charges et produits sans incidence sur la trésorerie	968	(478)	(28 736)
Plus-values de cession des contrats joueurs	(53 558)	(77 302)	(75 867)
Plus-values de cession des autres immobilisations	(449)	162	-
Charges d'impôt	(1 783)	(1 267)	6 474
Capacité d'autofinancement avant impôt	(44 124)	(114 736)	(100 345)
Impôt payé	18	3	3
Coût de l'endettement financier net	12 552	17 225	36 696
Clients et autres débiteurs	11 887	(5 751)	(107 117)
Fournisseurs et autres créditeurs	(34 290)	(9 927)	72 684
Variation du besoin en fonds de roulement	(22 403)	(15 677)	(34 434)
Flux net de trésorerie généré par l'activité	**(53 957)**	**(113 185)**	**(98 079)**
Acquisitions de contrats joueurs, nettes de variation des dettes	(55 006)	(46 645)	(70 107)
Acquisitions d'autres immobilisations incorporelles	(804)	(892)	(400)
Acquisitions d'immobilisations corporelles	(12 818)	(2 947)	(6 018)
Acquisitions d'immobilisations financières	(61 643)	(444)	(30 069)
Cessions de contrats joueurs, nettes de variation des créances	95 041	107 750	103 170
Cessions ou diminutions des autres actifs immobilisés	21 163	1 568	109 269
Flux net de trésorerie lié aux opérations d'investissements	**5 943**	**52 090**	**105 846**
Augmentation de capital et prime d'émission nette de frais	10 000	83 354	-
Souscription d'emprunts bancaires	18 500	52 000	462 236
Émission titres subordonnés à durée indéterminée (TSSDI)	10 500	-	-
Avance aux actionnaires	-	21 000	56 311
Intérêts versés	(9 992)	(12 075)	(30 723)
Intérêts versés sur les dettes liées aux obligations locatives	(469)	(548)	(3 360)
Remboursements d'emprunts	(21 280)	(72 410)	(336 790)
Remboursement d'emprunt sur les dettes liées aux obligations locatives	(2 326)	(2 882)	(8 567)
Acquisitions d'action propres	-	(12 075)	-
Rachat d'intérêts minoritaires	-	-	(1 868)
Flux net de trésorerie lié aux opérations de financement	**6 057**	**68 438**	**87 033**
Trésorerie d'ouverture	**69 248**	**27 291**	**34 633**
Variation de trésorerie	(41 957)	7 343	94 799
Trésorerie de clôture	**27 291**	**34 633**	**129 432**

Sources : Rapport annuel 2023 et 2024 – Olympique Lyonnais

Tout d'abord, la lecture du tableau permet de noter que le club ne parvient pas à générer de la trésorerie à partir de son exploitation sur les trois années observées. Le déficit structurel d'exploitation est une faiblesse majeure.

Tableau 27 Analyse du flux d'exploitation de l'Olympique Lyonnais (en milliers d'euros)

Année	Flux d'exploitation	Interprétation
2022	(53 957)	Trésorerie négative, mais inférieure aux années suivantes
2023	(113 185)	Détérioration significative
2024	(98 079)	Légère amélioration, mais toujours largement négatif

Bien que le résultat net s'améliore en 2024, le flux d'exploitation reste négatif, principalement en raison d'un fonds de roulement très défavorable, avec une hausse significative des créances clients.

Parallèlement, l'analyse du flux de trésorerie lié aux activités d'investissements indique que le club couvre ses besoins de trésorerie en procédant à des cessions de joueurs et d'actifs.

Tableau 28 Analyse du flux d'investissement de l'Olympique Lyonnais (en milliers d'euros)

Année	Flux d'investissement	Interprétation
2022	+ 5 943	Désinvestissement net (cession > acquisition)
2023	+ 52 090	Cessions encore plus importantes
2024	+ 105 846	Désinvestissement net significatif

En parallèle, les acquisitions de joueurs restent significatives, mais nettement inférieures aux ventes. Cette analyse montre que le club réalise une politique de désinvestissement importante, probablement pour rééquilibrer les finances à court terme.

Enfin, l'analyse du flux de financement met en évidence que l'Olympique Lyonnais a eu recours au financement externe : les actionnaires ont apporté 93 millions d'euros et ont avancé 77 millions d'euros entre 2022 et 2024, alors que le club a réalisé des emprunts d'une valeur nette de remboursement de 100 millions d'euros.

Tableau 29 Décomposition du flux de financement de l'Olympique Lyonnais (en milliers d'euros)

	2022	2023	2024
Augmentation de capital	+ 10 000	+ 83 354	–
Emprunts bancaires	+ 18 500	+ 52 000	+ 462 236
Avances d'actionnaires	–	+ 21 000	+ 56 311
Intérêts versés	(9 992)	(12 075)	(30 723)
Remboursements d'emprunts	(21 280)	(72 410)	(336 790)
Flux net de financement	**+ 6 057**	**+ 68 438**	**+ 87 033**

En conclusion, sur l'ensemble de la période, les flux d'exploitation demeurent négatifs, traduisant une difficulté à générer des liquidités à partir de ses opérations courantes.

Pour faire face à cette contrainte, le club a engagé une politique de désinvestissement, principalement par la cession de contrats de joueurs et d'actifs immobilisés, permettant de dégager des flux nets positifs au titre des activités d'investissement. Si cette stratégie a permis une reconstitution progressive, puis significative, de la trésorerie en 2024, elle s'est également traduite par une augmentation sensible du niveau d'endettement et du coût financier associé.

Section 2 – Analyse financière par les ratios

L'analyse par les ratios vient compléter celle du tableau de flux de trésorerie en offrant une lecture synthétique de la performance financière. Elle repose sur la mise en relation de différentes données issues du bilan et de l'état des résultats, afin de faire ressortir des indicateurs clés. Cette approche est largement utilisée dans les milieux financiers, ainsi que dans les publications économiques et spécialisées.

Toutefois, une attention particulière doit être portée à cette méthode : un ratio n'est pas une conclusion. Dans cette perspective, lorsqu'un ratio est calculé, il faut nécessairement l'interpréter. Un simple ratio d'endettement en pourcentage n'est pas suffisant pour comprendre le risque lié à la dette.

Une analogie entre les ratios comptables et les briques résume correctement l'importance de bien utiliser cette méthode. Un tas de briques n'a jamais fait une maison, mais les briques correctement assemblées par un professionnel peuvent construire un château.

Analyse des revenus

Analyser le taux de croissance des revenus permet de comprendre l'évolution de l'activité de l'organisation. Toutefois, ce taux n'est pas une mesure de performance, seulement un indicateur du volume d'activité. Les revenus peuvent croître alors que la performance se détériore.

Évolution des revenus

Le taux de croissance des revenus (ou produits ou chiffre d'affaires) se calcule de la façon suivante :

$$\text{Taux de croissance} = \frac{\text{revenus}_t - \text{revenus}_{t-1}}{\text{revenus}_{t-1}}$$

Un taux de croissance positif est un indicateur positif sur la demande existante pour les produits et les services de l'organisation. Toutefois, il est utile de rappeler l'un des principaux dictons de la finance : *les arbres ne montent pas jusqu'au ciel.* Selon cet adage, les revenus n'ont pas vocation à augmenter tous les ans, car cela est impossible. La stabilité du taux de croissance est le signe que l'entité réussit à conserver la même clientèle, évolution favorable en termes d'analyse.

Des revenus élevés ne signifient pas une création de richesse élevée

Le rapport de l'European Champions Report 2025 indique que le Real Madrid CF est le premier club à dépasser le milliard d'euros de revenus (1,065 milliard d'euros), notamment grâce à une augmentation des revenus de 28 % tirée des recettes records des jours de matchs dans le nouveau stade Santiago Bernabéu (251 millions d'euros). Manchester City FC et Paris Saint-Germain FC complètent le podium avec respectivement des revenus de 838 millions d'euros et 806 millions d'euros.

Cette troisième place du Paris Saint-Germain FC n'est pourtant pas signe d'une performance favorable. En effet, le club est le champion des pertes comptables (-60 millions d'euros) avec notamment les plus fortes dépenses salariales (668 millions d'euros). Cette absence de performance ne provient pourtant pas de l'effectif, qui est à la troisième place en termes de valorisation (l'effectif des joueurs est valorisé à 1,041 milliard d'euros, alors que celui du Real Madrid CF et Manchester City FC le sont respectivement pour 1,364 milliard d'euros et 1,231 milliard d'euros).

Source : *European Champions Report 2025*

L'effet ciseau

L'effet ciseau désigne une situation dans laquelle une entreprise voit son chiffre d'affaires augmenter, mais ses bénéfices diminuer. Ce phénomène souligne que la croissance des revenus ne garantit pas nécessairement une amélioration de la performance financière. Les graphiques ci-dessous illustrent ce déséquilibre entre revenus et rentabilité.

Graphique 1 Évolutions possibles des produits et des charges/effet ciseau

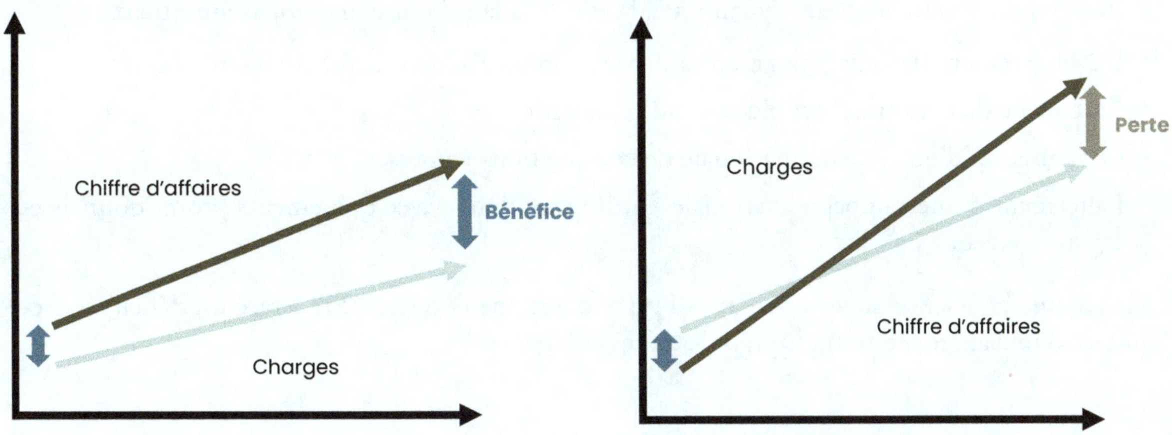

La première figure illustre la situation idéale. Le bénéfice augmente plus rapidement que la hausse du chiffre d'affaires. Au contraire, dans la seconde, les charges augmentent plus rapidement que le chiffre d'affaires, et les pertes s'accroissent. Le croisement des droites des revenus et des charges forme des ciseaux, d'où l'effet ciseau.

La recherche d'un taux de croissance peut nécessiter des dépenses qui sont finalement excessives. Par exemple, de nouvelles campagnes de publicité ou des opérations commerciales coûteuses pour chercher de nouveaux clients peuvent pénaliser la rentabilité.

Le concept d'effet ciseau peut être appliqué aux fédérations sportives lorsqu'un sport particulier est introduit aux Jeux olympiques. Cette introduction peut avoir une incidence financière considérable sur les fédérations sportives, en particulier si elles ne sont pas bien préparées pour les coûts associés à la participation olympique.

Peuvent être citées en exemple des fédérations sportives qui ont connu des problèmes financiers majeurs lorsque leur sport est devenu une discipline olympique. Par exemple, lorsque le curling est devenu une discipline olympique aux Jeux olympiques en 1998, à Nagano, de nombreuses fédérations nationales de curling ont dû faire face à de fortes hausses des coûts (p. ex. frais de voyage et d'hébergement). De plus, un besoin de développer des infrastructures de curling adéquates est apparu et a été un fardeau pour de nombreuses fédérations.

Cette mésaventure s'est déroulée dans de nombreux autres sports, comme le taekwondo après son introduction aux JO de Sydney en 2000, le surf après les JO de Tokyo en 2020 ou le golf après sa réintroduction aux JO de Rio en 2016.

Exemple : analyse de la performance de la Fédération nordique de planche et vague[17]

La Fédération nordique de planche et vague (FNPV) est un organisme à but non lucratif qui a pour mission de promouvoir les sports de glisse en eau froide (surf nordique, planche à pagaie, planche tractée) sur les côtes du Canada atlantique et du Québec. L'ajout du surf comme discipline olympique à Tokyo en 2020 a propulsé la visibilité de la fédération, entraînant une hausse marquée des subventions publiques et de l'intérêt médiatique.

Pour répondre à cette nouvelle dynamique, la FNPV a lancé plusieurs projets ambitieux :

- Développement de deux pôles d'entraînement, soit à Tofino (C.-B.) et à Gaspé (Qc);
- Embauche de personnel technique et administratif;
- Organisation d'une tournée nationale de compétitions jeunesse;
- Lancement d'une campagne nationale « Surfe ton Nord » avec événements promotionnels et capsules vidéo.

Malgré une croissance de ses revenus, la FNPV a terminé l'exercice 2022 avec un déficit, conséquence d'une augmentation plus rapide de ses charges.

17. La Fédération nordique de planche et vague (FNPV) est fictive.

Tableau 30 États financiers de la Fédération nordique de planche et vague

	2021	2022
Revenus totaux	**2 000 000 $**	**2 600 000 $**
Subventions publiques	1 500 000 $	1 800 000 $
Commandites et dons	300 000 $	500 000 $
Revenus d'activités (événements, boutique)	200 000 $	300 000 $
Charges totales	**1 850 000 $**	**2 700 000 $**
Salaires et consultants	800 000 $	1 300 000 $
Logistique et déplacements	400 000 $	550 000 $
Organisation d'événements	300 000 $	420 000 $
Marketing et communication	150 000 $	250 000 $
Frais généraux	200 000 $	180 000 $
Excédent (ou déficit)	**150 000 $**	**(100 000) $**

Questions d'analyse :

- Calculez les taux de croissance des revenus totaux, des charges totales et de la masse salariale.
- Expliquez l'effet ciseau observé dans le cas de la FNPV. Quelles en sont les causes ?
- Quels choix stratégiques la FNPV a-t-elle faits en 2022 ? Était-ce raisonnable ?
- Proposez trois pistes concrètes pour rétablir une situation excédentaire en 2023, sans nuire à la mission sociale de l'organisme.

Éléments de correction

Tableau 31 Taux de croissance

	Taux de croissance
Revenus totaux	**30,0 %**
Subventions publiques	20,0 %
Commandites et dons	66,7 %
Revenus d'activités (événements, boutique)	50,0 %
Charges totales	45,9 %
Salaires et consultants	62,5 %
Logistique et déplacements	37,5 %
Organisation d'événements	40,0 %
Marketing et communication	66,7 %
Frais généraux	-10,0 %
Excédent (ou déficit)	-166,7 %

Expliquez l'effet ciseau observé dans le cas de la FNPV. Quelles en sont les causes ?

L'effet ciseau est constaté dans la mesure où le taux de croissance des revenus (+30 %) est nettement inférieur à celui des charges (+46 %). Autrement dit, les dépenses ont augmenté plus rapidement que les ressources, créant ainsi un déséquilibre budgétaire malgré une hausse globale des entrées de fonds. Ce déséquilibre est principalement attribuable à l'embauche de personnel supplémentaire et au lancement simultané de plusieurs projets. Il convient de souligner que les charges liées aux salaires et aux consultants ont à elles seules augmenté de plus de 62 %, ce qui constitue un facteur déterminant dans la dégradation du résultat.

Quels choix stratégiques la FNPV a-t-elle faits en 2022 ? Était-ce raisonnable ?

En 2022, la Fédération nordique de planche et vague (FNPV) a opté pour une stratégie de croissance rapide. Cette orientation s'est traduite par l'embauche massive de personnel (technique, administratif et événementiel), le lancement simultané de plusieurs projets structurants – notamment des pôles d'entraînement – ainsi qu'une campagne de communication nationale ambitieuse. Ces choix visaient sans doute à tirer profit de l'élan médiatique et institutionnel offert par l'introduction du surf aux Jeux olympiques, en renforçant le positionnement de la FNPV comme acteur clé du développement de la discipline au Canada. Toutefois, cette stratégie d'expansion simultanée a exposé l'organisation à un risque de déséquilibre financier. L'augmentation rapide et non maîtrisée des charges, notamment salariales, a surpassé la croissance des revenus, créant un effet ciseau défavorable. Une approche plus progressive, étalée sur plusieurs exercices, aurait pu permettre une montée en puissance plus soutenable, tout en limitant l'impact sur les résultats financiers.

Proposez trois pistes concrètes pour rétablir une situation excédentaire en 2023, sans nuire à la mission sociale de l'organisme.

Pour rétablir une situation financière excédentaire sans compromettre sa mission de promotion des sports de glisse nordiques, la FNPV pourrait envisager plusieurs mesures ciblées.

1. Une priorisation des projets selon leur portée et leur viabilité économique pourrait être réalisée. Elle permettrait de reporter ceux dont le rapport coûts-bénéfices est moins favorable.

2. Un effort concernant la diversification des sources de revenus pourrait être réalisé : développement d'offres de formation payantes, mise en marché de produits dérivés ou création de partenariats commerciaux récurrents avec des marques spécialisées.

3. Un renforcement du contrôle budgétaire, incluant des seuils d'alerte par poste de dépense et des simulations de scénarios pessimistes, permettrait d'anticiper les dérives et de réagir plus rapidement.

   Ces leviers, combinés à une gouvernance attentive aux équilibres financiers, pourraient permettre à la FNPV de consolider ses acquis tout en assurant la pérennité de ses activités de développement sportif.

Au-delà des montants affichés, l'analyse des revenus exige donc de porter attention à la nature, à la récurrence et à la **temporalité des produits comptabilisés.** Certains revenus peuvent donner une impression de performance financière accrue, alors qu'ils sont le fruit d'opérations ponctuelles ou différées. Les contrats de *naming*, de plus en plus fréquents dans le monde sportif, doivent ainsi être interprétés avec prudence.

Exemple : les *naming rights* et la performance du Centre Aquadôme

Le Centre Aquadôme, une infrastructure sportive municipale rénovée en 2023, est devenu un haut lieu pour les compétitions aquatiques et les événements culturels dans l'est du pays. En quête de nouveaux revenus pour soutenir l'entretien du site, la Ville a signé avec la société HydroSport Inc. un contrat de *naming* d'une valeur de 10 millions de dollars pour une durée de 5 ans. Le contrat prévoit un versement unique en janvier 2024, en échange de l'utilisation du nom « *HydroSport* Aquadôme » sur tous les supports physiques et numériques associés au centre.

Du point de vue comptable, l'encaissement de 10 M$ est immédiat, mais cela ne signifie pas pour autant que ce montant est reconnu dans sa totalité comme un revenu de l'année. En conformité avec les principes de comptabilité d'exercice, seuls 2 millions de dollars seront enregistrés comme produit au compte de résultat pour l'exercice 2024, représentant la part relative à la première année du contrat. Le solde, soit 8 millions, sera inscrit au passif du bilan comme produit différé, et reconnu graduellement sur les quatre années suivantes.

Questions :

1. Pourquoi les 10 M$ encaissés ne sont-ils pas enregistrés comme produit intégral en 2024 ?
2. Quel est l'impact réel sur le résultat net et sur la trésorerie ?
3. En quoi ce type de contrat peut-il fausser l'analyse des revenus si on ne lit que le compte de résultat ou que l'état des flux ?

Éléments de correction

Pourquoi les 10 M$ encaissés ne sont-ils pas enregistrés comme produit intégral en 2024 ?

Selon les principes de la comptabilité d'exercice, un produit est comptabilisé lorsqu'il est acquis (droit) et réalisé (livraison de la prestation). Dans le cas présent, même si le paiement est reçu dès janvier 2024, la prestation offerte, c'est-à-dire la visibilité accordée à HydroSport, s'étale sur cinq années. Il convient donc de répartir le produit sur la durée du contrat, à raison de 2 M$ par an, afin de refléter fidèlement la performance et d'éviter une surévaluation artificielle du résultat.

Quel est l'impact réel sur le résultat net et sur la trésorerie ?

La trésorerie augmente bel et bien de 10 M$ dès l'encaissement, ce qui peut améliorer les ratios de liquidité ou permettre de financer de nouveaux projets. En revanche, le résultat net ne s'accroît que de 2 M$ en 2024, correspondant à la part du produit effectivement « livré » au sens comptable. Cette dissociation illustre le principe fondamental selon lequel un flux monétaire n'est pas toujours un produit comptable.

En quoi ce type de contrat peut-il fausser l'analyse des revenus si on ne lit que l'état des résultats ou le tableau de flux de trésorerie ?

Une lecture isolée de l'état des résultats pourrait faire croire que le contrat n'a rapporté que 2 M$, minimisant l'impact stratégique de l'entente. À l'inverse, une lecture basée uniquement sur les flux de trésorerie donnerait l'impression d'un revenu exceptionnel de 10 M$, créant une illusion de rentabilité ou de performance financière immédiate. Seule une lecture croisée des trois états (résultat, bilan, flux) permet de comprendre qu'il s'agit d'un revenu différé, pluriannuel, et non récurrent.

Analyse de la performance

La méthode des ratios repose sur l'utilisation de calculs de ratios pour évaluer la performance. Deux catégories de ratios existent : les ratios de marge et les ratios de rentabilité.

Analyse des marges

Les ratios de marge consistent à rapporter des résultats comptables sur le chiffre d'affaires des entreprises. Il s'agit donc de savoir quelle est la proportion des revenus qui se transforme en résultat. Seul l'état des résultats est utilisé, les actifs détenus dans le bilan sont inutiles dans les calculs.

Ratio de marge brute

Le ratio de marge brute est déterminé par le ratio entre la marge brute et le chiffre d'affaires. La marge brute est le résultat de la différence suivante :

marge brute = revenus – coût des ventes

Les revenus représentent le montant des produits comptables. Dans le domaine sportif, ces revenus peuvent provenir de diverses sources, telles que la billetterie, les abonnements, les droits de diffusion, la commandite et la vente de marchandises.

Le coût des ventes, aussi appelé coût des marchandises vendues (CMV), englobe plusieurs composantes clés :

- **Coût d'achat des marchandises** : Cela inclut le prix payé pour acquérir les biens vendus. Pour les entreprises de production, cela inclurait le coût des matières premières.
- **Coûts de main-d'œuvre directe** : Ce sont les coûts associés au travail directement impliqué dans la fabrication ou l'acquisition des biens vendus. Dans un contexte de production, cela comprend les salaires et les avantages sociaux des employés qui transforment les matières premières en produits finis.
- **Coûts de fabrication indirects** : Aussi appelés frais généraux de fabrication, ils comprennent les coûts qui ne sont pas directement liés à la production d'un produit spécifique, mais qui sont nécessaires pour mener à bien le processus de production. Cela peut inclure le loyer de l'usine, les coûts d'entretien et de réparation des équipements, les salaires du personnel de supervision et de gestion et les coûts liés aux services publics.
- **Coûts de transport ou de livraison** : Les frais associés à l'acheminement des marchandises du lieu de production ou d'achat au point de vente ou au client final.

Dans le domaine sportif, le coût des ventes peut inclure les coûts directs liés à l'organisation des événements sportifs, comme les salaires des athlètes, les dépenses opérationnelles des jours de match, le coût de la production et de l'achat de marchandises et d'autres coûts directs de prestation de services.

Exemple de marge brute dans le domaine sportif

Pour un club de football, la marge brute serait la différence entre les revenus générés par les billets de match, les ventes de maillots et les droits de télévision, et les coûts de gestion du stade le jour du match, les coûts de fabrication des maillots et les primes de match des joueurs.

Pour une ligue sportive, la marge brute pourrait être les revenus tirés des droits de diffusion et des commandites, moins les coûts liés à la production des matchs, y compris les coûts logistiques et la rémunération des équipes et du personnel de production.

Le ratio de marge brute se calcule en rapportant la marge brute aux revenus :

$$\text{ratio de marge brute} = \frac{\text{marge brute}}{\text{revenus}}$$

L'évolution du ratio de marge brute doit être analysée à partir de la politique de prix de l'entreprise et sa gestion des achats et des stocks. Une baisse de la marge brute due à une pression sur les prix peut être compensée par une meilleure gestion des achats ou des stocks, afin de maintenir le ratio à un niveau stable.

Pour améliorer ce ratio, deux grandes stratégies peuvent être envisagées :

- **Augmenter ses revenus**, en misant sur la notoriété, la qualité perçue ou la différenciation des produits;
- **Réduire le coût des ventes**, en optimisant les achats, la production ou la logistique.

Ratio de marge d'exploitation

Le ratio de marge d'exploitation est calculé à partir du résultat d'exploitation (ou bénéfice avant intérêts et impôt – BAII), c'est-à-dire le résultat de l'activité de l'exploitation normale et courante, sur les revenus :

$$\text{ratio de marge d'exploitation} = \frac{\text{résultat d'exploitation}}{\text{revenus}}$$

Ce ratio indique quelle est la **capacité à générer du bénéfice d'exploitation** à partir des ventes. Ce ratio reflète l'impact de la structure des coûts d'exploitation sur la rentabilité. Les coûts liés à la production, tels que les matières premières, la main-d'œuvre et les frais généraux, peuvent affecter la marge d'exploitation.

Les **stratégies** permettant d'accroître le ratio sont multiples :

- **Augmenter les prix** grâce à une meilleure différenciation des produits ou services;
- **Réaliser des économies d'échelle** pour réduire le coût unitaire;
- **Renégocier les prix** auprès des fournisseurs;
- **Optimiser les processus** de production et d'achat.

Le graphique ci-dessous illustre l'évolution de la marge d'exploitation de trois grandes marques du secteur : Adidas, Nike et Puma. Il permet de comparer leur marge respective sur plusieurs années.

Graphique 2 Évolution des marges d'exploitation d'Adidas, de Nike et de Puma

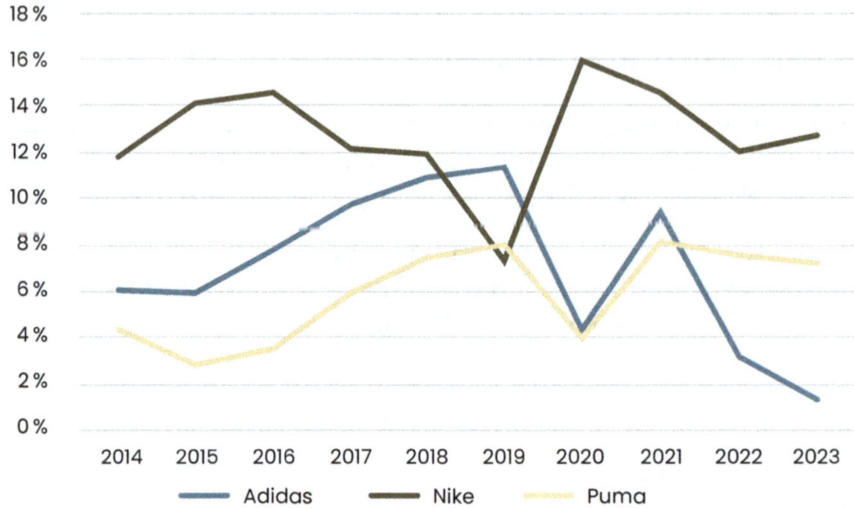

Source des données financières : *Infrontanalytics*

Dans le monde sportif, la marge d'exploitation est un indicateur clé, car elle intègre, contrairement à la marge brute, les salaires des sportifs. Par rapport à d'autres secteurs où les coûts variables jouent un rôle majeur, **dans le secteur sportif, les coûts fixes – notamment les salaires des joueurs et du personnel technique – représentent une part importante** des dépenses d'exploitation. Ces coûts sont souvent inévitables, même lorsque les performances sportives sont médiocres. La marge d'exploitation permet donc de mesurer la capacité d'un club à générer des revenus pour couvrir ses coûts fixes et maintenir des opérations viables.

Or, elle reflète à la fois la capacité des clubs à gérer leurs coûts fixes importants et leur dépendance à des revenus souvent volatils, en fonction des performances sportives et des contrats de diffusion. Ce ratio offre une vision plus précise de la viabilité à court et à moyen terme d'un club, indépendamment des éléments financiers ponctuels ou des résultats nets qui incluent des ajustements non monétaires.

Ratio de marge nette

La marge nette représente la part du revenu total qui reste après déduction de toutes les charges (coûts d'exploitation, intérêts, impôts, etc.). Elle présente **le pourcentage des revenus qui se transforme en bénéfice net.**

Le ratio de marge nette est égal au ratio du résultat net sur les revenus :

$$\text{ratio de marge nette} = \frac{\text{résultat net}}{\text{revenus}}$$

Une **marge nette élevée** indique que l'entreprise gère efficacement ses dépenses et qu'elle est rentable. Pour interpréter ce ratio de manière pertinente, il est essentiel de suivre son évolution dans le temps.

Pour améliorer le ratio de marge nette, toutes les stratégies définies dans la section précédente sont efficaces. De plus, une diminution du coût de la dette peut également améliorer la marge.

Les principales causes d'un **faible ratio de marge nette** peuvent être des coûts de production élevés, une pression concurrentielle forte qui implique un faible pouvoir de fixation des prix, des processus opérationnels inefficaces, une structure de coûts déséquilibrée avec des coûts fixes trop importants ou un coût du financement trop élevé.

Le graphique ci-dessous illustre l'évolution de la marge nette de trois grandes marques du secteur : Adidas, Nike et Puma. Il permet de comparer leur marge respective sur plusieurs années.

Graphique 3 Évolution des marges nettes d'Adidas, de Nike et de Puma

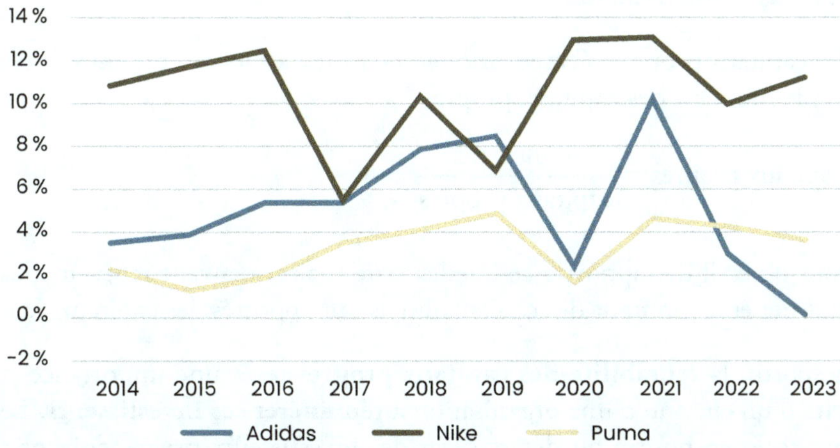

Source des données financières : *Infrontanalytics*

La marge nette permet de **comparer la rentabilité** d'entreprises au sein d'un même secteur. Les entreprises avec une marge nette plus élevée sont souvent mieux gérées ou ont un modèle d'affaires plus rentable.

Dans le domaine sportif, la marge nette est très utilisée également. Les clubs sportifs génèrent des revenus à partir de plusieurs sources : billetterie, droits de diffusion, commandites, ventes de produits dérivés. Mais ces clubs ont aussi des coûts importants, comme les salaires des joueurs, les frais de transfert et les coûts de gestion des infrastructures. La marge nette permet de mesurer l'équilibre entre les revenus générés et les coûts engagés, et de savoir si le club est rentable après toutes ces dépenses.

Par exemple, des clubs comme Tottenham Hotspur ont réussi à maintenir une marge nette positive en 2022, en optimisant leurs dépenses et en maintenant une gestion stricte des salaires, tout en augmentant leurs revenus grâce à des performances sportives solides et à des partenariats commerciaux.

Analyse verticale

L'analyse verticale est une **méthode d'analyse financière** qui consiste à analyser la **structure des coûts et des revenus** en exprimant chaque ligne de l'état des résultats en **pourcentage du chiffre d'affaires**. Cette analyse permet de comprendre comment chacun des coûts contribue aux ventes et dans quelle proportion le pourcentage évolue d'une année à l'autre. Par exemple, si les frais généraux augmentent significativement plus que le chiffre d'affaires, cela indique qu'une attention particulière doit y être portée.

L'analyse verticale s'intègre dans la continuité de l'étude des marges. Par exemple, après avoir examiné la marge brute, une analyse verticale permet de noter quels postes du coût des ventes représentent les charges les plus importantes. **Elle aide également à identifier la proportion de charges fixes et variables par rapport aux ventes.**

Dans le secteur sportif, l'analyse verticale permet de suivre des postes importants, comme les salaires des joueurs, les dépenses de marketing et les coûts d'entretien des installations sportives.

Analyse de la rentabilité

Les ratios de rentabilité complètent les ratios de marge dans l'analyse financière d'une organisation. Contrairement au calcul d'une marge qui est basé sur le chiffre d'affaires, la rentabilité est plutôt basée sur les capitaux investis.

Rentabilité des capitaux propres

La rentabilité des capitaux propres (*Return on Equity* – ROE) est le rapport entre le résultat net généré par l'entreprise et le montant des capitaux propres[18].

$$\text{rentabilité des capitaux propres} = \frac{\text{résultat net}}{\text{capitaux propres}}$$

Ce rapport a pour objectif de rapporter ce que les actionnaires peuvent recevoir sous forme de dividendes, le résultat net et le montant des capitaux qu'ils ont apportés, les capitaux propres.

Dans le secteur sportif, la **rentabilité des capitaux propres** revêt une importance particulière pour évaluer la capacité d'un club ou d'une organisation à **rémunérer ses investisseurs**. Les clubs sportifs, notamment ceux cotés en bourse ou détenus par des investisseurs privés, doivent s'assurer que les **capitaux propres** investis dans le club génèrent un rendement avantageux.

Les actionnaires de clubs sportifs s'attendent à un rendement qui peut provenir non seulement des résultats financiers (résultat net), mais aussi de la **croissance de la valeur des actifs**, tels que les joueurs, les infrastructures (stades, centres d'entraînement) et les contrats de diffusion. La rentabilité des capitaux propres aide à mesurer cette performance, surtout dans les clubs où les capitaux propres sont importants.

Le graphique ci-dessous illustre l'évolution de la rentabilité des capitaux propres de trois grandes marques du secteur : Adidas, Nike et Puma. Il permet de comparer leur rentabilité respective sur plusieurs années.

Graphique 4 Évolution de la rentabilité des capitaux propres

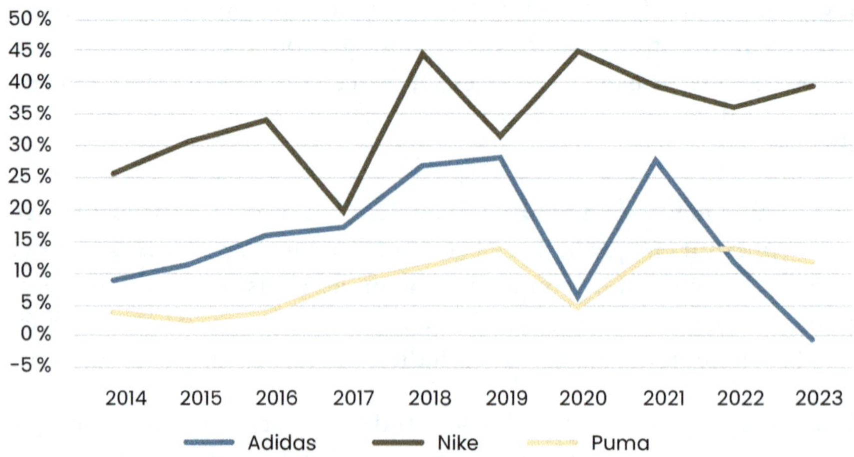

18. Ce ratio ne peut pas être calculé pour les OBNL, car il nécessite des apports de capitaux de la part des actionnaires. Or, il n'y a pas d'apports de capitaux propres ou d'actionnaires dans les OBNL.

Rentabilité de l'actif

La rentabilité de l'actif (*Return on Assets* – ROA) est une mesure de performance rapportant le résultat net à l'actif comptable. La formule pour la calculer est la suivante :

$$\text{rentabilité de l'actif} = \frac{\text{résultat net}}{\text{actif comptable}}$$

Dans le domaine du sport, la rentabilité de l'actif est particulièrement pertinente pour les clubs qui possèdent des **infrastructures importantes,** comme des stades, des centres d'entraînement ou des académies. Ces actifs sont souvent coûteux et ont un impact direct sur les finances du club. La capacité à générer des revenus à partir de ces actifs (ventes de billets, événements, droits de diffusion) est essentielle pour évaluer la **rentabilité à long terme** du club.

Les clubs doivent maximiser l'utilisation de leurs stades, par exemple, en organisant des événements en dehors des matchs (concerts, conférences) afin d'optimiser la rentabilité de l'actif. Une rentabilité de l'actif élevée indique que le club utilise efficacement ses infrastructures pour générer des revenus.

De plus, les actifs incluent non seulement des **actifs corporels** comme les stades, mais aussi des **actifs incorporels,** tels que les contrats de joueurs, les marques du club et les droits de diffusion. Ces actifs contribuent de manière considérable aux revenus des clubs. Il est donc important de comprendre comment ces derniers utilisent leurs actifs pour maximiser les bénéfices.

Dans certains sports, comme le football, les clubs investissent massivement dans le **transfert de joueurs.** Ces transactions sont comptabilisées comme des actifs, mais les performances des joueurs peuvent être imprévisibles, affectant ainsi la rentabilité de l'actif. Par exemple, un joueur transféré à un coût élevé peut ne pas apporter le retour financier escompté si ses performances sportives sont en deçà des attentes.

Le graphique ci-dessous illustre l'évolution de la rentabilité de l'actif de trois grandes marques du secteur : Adidas, Nike et Puma. Il permet de comparer leur rentabilité respective sur plusieurs années.

Graphique 5 Évolution de la rentabilité de l'actif

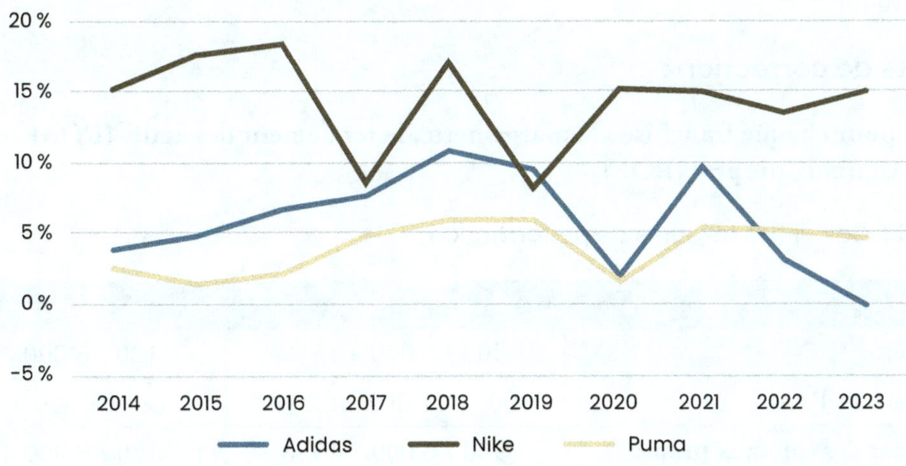

Source : Infront Analytics

Parallèlement, certains actifs, comme les contrats de diffusion et les droits à l'image, peuvent être difficiles à évaluer précisément. Cela peut entraîner une **distorsion** de la rentabilité de l'actif, surtout si les actifs sont sous-évalués ou surévalués au bilan.

Exemple : les Panthers de Rivière-Nord et les Cyclones de Terre-Morne[19]

Deux clubs d'une ligue professionnelle nord-américaine de basketball, les Panthers de Rivière-Nord et les Cyclones de Terre-Morne, affichent des revenus similaires en 2023. Pourtant, leurs résultats financiers sont très différents. Ce contraste soulève des questions sur leur efficacité opérationnelle, leur structure de coûts et la manière dont ils mobilisent leurs ressources.

Tableau 32 Données financières des Panthers de Rivière-Nord et des Cyclones de Terre-Morne (en milliers $)

	Panthers de Rivière-Nord	Cyclones de Terre-Morne
Revenus	6 000	6 000
Résultat net	900	120
Actif total	11 000	8 000
Capitaux propres	6 000	3 000

Questions :

1. Calculez, pour chaque franchise : la marge nette, le rendement des actifs (ROA) et le rendement des capitaux propres (ROE).
2. Comparez les résultats obtenus. Que révèlent-ils sur l'efficacité opérationnelle et la rentabilité des deux organisations ?
3. Quels facteurs internes ou externes pourraient expliquer de tels écarts, malgré des revenus similaires ?
4. Si vous étiez un commanditaire ou un investisseur, vers quelle franchise vous orienteriez-vous, et pourquoi ?

Éléments de correction :

Calculez, pour chaque franchise : la marge nette, le rendement des actifs (ROA) et le rendement des capitaux propres (ROE).

Tableau 33 Calcul des mesures de performance

Ratio	Panthers	Cyclones
Marge nette	900 / 6 000 = 15 %	120 / 6 000 = 2 %
Rendement de l'actif	900 / 11 000 = 8,2 %	120 / 8 000 = 1,5 %
Rendement des capitaux propres	900 / 6 000 = 15 %	120 / 3 000 = 4 %

19. Les clubs des Panthers de Rivière-Nord et les Cyclones de Terre-Morne sont des clubs fictifs.

Comparez les résultats obtenus. Que révèlent-ils sur l'efficacité opérationnelle et la rentabilité des deux organisations ?

Les Panthers de Rivière-Nord affichent une performance financière nettement supérieure. Ils dégagent une marge bénéficiaire plus importante, utilisent leurs actifs de manière plus efficiente et offrent un rendement sur les capitaux propres nettement plus avantageux.

Quels facteurs internes ou externes pourraient expliquer de tels écarts, malgré des revenus similaires ?

Ces écarts peuvent découler de plusieurs facteurs : meilleure maîtrise des coûts, stratégie commerciale plus dynamique (billetterie, partenaires locaux), absence de dettes importantes, ou encore un encadrement sportif plus stable. Les Cyclones pourraient faire face à des problèmes structurels, comme un aréna vétuste, des frais de déplacement élevés ou une faible fréquentation.

Si vous étiez un commanditaire ou un investisseur, vers quelle franchise vous orienteriez-vous, et pourquoi ?

D'un point de vue financier, les Panthers représentent une occasion plus attrayante, tant pour un commanditaire à la recherche de visibilité que pour un investisseur intéressé par le retour sur capital investi. Toutefois, les Cyclones peuvent aussi représenter un potentiel de redressement, ce qui pourrait séduire un investisseur à long terme.

Analyse de l'activité

L'analyse de l'activité vise à évaluer **l'efficacité avec laquelle une organisation utilise ses ressources pour générer de la valeur**. Dans le contexte sportif, cela revient à examiner comment un club, une ligue ou une fédération mobilise ses actifs – stades, centres d'entraînement, effectifs, image de marque – pour produire des revenus à travers la billetterie, les droits de diffusion, les produits dérivés ou encore les partenariats commerciaux.

La figure suivante illustre le **cycle d'exploitation**, c'est-à-dire l'enchaînement des opérations qui transforment les ressources de l'organisation en revenus. Ce cycle comprend typiquement l'acquisition des intrants (services, joueurs, équipements), leur mise en œuvre dans l'activité (entraînement, matchs, événements), puis la génération de revenus et leur encaissement.

Figure 1 Cycle d'exploitation d'une entreprise

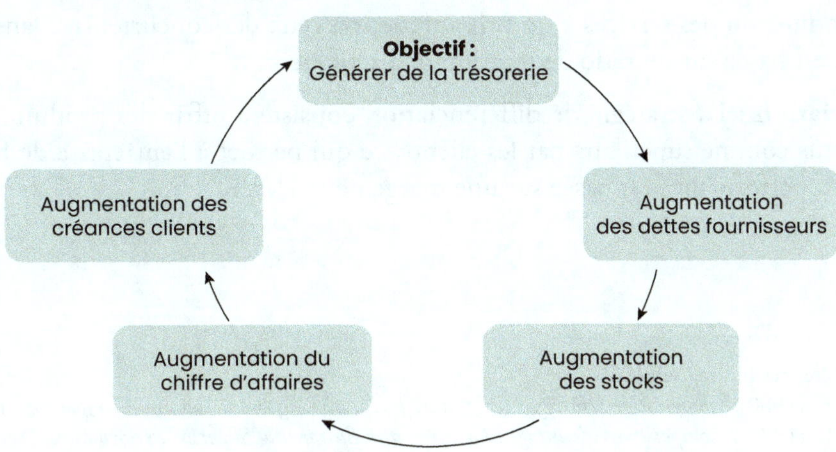

Une bonne gestion de ce cycle permet **d'optimiser l'utilisation des ressources** et d'améliorer la performance économique. Cela implique notamment de s'assurer que les installations sportives sont suffisamment utilisées, que les stocks (p. ex. : maillots) ne stagnent pas, ou encore que les délais de paiement des partenaires sont bien maîtrisés.

Rotation de l'actif

Le ratio de rotation de l'actif est une mesure d'efficacité, c'est-à-dire qu'il mesure la productivité de l'actif de l'organisation. La formule pour le déterminer est la suivante :

$$\text{ratio de rotation de l'actif} = \frac{\text{chiffre d'affaires}}{\text{actif comptable}}$$

Un ratio de rotation de l'actif élevé est le signe d'une stratégie fondée sur le volume d'activité. À l'opposé, un ratio faible est le signe d'une stratégie basée sur la différenciation des produits et services de l'entité.

Un ratio de rotation de l'actif élevé pour une équipe de soccer indiquerait une utilisation efficace du stade, des installations d'entraînement et des autres actifs pour générer un maximum de revenus de billetterie et de droits de diffusion.

Cette logique est simple à comprendre en décomposant la rentabilité de l'actif. En effet, cette dernière est fondée sur deux éléments majeurs : la marge nette et la rotation de l'actif.

$$\text{rentabilité de l'actif} = \frac{\text{résultat net}}{\text{actif comptable}}$$

$$\text{rentabilité de l'actif} = \underbrace{\frac{\text{résultat net}}{\text{chiffre d'affaires}}}_{\textbf{Marge nette}} \times \underbrace{\frac{\text{chiffre d'affaires}}{\text{actif comptable}}}_{\textbf{Rotation de l'actif}}$$

Le premier ratio est le ratio de marge nette. Il indique la proportion du chiffre d'affaires qui se transforme en bénéfice. Le second est le ratio de rotation de l'actif.

Une entreprise peut créer de la valeur essentiellement à partir de deux stratégies[20] :

- **La réduction des coûts** : La stratégie de coûts consiste à être le producteur le plus efficace et à proposer des produits ou des services à un prix inférieur à ceux des concurrents. Dans ce contexte, la performance est basée sur un ratio de rotation de l'actif élevé.
- **La différenciation** : La stratégie de différenciation consiste à offrir des produits ou des services uniques, perçus comme supérieurs par les clients, ce qui permet à l'entreprise de facturer des prix plus élevés. La performance est basée sur une marge nette élevée.

20. Principales références bibliographiques :
    - Porter, M. E. (1980). *Competitive Strategy : Techniques for Analyzing Industries and Competitors.* Free Press.
    - Porter, M. E. (1985). *Competitive Advantage : Creating and Sustaining Superior Performance.* Free Press.

Dans le domaine sportif, les deux stratégies disponibles sont les suivantes :

- **La stratégie basée sur le volume** : Un ratio de rotation de l'actif élevé dans un club sportif peut indiquer une stratégie fondée sur un volume élevé d'activités, par exemple en maximisant les événements au stade ou en multipliant les sources de revenus (billetterie, marchandisage, commandites). C'est souvent le cas des clubs de football ayant des revenus importants issus de la diffusion de leurs matchs.
- **La stratégie de différenciation** : À l'inverse, un ratio de rotation de l'actif plus faible peut signaler une stratégie axée sur la différenciation, où le club mise sur des produits et services plus spécifiques à haute valeur ajoutée, comme des partenariats de prestige ou des contrats de commandites haut de gamme. Par exemple, des clubs qui investissent massivement dans des joueurs avec une forte notoriété peuvent afficher des ratios plus faibles, mais compenser par des marges plus élevées grâce aux revenus publicitaires et de commandites exclusifs.

Deux stratégies, deux modèles : Club A (volume) vs Club B (différenciation)

Deux clubs de basketball professionnel de taille similaire présentent des performances financières très différentes, en lien avec leur stratégie respective.

- Club A adopte une stratégie de volume : il mise sur une forte activité pour rentabiliser ses actifs (rotation élevée), mais ses marges sont plus faibles. Il doit maintenir un haut niveau d'occupation de ses infrastructures pour rester rentable.
- Club B suit une stratégie de différenciation : il mise sur une offre plus exclusive, à forte valeur ajoutée. Il génère des marges plus importantes, mais sa rentabilité dépend davantage de sa capacité à justifier un positionnement haut de gamme.

Indicateur	Club A	Club B
Chiffre d'affaires	12 000 000 $	7 500 000 $
Résultat net	600 000 $	900 000 $
Actif total	6 000 000 $	10 000 000 $
Marge nette	600 000 $ / 12 000 000 $ = 5 %	900 000 $ / 7 500 000 $ = 12 %
Rotation de l'actif	12 000 000 $ / 6 000 000 $ = 2,0	7 500 000 $ / 10 000 000 $ = 0,75
Rentabilité de l'actif (ROA)	600 000 $ / 6 000 000 $ = 10 %	900 000 $ / 10 000 000 $ = 9 %
Positionnement stratégique	Matchs fréquents, événements multiples, billetterie bon marché, produits dérivés grand public	Offres exclusives, image haut de gamme, commandites de luxe, produits dérivés à forte marge
Risque principal	Saturation du marché, dépendance à l'affluence	Coûts fixes élevés, dépendance à l'image de marque

Délai d'écoulement des stocks

Le délai d'écoulement des stocks est un indicateur clé pour évaluer le nombre de jours de chiffre d'affaires que représentent les stocks. La formule de ce délai est la suivante[21] :

$$\text{Délai d'écoulement des stocks (en jours)} = \frac{\text{Stocks et travaux en cours}}{\text{Chiffre d'affaires}} \times 365$$

Le délai d'écoulement des stocks représente un indicateur du coût qu'implique la possession de stocks, comme les coûts de location d'un entrepôt, de surveillance, de main-d'œuvre responsable de la gestion des stocks et les frais d'assurances. L'évolution du délai d'écoulement des stocks dans le temps est plus significative que sa valeur ponctuelle.

Afin de minimiser l'incidence des stocks sur la trésorerie, le délai devrait être faible. Toutefois, les délais peuvent varier significativement selon les secteurs d'activité. Dans cette perspective, lors de l'analyse des états financiers, il faut faire attention à la comparaison avec le délai moyen dans le secteur d'activité lorsque l'information est disponible. Dans tous les cas, l'évolution du délai d'écoulement des stocks au fil des années est importante.

Une **augmentation du délai de rotation** peut être le signe d'un excès de stockage, d'un excès de production ou de la présence de produits difficiles à écouler. Ces trois raisons de hausse du ratio sont des éléments défavorables concernant la stratégie de l'entreprise. Il est nécessaire de se poser des questions sur la pertinence de continuer à vendre un certain type de produit ou de rationaliser le processus d'achat des matières premières ou des marchandises.

Toutefois, il est possible de noter qu'une cause structurelle peut expliquer une hausse du délai. Le graphique ci-dessous montre les délais de rotation des stocks des principaux fournisseurs de chaussures de sport. Dans ce cas, la hausse a eu lieu lors de la crise de la COVID-19, qui a eu comme conséquence une réduction de la vente de chaussures de sport.

Un **délai d'écoulement des stocks** faible indique que l'entreprise est en mesure de vendre rapidement ses stocks. Cela peut être le signe d'une forte demande, d'une gestion efficace des stocks et d'une rotation rapide des produits. Un délai de rotation très faible peut aussi soulever des inquiétudes : il pourrait indiquer un risque de rupture de stock. Il s'agit de l'une des situations les plus désastreuses en matière d'image de marque, que cela soit au niveau des clients, des fournisseurs ou des investisseurs.

Dans le secteur sportif, les activités sont souvent saisonnières. Dans les clubs de hockey ou de football, les stocks de produits dérivés (maillots, écharpes…) connaissent souvent une rotation rapide en début de saison ou lors de la sortie de nouveaux modèles de maillots. Au contraire, le délai peut augmenter vers la fin de la saison si les performances sportives ne sont pas au rendez-vous.

Les marques de vêtements sportifs ont des délais de rotation des stocks qui varient en fonction des pratiques sportives. Par exemple, les ventes de chaussures de course ou de vêtements d'entraînement augmentent durant les mois d'été, entraînant une rotation plus rapide des stocks. Au contraire, après les Jeux olympiques ou une grande compétition internationale comme la Coupe du Monde, les stocks de produits liés à cet événement restent longtemps dans les entrepôts, car la demande diminue.

21. Afin de pouvoir interpréter le mieux possible le délai, il est utile de le calculer pour chacun des produits.

Le cas du centre sportif Cardio+ et la gestion de ses stocks

Le centre Cardio+[22], une salle de sport située en périphérie de Montréal, propose à ses membres un accès à des équipements modernes, à des suppléments alimentaires (protéines, boissons énergétiques, barres) ainsi qu'à une boutique de vêtements de sport personnalisés. L'équipe de gestion remarque, à la fin de l'exercice 2023, une baisse inattendue de la trésorerie malgré des revenus stables.

L'analyse du délai d'écoulement des stocks révèle une tendance préoccupante :

Année	Valeur des stocks	Revenus annuels	Délai d'écoulement des stocks
2021	18 000 $	360 000 $	(18 000 / 360 000) × 365 = **18 jours**
2022	25 000 $	375 000 $	(25 000 / 375 000) × 365 = **24 jours**
2023	36 000 $	370 000 $	(36 000 / 370 000) × 365 = **35 jours**

En trois ans, le **délai d'écoulement des stocks a presque doublé**, passant de 18 à 35 jours. Cela signifie que les produits restent en stock plus longtemps avant d'être vendus. Plusieurs causes sont identifiées :

- **Commandes trop ambitieuses** en prévision d'un afflux post-COVID-19 qui ne s'est pas concrétisé.
- **Produits peu adaptés à la clientèle**, notamment des vêtements mal taillés ou des saveurs de protéines peu populaires.
- **Rotation lente des stocks saisonniers**, notamment les vêtements d'hiver restés invendus.

L'augmentation progressive du délai d'écoulement des stocks chez Cardio+ a plusieurs répercussions concrètes sur la gestion du centre. Tout d'abord, elle entraîne une immobilisation de trésorerie importante : les 36 000 $ de stocks de l'année 2023 représentent des liquidités indisponibles pour d'autres usages, comme le financement de nouveaux services, l'amélioration des équipements ou la promotion du centre.

Ensuite, les coûts liés au stockage augmentent : les produits doivent être entreposés plus longtemps, ce qui engendre des frais supplémentaires pour la gestion, la manutention, voire la location d'espace.

Parallèlement, un risque d'obsolescence s'ajoute : les vêtements hors saison ou les suppléments proches de leur date de péremption deviennent difficilement vendables, voire doivent être liquidés à perte.

Enfin, ce décalage entre l'offre et la demande affecte l'image du centre : les membres perçoivent la boutique comme figée, peu attrayante, ou peu attentive à leurs besoins, ce qui peut nuire à la fidélisation de la clientèle.

Face à cette situation, Cardio+ doit adopter une stratégie de gestion active et ajustée des stocks. Il est essentiel de réviser les prévisions de vente, de rationaliser les gammes de produits offertes et de mieux adapter les quantités commandées aux préférences réelles des membres. Une analyse plus fine des ventes par segment, combinée à un suivi régulier du délai d'écoulement, permettrait d'anticiper les ruptures comme les surstocks.

22. Le centre Cardio+ est un cas fictif.

Délai de recouvrement de créances clients

Le délai de recouvrement des créances clients indique le délai moyen de crédit accordé par l'entreprise à ses clients. Il représente donc le temps écoulé entre la vente d'un produit ou d'un service et le versement de la trésorerie.

$$\begin{matrix}\text{Délai de recouvrement} \\ \text{des clients (en jours)}\end{matrix} = \frac{\text{Créances clients}}{\text{Chiffre d'affaires}} \times 365$$

Le délai de recouvrement a une incidence directe sur la trésorerie. Accorder des délais de paiement peut favoriser les ventes, mais cela augmente aussi le risque de non-paiement ou de tension de liquidité.

Un **ratio élevé** indique que l'entreprise met du temps à recouvrer ses créances clients. Les causes peuvent être diverses : une politique de crédit trop permissive, des retards de paiement de la part des clients, des problèmes de facturation ou des difficultés de recouvrement.

Une hausse significative de ce délai peut être le signe d'une dégradation de la situation financière de l'entreprise, car elle montre que les clients mettent plus de temps à régler leurs factures. Les conséquences sur la trésorerie peuvent être graves, limitant la capacité de l'entreprise à payer ses propres fournisseurs ou à investir.

Ce ratio est particulièrement important dans une phase de forte croissance du chiffre d'affaires. Il est essentiel que cette croissance se traduise par des délais de paiement stables. Si les délais augmentent en même temps que le chiffre d'affaires, cela pourrait signifier que les nouveaux clients représentent des risques élevés de non-paiement ou de retard.

Un **délai court** signifie que l'entreprise est en mesure de recouvrer rapidement ses créances clients. Cela peut être le résultat d'une politique de crédit stricte et de paiements rapides de la part des clients. Cependant, un ratio trop bas peut également signaler des politiques de crédit trop restrictives, ce qui pourrait affecter les ventes et les relations clients.

Différents exemples issus du monde sportif illustrent cette section. Par exemple, les ligues majeures américaines[23] génèrent une part importante de leurs revenus grâce aux droits de diffusion. Les principaux diffuseurs (ESPN, Fox Sports, NBC) versent les paiements en plusieurs tranches tout au long de la saison. En général, ces paiements peuvent être étalés sur plusieurs mois, avec des paiements trimestriels ou semestriels. Les délais de paiement peuvent donc atteindre 90 à 180 jours.

Concernant la vente de billets, notamment pour des matchs phares comme les finales de la NBA, de la NHL ou du Super Bowl, les ventes aux clients finaux sont souvent immédiates, mais les paiements des intermédiaires (agences de billetterie ou plateformes de revente) peuvent prendre de 30 à 60 jours.

23. NBA : National Basketball Association (basketball); NFL : National Football League (football américain); NHL : National Hockey League (hockey sur glace); MLB : Major League Baseball (baseball).

Le club de basketball Les Lynx de Laval

Le club semi-professionnel Les Lynx de Laval[24] participe à une ligue régionale au Québec. Il tire ses revenus principalement de la vente de billets, de partenariats locaux et de la location de son aréna à d'autres événements sportifs ou culturels.

À la fin de l'exercice 2023, l'équipe de gestion constate une tension de trésorerie malgré une hausse de 15 % du chiffre d'affaires. Un rapide diagnostic révèle une augmentation importante des créances clients.

Tableau 34 Données comptables du club Les Lynx de Laval

Données	2022	2023
Chiffre d'affaires annuel	450 000 $	520 000 $
Créances clients	37 000 $	68 000 $

Le délai de recouvrement des créances clients est :

Donnée	2022	2023
Délai de recouvrement des créances clients	30 jours	48 jours

Pour 2022 :

$$\text{Délai de recouvrement des clients (en jours)} = \frac{37\ 000\ \$}{450\ 000\ \$} \times 365 = 30 \text{ jours}$$

Pour 2023 :

$$\text{Délai de recouvrement des clients (en jours)} = \frac{68\ 000\ \$}{520\ 000\ \$} \times 365 = 48 \text{ jours}$$

Le délai de recouvrement s'est allongé de 18 jours en un an. Cette évolution s'explique principalement par :

- Une forte augmentation des ventes de billets et d'abonnements en ligne via des partenaires externes (plateformes de billetterie), qui paient avec un délai de 30 à 60 jours.
- Une politique de facturation plus souple envers les écoles et organismes communautaires qui réservent des plages horaires dans le gymnase du club, mais qui ne paient qu'après réception de la facture, souvent avec retard.
- L'absence de suivi systématique des relances, notamment en période estivale où l'équipe administrative est réduite.

24. Le club Les Lynx de Laval est un club fictif.

Délai de paiement des dettes fournisseurs

Ce ratio est un indicateur du délai moyen de crédit accordé par les fournisseurs à l'entreprise.

$$\text{Délai de paiement de fournisseurs} = \frac{\text{Dettes fournisseurs}}{\text{Achats}} \times 365$$

Le montant des achats utilisé dans la formule précédente n'est pas disponible dans les états financiers, mais doit être calculé.

Achats = Coût des marchandises vendues + variation des stocks

Variation des stocks = stocks en fin d'exercice – stocks en début d'exercice

Un **délai de paiement élevé** indique que l'entreprise dispose d'un long délai de la part de ses fournisseurs. Cette situation peut être avantageuse pour la trésorerie de l'entreprise, car cela implique qu'elle peut retarder les sorties de trésorerie et utiliser ces ressources pour d'autres besoins. Un délai trop élevé peut aussi révéler une perte de crédibilité financière ou des tensions avec les fournisseurs.

Dans le secteur sportif, les clubs et organisations sportives traitent avec de nombreux fournisseurs, comme des équipementiers, des entreprises de construction pour les stades, des fournisseurs de services (sécurité, restauration) ou encore des entreprises de commercialisation de produits dérivés. Le délai de paiement des dettes fournisseurs peut varier en fonction de la taille du club, de sa stabilité financière et de la nature des fournisseurs. Par exemple, les clubs professionnels signent souvent des contrats avec des fournisseurs d'équipements (maillots, chaussures). Un délai de paiement long peut refléter de bonnes conditions de crédit, typiques des clubs de grande envergure bénéficiant d'une forte notoriété. Toutefois, un club en difficulté financière pourrait se retrouver avec des conditions de paiement plus strictes, forçant à des paiements plus rapides.

Parallèlement, les clubs sportifs, en particulier ceux qui sont dépendants des revenus de billetterie et des événements, peuvent subir une baisse de leurs revenus pendant les périodes creuses. Les délais de paiement des fournisseurs peuvent alors être utilisés comme levier pour lisser les flux de trésorerie en attendant que les revenus augmentent à nouveau (par exemple, au début d'une nouvelle saison).

Le besoin en fonds de roulement

Le besoin en fonds de roulement provient du décalage entre, d'un côté, les délais liés aux stocks et aux encaissements clients, et de l'autre, les délais de paiement accordés par les fournisseurs. Il peut être exprimé en jours, en faisant la somme des valeurs des rotations présentées précédemment :

Besoin en fonds de roulement (en jours) = durée d'écoulement des stocks + durée de recouvrement des clients – durée de paiement des fournisseurs

Un besoin en fonds de roulement positif signifie que l'entreprise doit financer un décalage de trésorerie entre ses encaissements et ses décaissements, et donc disposer de liquidités suffisantes pour couvrir cet écart. Cela peut être géré par des solutions de financement à court terme, comme une ligne de crédit ou une réserve de trésorerie.

À l'inverse, un fonds de roulement négatif indique que l'entreprise parvient à financer son activité courante par les délais de paiement accordés par ses fournisseurs, ce qui est généralement favorable pour sa trésorerie.

Dans le secteur sportif, le besoin en fonds de roulement est particulièrement important à analyser, car les revenus et les dépenses des organisations sportives sont souvent saisonniers et fortement influencés par les performances sportives, les périodes de compétition et les cycles d'événements majeurs (comme les matchs de championnat ou les compétitions internationales).

Performance sportive et performance financière

Sources des revenus et performance sportive

- **Ventes de produits dérivés** : Les succès sportifs stimulent les ventes de maillots, d'accessoires et d'autres produits dérivés. Les clubs comme le Real Madrid ou le FC Barcelone enregistrent de fortes hausses de ventes de maillots lorsqu'ils remportent la Ligue des Champions, ce qui améliore leur ratio de rentabilité de l'actif lié aux produits dérivés.
- **Droits de diffusion** : Les clubs performants captent l'attention des médias et négocient des contrats de diffusion plus lucratifs. Par exemple, dans la NBA, les franchises qui progressent en série éliminatoire voient leur exposition médiatique augmenter, ce qui se traduit par des droits de diffusion plus élevés. Cela améliore leur rentabilité et réduit leur dépendance à des sources de financement externe.
- **Commandites et partenariats** : Les commanditaires sont plus enclins à soutenir financièrement un club performant, car cela leur offre une visibilité accrue. La marge d'exploitation s'améliore avec l'arrivée de nouveaux commanditaires, permettant aux clubs de financer leurs opérations sans recourir à la dette.

Retombées financières des bonnes performances sportives

- **Titre de champion dans le championnat NBA** : Lors de la saison 2018-2019, les Raptors ont remporté leur premier titre NBA, ce qui a entraîné une forte hausse de leurs revenus en matière de billetterie, de vente de produits dérivés (maillots, accessoires) et de droits de diffusion. La franchise a également attiré de nouveaux commanditaires et a vu sa valorisation augmenter de manière considérable.
- **Titre de champion dans le championnat MLB** : Après 108 ans sans titre, les Cubs ont remporté la Série mondiale en 2016, ce qui a provoqué une augmentation importante de leurs revenus. La saison suivante, les ventes de billets ont atteint un niveau record, les abonnements se sont multipliés, et les revenus de marchandisage ont explosé. Le ratio de marge nette et le ratio de rentabilité des Cubs se sont améliorés grâce aux revenus générés par les ventes liées à la victoire.
- **Arrivée d'un joueur vedette** : L'équipe des Oilers, une franchise de la National Hockey League (NHL) au Canada, s'est longtemps retrouvée dans une situation de déficit financier, en partie à cause de performances sportives inconstantes. Avec l'arrivée de Connor McDavid, une jeune vedette de la ligue, le club a vu les revenus de billetterie et sa visibilité augmenter, attirant plus de supporters et de commanditaires.

Répercussions financières des mauvaises performances sportives

- **Chute des revenus et endettement** : Lorsque les résultats sportifs déçoivent, la fréquentation baisse, tout comme les ventes de produits dérivés. Par exemple, le club de soccer de Sunderland a vu ses revenus chuter de près de 50 % après sa relégation de Premier League en 2017, obligeant le club à réduire de manière draconienne ses dépenses et à restructurer ses dettes.
- **Augmentation des charges d'exploitation** : Les clubs sous-performants peuvent être tentés d'investir dans des recrutements coûteux pour améliorer leurs résultats sportifs, alourdissant ainsi leurs coûts d'exploitation sans garantie de succès. Cela peut nuire à la rentabilité d'exploitation et conduire à une situation de flux de trésorerie négatif.
- **Accroissement du risque financier** : Les résultats sportifs imprévisibles augmentent le risque financier des clubs. Une succession de mauvaises saisons peut entraîner des difficultés de paiement des dettes, des tensions avec les créanciers, et une diminution de la valeur des actifs du club, notamment ses joueurs.

La boutique sportive des Aigles de Belle-Rive

Les Aigles de Belle-Rive[25] est une équipe de football semi-professionnelle qui gère aussi une boutique en ligne et physique vendant des produits dérivés (maillots, casquettes, écharpes, etc.). Depuis deux ans, l'équipe a investi dans ses stocks, dans un nouveau site transactionnel et dans la refonte de ses points de vente en stade.

Bien que les ventes aient légèrement augmenté, la direction constate une hausse marquée des stocks, un ralentissement du recouvrement des comptes clients et une utilisation sous-optimale des actifs. Dans ce contexte, il est nécessaire de procéder à un diagnostic.

Tableau 35 Données financières de la boutique sportive des Aigles de Belle-Rive

	2022	2023
Chiffre d'affaires	2 200 000 $	2 400 000 $
Stocks	300 000 $	450 000 $
Créances client	275 000 $	360 000 $
Actif total	3 400 000 $	4 000 000 $

Questions :

1. Calculez, pour 2022 et 2023, la rotation des stocks, le délai moyen de recouvrement et la rotation des actifs.
2. Commentez l'évolution de chacun de ces ratios.
3. Quels problèmes ou risques peuvent découler d'un allongement du délai de recouvrement des créances clients ou d'un délai d'écoulement des stocks ?
4. Quelles actions pourraient être mises en œuvre pour améliorer ces ratios en 2024 ?

25. La boutique sportive des Aigles de Belle-Rive est un cas fictif.

Éléments de correction

1. Calculez, pour 2022 et 2023, la rotation des stocks, le délai moyen de recouvrement et la rotation des actifs.

Tableau 36 Calcul des ratios de la boutique sportive des Aigles de Belle-Rive

	2022	2023
Délai d'écoulement des stocks (en nombre de jours)	49,7	68,4
Délai de recouvrement des clients (en nombre de jours)	45,6	54,7
Ratio de rotation des actifs	0,65	0,60

2. Commentez l'évolution de chacun de ces ratios.

L'évolution des ratios d'activité met en évidence un ralentissement préoccupant de la rotation des actifs et des stocks chez les Aigles de Belle-Rive. Le délai d'écoulement des stocks est passé de 49,7 à 68,4 jours, ce qui signifie que les marchandises restent en entrepôt plus longtemps avant d'être vendues. Ce ralentissement peut indiquer soit une accumulation excessive de stocks, soit une baisse de la demande.

Parallèlement, le délai moyen de recouvrement des comptes clients s'allonge de près de 9 jours, passant de 45,6 à 54,7 jours. Cette tendance traduit une gestion du crédit moins efficace ou une augmentation du risque de retard de paiement.

Enfin, la rotation des actifs, déjà modeste en 2022 (0,65), diminue encore légèrement en 2023 à 0,60, suggérant que les investissements réalisés (en plateforme, en infrastructure ou en stocks) n'ont pas généré une croissance proportionnelle du chiffre d'affaires. Ces évolutions, bien qu'individuellement modestes, révèlent une dégradation globale de l'efficacité opérationnelle.

3. Quels problèmes ou risques peuvent découler d'un allongement du délai de recouvrement des créances clients ou d'un délai d'écoulement des stocks ?

Un délai d'écoulement des stocks élevé engendre plusieurs risques :

- Le risque d'obsolescence ou de dépréciation des produits, notamment s'il s'agit d'articles saisonniers ou liés à des joueurs ou à des événements spécifiques;
- Une immobilisation excessive de la trésorerie, qui limite la capacité de l'organisation à investir ou à répondre à des imprévus.

L'allongement du délai de recouvrement des comptes clients présente également des dangers : il augmente le besoin en fonds de roulement, fragilise la trésorerie à court terme et expose l'organisation à un plus grand risque d'impayés.

Dans un environnement sportif où la demande peut fluctuer fortement, ces faiblesses en gestion opérationnelle peuvent rapidement compromettre la stabilité financière.

4. Quelles actions pourraient être mises en œuvre pour améliorer ces ratios en 2024 ?

Pour améliorer la rotation des stocks, les Aigles pourraient adopter une gestion plus dynamique de leur stock, en réduisant les quantités commandées, en lançant des promotions ciblées sur les invendus, ou encore en diversifiant l'offre selon les périodes de la saison. Ils pourraient aussi mieux analyser les ventes par produit afin de mieux anticiper la demande.

Parallèlement, pour limiter le délai de recouvrement, il est possible d'instaurer des incitatifs au paiement rapide (rabais, gratuités) ou de resserrer les conditions de crédit pour certains segments de clientèle.

Enfin, pour améliorer la rotation des actifs, il est nécessaire pour la boutique d'envisager une nouvelle politique concernant ses investissements : liquider certains actifs sous-utilisés, externaliser certaines fonctions non stratégiques ou concentrer les ressources sur les canaux de vente les plus rentables. Ces mesures combinées permettraient de rétablir une meilleure efficacité financière tout en soutenant sa mission commerciale et sportive.

Analyse du financement

Dans le secteur sportif, caractérisé par une **forte saisonnalité et une dépendance aux performances sur le terrain**, assurer la stabilité financière des organisations repose en grande partie sur la qualité de leur financement. Comprendre les leviers de financement – qu'ils soient publics, privés, internes ou externes – est essentiel pour évaluer la solvabilité (capacité à faire face à ses engagements à long terme) et la liquidité (capacité à honorer ses obligations à court terme).

Le financement concerne à la fois les clubs professionnels à but lucratif et les organismes à but non lucratif (OBNL), comme les associations ou les fédérations sportives. Si leurs structures juridiques et leurs objectifs diffèrent, ces organisations partagent une même réalité : lorsqu'elles ne disposent pas de ressources financières suffisantes pour couvrir leurs coûts fixes (salaires, infrastructures, événements), elles s'exposent à des risques de déficit, voire de faillite.

Exemple d'analyse du financement des événements sportifs au Canada

Une étude menée en décembre 2020 par Sport Tourism Canada met en lumière les principales sources de financement des détenteurs de droits sur des manifestations sportives au Canada.

La figure ci-dessous indique les principales sources de financement des événements sportifs au Canada. La principale source de financement est la cotisation des membres. Parallèlement, les subventions et les commandites représentent une part importante du financement.

Figure 2 Sources de financement les plus courantes parmi les détenteurs de droits sur des manifestations sportives au Canada en décembre 2020

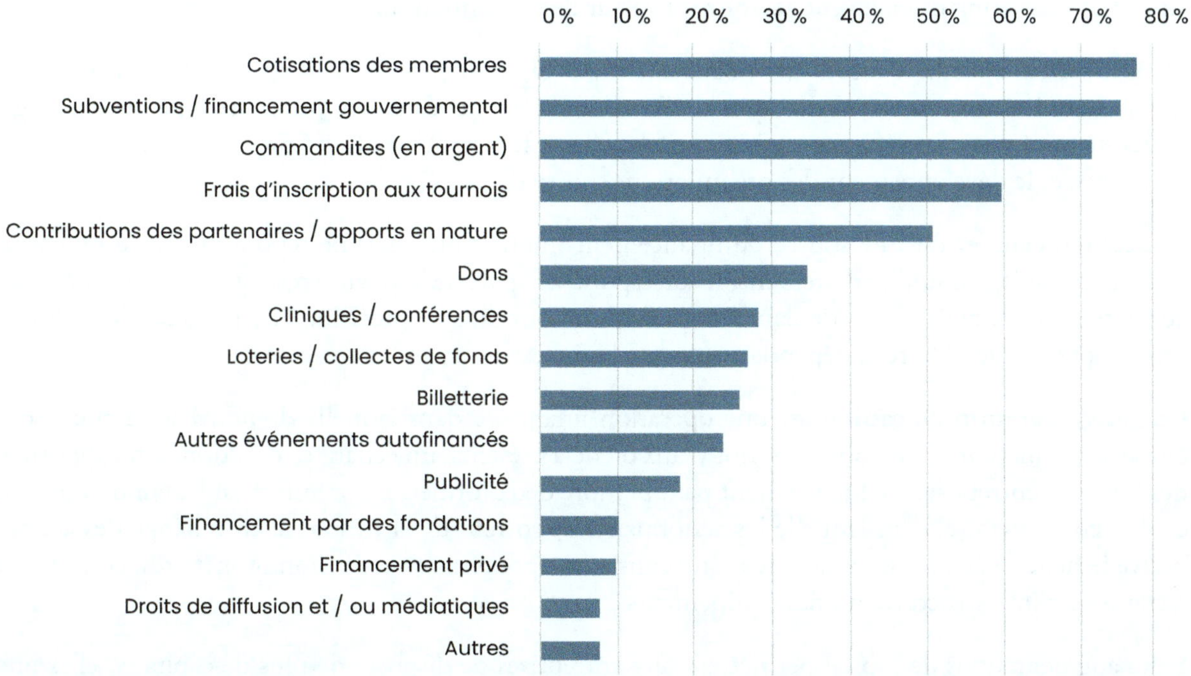

Source : *Sport Tourism Canada / Statista*

Sources de financement du secteur sportif au Canada

Le développement du sport, qu'il soit amateur ou professionnel, repose sur un éventail varié de sources de financement. Clubs, fédérations, municipalités et infrastructures sportives doivent mobiliser des fonds pour soutenir leurs activités, améliorer leurs installations ou réaliser des projets d'envergure.

Financement par capitaux propres

Les capitaux propres représentent une source de financement essentielle pour les entreprises. Les apporteurs de capitaux propres reçoivent des actions en échange de leur apport. L'action est un titre de participation qui confère à son propriétaire la qualité d'associé et lui donne un droit à une part proportionnelle des bénéfices distribués et des droits de vote. Les dividendes versés aux actionnaires représentent la part de bénéfices partagés entre les actionnaires.

Contrairement aux emprunts, qui nécessitent des remboursements et le paiement d'intérêts, le financement par capitaux propres consiste à lever des fonds en échange d'une participation dans le capital de l'entreprise. Cela peut se faire soit par l'apport de nouveaux investisseurs, soit par l'autofinancement grâce aux bénéfices générés par les activités de l'organisation.

Dans le secteur sportif, les clubs professionnels et autres entités sportives peuvent utiliser le financement par capitaux propres pour répondre à leurs besoins en liquidités, financer des projets à grande échelle ou développer leurs infrastructures. Ce type de financement est particulièrement pertinent dans un environnement où les revenus sont souvent volatils et où l'accès au financement externe peut être limité.

D'un point de vue managérial, les actionnaires apportent non seulement des fonds, mais également des ressources stratégiques, comme des compétences en gestion, des contacts commerciaux ou des stratégies marketing qui peuvent accroître la valeur de l'organisation.

Dans le secteur sportif, le recours au financement par capitaux propres peut prendre plusieurs formes, notamment les augmentations de capital et l'autofinancement. Chaque option présente des avantages et des inconvénients spécifiques, mais ensemble, elles offrent une flexibilité précieuse pour soutenir la croissance et le développement des organisations sportives.

L'autofinancement est une source de financement interne, puisqu'il ne repose ni sur de nouveaux apports en capital ni sur l'endettement. Il correspond à la part de la valeur créée qui n'est pas distribuée aux actionnaires, mais réinvestie dans l'organisation pour plus de précision. Cette méthode de financement permet de réduire la dépendance envers les investisseurs et les créanciers.

Une **augmentation de capital** est une opération financière dans laquelle de nouvelles actions sont émises à destination des actionnaires, nouveaux ou déjà présents. En échange, les actionnaires apportent des fonds à l'entreprise. Ce financement peut prendre deux formes. La première est l'augmentation de capital en numéraire, dans laquelle les actionnaires apportent de la trésorerie en échange des actions nouvellement créées. La seconde, plus rare, consiste à apporter des actifs non monétaires, comme des terrains, des infrastructures ou des équipements.

Si les augmentations de capital permettent aux entreprises de disposer de plus de capitaux, elles présentent un inconvénient pour les actionnaires existants. Chaque augmentation de capital dilue les actions déjà existantes, ce qui peut entraîner des tensions.

L'impact d'une augmentation de capital sur la part d'un actionnaire

Le club fictif Montréal Élite FC décide de lever des fonds pour construire un nouveau centre d'entraînement. Pour cela, le club procède à une augmentation de capital en émettant de nouvelles actions.

Situation initiale :

- Le club a 10 000 actions en circulation.
- L'actionnaire principal, Sophie Tremblay, détient 6 000 actions, soit 60 % du capital. Elle est actionnaire majoritaire.

Décision :

- Le club émet 8 000 nouvelles actions à destination de nouveaux investisseurs.
- Sophie décide de ne pas souscrire à cette augmentation de capital.

Nouvelle répartition :

- Le club a désormais 18 000 actions (10 000 + 8 000).
- Sophie détient toujours 6 000 actions, mais sa part tombe à 33,3 % (6 000 ÷ 18 000).

Dans le sport, les augmentations de capital sont souvent réalisées pour soutenir des projets spécifiques ou pour atteindre des objectifs stratégiques majeurs :

- **Financement d'infrastructures** : Les clubs peuvent lever des fonds pour construire ou rénover leurs infrastructures, comme des stades, des centres d'entraînement ou des complexes sportifs. Par exemple, certaines équipes de la Major League Soccer (MLS) ont levé des capitaux pour financer la construction de nouveaux stades afin de répondre aux normes de la ligue et d'améliorer l'expérience des spectateurs.
- **Recrutement de talents** : Pour les clubs évoluant dans des ligues compétitives, l'augmentation de capital peut permettre de financer des achats de joueurs de haut niveau, renforçant ainsi les performances de l'équipe et l'attractivité pour les supporters et les commanditaires. Le Paris Saint-Germain a réalisé des augmentations de capital pour financer des transferts majeurs de joueurs.

Financement par endettement

Le recours à l'endettement constitue une source de financement essentielle pour les organisations sportives, qu'il s'agisse de clubs professionnels, d'équipes amateurs ou d'organismes communautaires. L'endettement permet de financer des projets, de répondre à des besoins ponctuels de trésorerie ou encore d'améliorer les infrastructures sportives. Les formes les plus courantes de dettes dans ce secteur sont les emprunts bancaires et les émissions obligataires.

Emprunts bancaires

Les emprunts bancaires constituent l'une des formes de dette les plus courantes pour les clubs sportifs. Ils permettent d'obtenir des fonds auprès d'institutions financières pour financer des projets spécifiques ou pour combler des besoins de trésorerie.

Crédits à court terme

Utilisés principalement pour financer les besoins de trésorerie ponctuels, les crédits à court terme permettent aux clubs de couvrir les décalages entre leurs recettes (billetterie, droits de diffusion, commandites) et leurs dépenses courantes (salaires des joueurs, frais de fonctionnement).

Ligne de crédit pour la trésorerie

Un club de hockey utilise une ligne de crédit de 100 000 $ pour couvrir les salaires au début de la saison. La banque propose un taux d'intérêt de 5 % par an. Le club utilise 50 000 $ de cette ligne pendant trois mois et rembourse ensuite la somme dès réception des revenus de billetterie. Les intérêts pour cette utilisation s'élèvent à environ 625 $ (calculés comme suit : 50 000 $ * 5 % * 3 ÷ 12). Cette flexibilité aide le club à gérer les périodes où ses revenus ne couvrent pas toutes ses dépenses.

Avance de trésorerie pour un tournoi

Une organisation sportive locale organise un tournoi et contracte un crédit à court terme de 30 000 $ au taux d'intérêt de 4 % sur trois mois pour couvrir les frais initiaux. Une fois les fonds des commanditaires reçus après le tournoi, elle rembourse le montant avec des intérêts de 300 $ (calcul : 30 000 $ * 4 % * 3 ÷ 12). Ce financement permet à l'organisation de lancer le tournoi sans attendre les contributions des commanditaires.

Emprunts à long terme

Les emprunts à long terme sont généralement utilisés pour des projets d'infrastructures ou des investissements de grande envergure, comme la construction ou la rénovation de stades. Ces emprunts sont amortis sur plusieurs années, ce qui permet aux clubs de répartir le coût du projet tout en préservant leur trésorerie.

Emprunt pour la construction d'un complexe sportif

Un club de soccer contracte un emprunt bancaire de 2 millions de dollars sur 15 ans à un taux fixe de 3,5 % par an pour construire un complexe sportif. L'emprunt est remboursé mensuellement, soit 14 336 $ par mois, incluant le capital et les intérêts. Grâce à ce financement, le club peut étaler le coût de construction sur 15 ans tout en gardant sa trésorerie pour les besoins opérationnels. Le taux fixe garantit que les mensualités resteront constantes malgré les fluctuations de marché.

Prêt pour la rénovation du stade

Pour rénover son stade, une équipe de basketball obtient un emprunt de 500 000 $ sur 10 ans à un taux d'intérêt de 4 % par an, avec des paiements trimestriels de 15 221 $ (capital et intérêts inclus). Ce prêt permet de financer les travaux de rénovation qui attireront plus de spectateurs, augmentant ainsi les recettes. L'équipe rembourse l'emprunt progressivement à l'aide des revenus supplémentaires générés par les améliorations du stade.

Les émissions obligataires

Les **émissions obligataires** représentent une autre forme de financement par dette, généralement utilisée pour des projets d'envergure. Contrairement à un emprunt bancaire contracté auprès d'une seule institution, une émission obligataire permet de lever des fonds auprès de plusieurs investisseurs, en échange d'un engagement de remboursement avec intérêts.

Les obligations émises par les clubs

Certains grands clubs ou franchises sportives émettent eux-mêmes des obligations pour financer la construction ou la modernisation d'infrastructures. Par exemple, une équipe de la Ligue nationale de hockey (LNH) pourrait émettre des obligations à 10 ans pour financer un nouveau complexe sportif. Les investisseurs achètent ces titres en échange d'un taux d'intérêt fixe, payé régulièrement par l'équipe.

Les obligations municipales

Les collectivités publiques utilisent fréquemment les obligations municipales pour financer des infrastructures sportives accessibles à la population. Ces obligations, souvent exonérées d'impôt, permettent de réaliser des projets à long terme sans recourir immédiatement à l'augmentation des taxes locales.

Exemples de financement obligataire pour des équipements sportifs

- En 2006, pour financer la construction du nouveau Yankee Stadium, la Ville de New York a émis des obligations municipales exonérées d'impôt à hauteur de 1,2 milliard de dollars américains. Ces obligations ont couvert une grande partie des coûts de construction du stade.
- En 2018, le SoFi Stadium de Los Angeles a été partiellement financé par des émissions d'obligations. Le coût total du projet s'élevait à plus de 5 milliards de dollars américains, une partie étant couverte par des obligations émises par les gouvernements locaux pour encourager la création d'emplois et la stimulation économique.
- Le Levi's Stadium, domicile des San Francisco 49ers, a été financé en partie grâce à l'émission d'obligations municipales par la Ville de Santa Clara en 2011. Le montant de l'obligation s'élevait à environ 850 millions $, servant à financer une grande partie des 1,2 milliard $ du coût de construction.

L'effet de levier financier

L'effet de levier financier désigne l'incidence que peut avoir le recours à l'endettement sur la rentabilité des capitaux propres. Il est indispensable, pour établir le diagnostic de la rentabilité des capitaux propres, d'analyser si un effet de levier existe et s'il est favorable ou non.

L'entreprise finance un ensemble d'emplois durables, aussi appelé actif économique, avec les capitaux propres et la dette financière. Cet actif économique dégage un résultat économique qui correspond comptablement au résultat d'exploitation. Ce dernier est calculé avant intérêt et avant impôts. Il sera réparti entre les créanciers, l'impôt et le solde qui revient aux actionnaires.

Tableau 37 Structure du bilan

Actif économique	Capitaux propres
	Dettes financières

La **rentabilité économique** se définit comme le rendement généré par l'actif économique de l'entreprise (c'est-à-dire l'ensemble des ressources mobilisées, financées par la dette et les capitaux propres), **avant prise en compte du coût de la dette et de l'impôt**.

La formule de la rentabilité économique est la suivante :

$$\text{rentabilité économique} = \frac{\text{résultat économique}}{\text{actif économique}}$$

- Résultat économique : résultat d'exploitation
- Actif économique : capitaux propres + dette financière

La **rentabilité financière** mesure le flux qui revient aux actionnaires par rapport aux capitaux propres qu'ils ont investis. L'effet de levier consiste à profiter d'une rentabilité financière, pour les actionnaires, plus élevée que la rentabilité de l'ensemble des fonds investis.

La formule de la rentabilité financière est la suivante :

$$\text{rentabilité financière} = \frac{\text{résultat net}}{\text{capitaux propres}}$$

Pour illustrer ce mécanisme, deux entreprises qui réalisent la même rentabilité économique, mais dont l'une seulement est endettée, peuvent être comparées.

Tableau 38 Effet de levier positif (partie A)

Rentabilité économique	Entreprise A	Entreprise B
Capitaux propres	10 000 $	5 000 $
+ Dettes	0 $	5 000 $
= Capitaux investis	10 000 $	10 000 $
Résultat d'exploitation	1 200 $	1 200 $
Rentabilité économique (résultat d'exploitation/capitaux investis)	**12 %**	**12 %**

La dette de l'entreprise B porte un taux d'intérêt moyen de 8 %. En posant l'hypothèse d'un taux d'imposition de 30 %, le résultat net et la rentabilité financière pour les actionnaires sont les suivants :

Tableau 39 Effet de levier positif (partie B)

	Entreprise A	Entreprise B
Résultat d'exploitation	1 200 $	1 200 $
– Intérêts	– $	400 $
= Résultat avant impôts	1 200 $	800 $
– Impôt	(360) $	(240) $
= Résultat net	840 $	560 $
Rentabilité financière (résultat net/capitaux propres)	**8,4 %**	**11,2 %**

La rentabilité financière plus élevée de l'entreprise B vient du recours à l'endettement. Cet avantage important conduit néanmoins à un risque plus élevé. Le risque financier pour les actionnaires devient majeur lorsque la rentabilité économique est inférieure au coût de la dette.

Tableau 40 Effet de levier négatif

Rentabilité économique	Entreprise A	Entreprise B
Capitaux propres	10 000 $	5 000 $
+ Dettes	– $	5 000 $
= Capitaux investis	10 000 $	10 000 $
Résultat d'exploitation	300 $	300 $
Rentabilité économique	**3,0 %**	**3,0 %**
Résultat d'exploitation	300 $	300 $
– Intérêts	– $	400 $
= Résultat avant impôts	300 $	(100) $
– Impôt	(90) $	30 $
= Résultat net	**210 $**	**(70) $**
Rentabilité financière	**2,1 %**	**– 1,4 %**

Dans ce dernier cas, lorsque la rentabilité économique est plus faible que le taux d'intérêt, la rentabilité financière est négative. Le recours à l'endettement entraîne donc une perte pour les actionnaires.

Afin d'évaluer l'effet de levier d'une entreprise, il est possible d'utiliser une formule simple :

$$R_{financière} = \left[R_{économique} + \frac{D}{CP} \times \left(R_{économique} - i\right)\right] \times \left(1 - t_{impôt}\right)$$

Avec :

- $R_{financière}$: taux de rentabilité financière
- $R_{économique}$: taux de rentabilité économique
- D : dette
- CP : capitaux propres
- i : taux d'intérêt
- $t_{impôt}$: taux d'imposition

La formule peut être simplifiée :

$$\text{Rentabilité financière} = \text{rentabilité économique} + \text{effet de levier}$$

Lorsque l'effet de levier, c'est-à-dire lorsque la rentabilité économique est supérieure au taux d'intérêt, est positif, l'entreprise a intérêt à s'endetter. Au contraire, si la rentabilité économique est inférieure au taux d'intérêt, l'effet de levier est négatif. Cette situation s'appelle également l'effet de massue.

Les partenariats Public-Privé comme source de financement

Les **partenariats public-privé (PPP)** sont devenus une solution courante pour le financement d'infrastructures sportives au Canada. Ils consistent à associer une entité publique (ville, province, gouvernement fédéral) et un partenaire privé (entreprise, promoteur, investisseur) dans le but de concevoir, financer, construire, et parfois gérer une infrastructure destinée à l'usage collectif.

Dans ce type de montage, le **partenaire privé** prend généralement en charge le **financement initial**, parfois par le biais d'un emprunt, et reçoit en retour des droits d'exploitation, des redevances ou une part des revenus générés par le projet. De son côté, le **secteur public** fournit souvent le terrain, accorde des garanties ou complète le financement, tout en s'assurant que le projet répond à ses objectifs d'intérêt général.

L'un des principaux atouts des PPP est leur capacité à **réduire la pression immédiate sur les budgets publics**, tout en permettant la réalisation rapide d'infrastructures modernes. Toutefois, ces partenariats exigent une gouvernance rigoureuse pour s'assurer d'un équilibre entre les intérêts publics et privés.

Exemple de partenariat public-privé : le centre Vidéotron à Québec

Le Centre Vidéotron de Québec a été réalisé par un partenariat public-privé (PPP) dans le domaine sportif au Canada. L'objectif était de créer un complexe sportif et de divertissement capable d'attirer des événements d'envergure internationale. Inauguré en 2015, ce centre a été développé pour remplacer le Colisée Pepsi. Son coût total a été d'environ 400 millions de dollars. Les détails du partenariat sont les suivants :

- **Partenaires publics** : La Ville de Québec et le gouvernement provincial du Québec ont joué un rôle clé dans le financement et la planification du projet. La Ville de Québec et le gouvernement du Québec ont assuré une partie du financement nécessaire à la construction du Centre, s'engageant à couvrir les coûts excédant les contributions privées jusqu'à un certain plafond.

- **Partenaire privé** : La construction du centre a été réalisée par le groupe Québecor, qui a obtenu les droits de nommer le bâtiment et qui a gagné une part significative dans la gestion de l'aréna. En vertu de l'accord de partenariat, Québecor bénéficie des revenus générés par les événements organisés au Centre.

Le Centre Vidéotron a stimulé l'économie locale en attirant des touristes et en créant des emplois, tant pendant sa construction qu'à travers son exploitation quotidienne. L'aréna a également renforcé le sentiment d'appartenance régionale.

Un autre exemple est celui du Stade Saputo à Montréal, domicile du CF Montréal. La construction initiale, financée principalement par la famille Saputo, a coûté 17 millions de dollars. Lors de l'agrandissement du stade en 2012 pour répondre aux normes de la Major League Soccer (MLS), un investissement supplémentaire de 40 millions a été nécessaire, dont 23 millions ont été apportés par le gouvernement du Québec. Ce projet illustre une forme de PPP mixte, où le financement privé est complété par un soutien public pour accompagner la montée en ligue majeure.

Tableau 41 Avantages et limites des PPP dans le sport

Avantages	Limites/risques
Réduction du fardeau budgétaire immédiat pour les pouvoirs publics	Engagements financiers à long terme parfois plus coûteux
Réalisation plus rapide des infrastructures	Manque de transparence sur les modalités contractuelles
Partage des risques avec le secteur privé	Perte de contrôle sur la gestion et la tarification
Accès à l'expertise et à l'innovation privée	Difficulté à concilier objectifs commerciaux et mission publique

Analyse de la solvabilité

La solvabilité d'une organisation sportive mesure sa capacité à faire face à ses obligations financières à long terme. Elle reflète la viabilité de l'organisation et constitue un indicateur clé pour évaluer sa capacité à investir dans son développement futur : acquisition de talents, amélioration des infrastructures ou expansion des activités.

Calcul de la dette financière

Avant de calculer les principaux ratios de solvabilité, il est essentiel de déterminer le montant total de la **dette financière**. Elle est composée des dettes obligataire et bancaire. Le montant de ces dettes doit comprendre les parties situées dans les parties à court terme et à long terme du bilan comptable.

Les obligations de paiement futures découlant de contrats de location (location-financement et location simple) doivent également être intégrées au bilan sous la forme d'un passif locatif, sauf pour les contrats à court terme ou de faible valeur. Cette exigence comptable reflète une image plus fidèle de l'endettement de l'organisation[26].

Dette financière = Dette obligataire + Dette bancaire + Dette hypothécaire +
Part à court terme de la dette à long terme + Découvert bancaire + Dettes de location financement

Taux d'endettement

Le **taux d'endettement** est un indicateur clé pour évaluer la santé financière d'une organisation sportive, en mesurant la proportion de dettes dans son financement total. Il est calculé en divisant le montant total de la dette financière par les capitaux propres.

$$\text{Taux d'endettement} = \frac{\text{Dette financière}}{\text{Capitaux propres}}$$

Un taux d'endettement élevé indique une forte dépendance au financement par emprunt. Cela peut poser un risque si les revenus sont instables ou les performances sportives en baisse. Par exemple, les clubs qui investissent massivement dans des projets d'infrastructures, comme la construction de nouveaux stades, ont souvent un taux d'endettement plus élevé. En revanche, un taux d'endettement faible signifie que l'organisation finance la majorité de ses activités par ses fonds propres, limitant ainsi sa vulnérabilité aux fluctuations économiques.

Les exemples de clubs comme Tottenham Hotspur, qui a financé la construction de son stade principalement par la dette, ou le FC Barcelone, dont l'endettement élevé a mis en péril sa stabilité financière, illustrent bien les défis liés à un taux d'endettement élevé dans le secteur sportif.

Échéance de la dette

Il est important de distinguer les **dettes à court terme** (moins d'un an) des **dettes à long terme** (plus d'un an). Une règle fondamentale en finance consiste à **faire correspondre la durée des actifs et des passifs** : il est risqué de financer un actif à long terme avec une dette à court terme.

Par exemple, financer un stade avec un crédit renouvelable sur un an expose l'organisation à des risques de refinancement et à une incertitude sur les taux d'intérêt.

Les formules permettant de déterminer la maturité de la dette sont les suivantes :

$$\begin{array}{c}\text{Part de la dette}\\ \text{à court terme}\end{array} = \frac{\text{Dette financière de moins d'un an}}{\text{Dettes totales}}$$

$$\begin{array}{c}\text{Part de la dette}\\ \text{à long terme}\end{array} = \frac{\text{Dette financière de plus d'un an}}{\text{Dettes totales}}$$

26. Les dettes de location peuvent apparaître, en normes comptables pour les entreprises à capital fermé (NCECF), comme les « dettes liées au contrat de location financement ». En normes IFRS, elles apparaissent sous l'expression « dettes de location » ou « dettes aux droits d'usage ».

Supposons qu'une entreprise sportive a une dette totale de 100 000 $, composée de 30 000 $ de dettes à court terme (remboursables dans moins d'un an) et de 70 000 $ de dettes à long terme (échéance au-delà d'un an). L'application des formules à cet exemple est la suivante :

$$\text{Part de la dette à court terme} = \frac{30\ 000\ \$}{100\ 000\ \$} = 30\ \%$$

$$\text{Part de la dette à long terme} = \frac{70\ 000\ \$}{100\ 000\ \$} = 70\ \%$$

Dans cet exemple, la part élevée de la dette à long terme (70 %) indique que l'entreprise a principalement financé ses activités ou ses investissements avec des dettes à échéance lointaine. Cela peut être un signe de stabilité, car elle n'a pas besoin de refinancer cette dette dans l'immédiat.

La maturité de la dette permet d'évaluer la durée restante de la dette avant son remboursement. Il n'existe pas de maturité optimale, aucun résultat particulier n'est attendu. L'utilité de ces ratios est d'évaluer le risque de ne pas rembourser. Une dette devant être remboursée en totalité dans 13 mois n'est pas comparable avec une dette remboursable dans 12 ans. Lorsque la dette doit être remboursée à court terme, il est important de vérifier que l'entreprise disposera de la trésorerie suffisante ou qu'une renégociation de la dette est envisagée.

La maturité de la dette est souvent analysée par les investisseurs et les créanciers comme un indicateur de risque. Une part élevée de dette à court terme peut être perçue comme un risque de liquidité, signalant une possible instabilité financière. Cette perception peut affecter la capacité de l'entreprise à obtenir des financements à l'avenir ou à des conditions favorables.

Capacité de remboursement

La **capacité de remboursement** mesure la capacité de l'organisation à rembourser sa dette à partir de ses flux de trésorerie d'exploitation.

Avant de la calculer, il faut déterminer l'**endettement financier net** :

Endettement financier net = Dette financière - trésorerie

Un endettement net **positif** signifie que les dettes dépassent les liquidités disponibles, tandis qu'un endettement net **négatif** indique une trésorerie excédentaire.

La formule de la capacité de remboursement est la suivante :

$$\text{Capacité de remboursement} = \frac{\text{Endettement financier net}}{\text{Flux de trésorerie d'exploitation}}$$

En termes d'interprétation, un ratio de 1 ou moins signifie que l'entreprise peut rembourser sa dette nette en un an ou moins avec le flux de trésorerie d'exploitation. Un club sportif qui a un endettement net de 2 millions de dollars et un flux de trésorerie d'exploitation de 500 000 dollars présenterait une capacité de remboursement de 4. Cela signifie qu'il faudrait 4 ans pour rembourser sa dette nette, ce qui peut signaler un risque de liquidité si ses revenus sont instables.

Couverture des intérêts

Toute entreprise doit être capable de payer ses intérêts à partir de son résultat d'exploitation ou bénéfices avant intérêt et impôts (BAII). Le ratio de couverture d'intérêts a pour objectif d'évaluer la capacité d'une entreprise à honorer ses engagements et sa solidité financière.

$$\text{Couverture des intérêts} = \frac{\text{Résultat d'exploitation}}{\text{Charge d'intérêts}}$$

Le **ratio de couverture des intérêts** mesure la capacité d'une organisation à payer ses intérêts à partir de son résultat d'exploitation (ou BAII : bénéfices avant intérêts et impôts). Un ratio de couverture des intérêts élevé montre que l'entreprise génère suffisamment de revenus d'exploitation pour couvrir ses charges d'intérêts. Au contraire, un faible ratio peut signaler un risque de défaut, c'est-à-dire que l'entreprise n'est pas capable de payer ses charges d'intérêts.

Dans le secteur sportif, où les revenus peuvent être imprévisibles et fluctuer en fonction des performances sportives et des saisons, un bon ratio de couverture des intérêts est essentiel pour garantir la stabilité financière.

Exemple : Un club sportif a un résultat d'exploitation de 1 million de dollars et des charges d'intérêts de 200 000 dollars, son ratio de couverture des intérêts est de 5, ce qui montre une solide capacité à rembourser ses intérêts.

$$\text{Couverture des intérêts} = \frac{1\ 000\ 000\ \$}{200\ 000\ \$} = 5$$

Ce résultat signifie que l'organisation peut couvrir ses charges d'intérêts **5 fois**, ce qui est un niveau généralement rassurant pour les investisseurs. Les interprétations en matière de ratio de couverture des intérêts sont les suivantes :

- Un ratio inférieur à 1 signifie que l'entreprise ne génère pas assez de résultats d'exploitation pour couvrir ses intérêts.
- Un ratio compris entre 1 et 1,5 est considéré comme fragile : l'organisation est vulnérable à la moindre baisse de revenus ou hausse des taux.
- Un ratio supérieur à 1,5 est considéré comme un minimum prudentiel dans les secteurs cycliques comme le sport.
- Un ratio entre 3 et 5 indique une bonne capacité à faire face à ses obligations financières, même en cas de baisse temporaire de performance.
- Un ratio supérieur à 5 est une situation sécuritaire dans laquelle l'entreprise peut faire face à des imprévus sans difficulté.

Analyse de la liquidité

La gestion du fonds de roulement

Le fonds de roulement représente la différence entre les actifs à court terme et les passifs à court terme d'une entreprise. En d'autres termes, il mesure la capacité d'une entreprise à couvrir ses obligations financières à court terme à l'aide de ses actifs liquides.

Fonds de roulement = actif à court terme – passif à court terme

- Un fonds de roulement positif signifie que les actifs à court terme de l'entreprise dépassent ses passifs à court terme. Une situation de fonds de roulement positif indique que l'entreprise dispose de ressources financières suffisantes pour honorer ses obligations à court terme et pour faire face aux imprévus éventuels. Cela est considéré comme le signe d'une bonne situation financière.
- Un fonds de roulement négatif se produit lorsque les passifs à court terme dépassent les actifs à court terme. Un fonds de roulement négatif est souvent considéré comme une situation financière précaire, car l'entreprise peut avoir du mal à rembourser ses dettes à court terme ou à faire face à d'autres obligations immédiates. Cela peut indiquer un besoin de financement supplémentaire ou une gestion inefficace des ressources financières.

Un fonds de roulement estimé en valeur absolue a relativement peu de signification économique. Il convient de le ramener au volume d'activité, c'est-à-dire le chiffre d'affaires. Ainsi, le fonds de roulement peut être exprimé en un ratio qui s'interprète en nombre de jours :

$$\text{Ratio du fonds de roulement} = \frac{\text{fonds de roulement}}{\text{chiffre d'affaires}} \times 365$$

Pour un club sportif, une fédération ou une organisation sportive, maintenir un fonds de roulement positif est essentiel pour gérer les charges opérationnelles, telles que les salaires du personnel et des joueurs professionnels, les frais de déplacement et l'entretien des installations. Concernant les sports saisonniers, comme le ski, le fonds de roulement permet de faire face aux variations de revenus qui peuvent apparaître lors des périodes creuses. Durant l'hiver 2023-2024, le faible enneigement au Québec a provoqué des variations très importantes des besoins de trésorerie des stations de ski.

Le club de hockey junior Glaçon

Ce club[27] génère l'essentiel de ses revenus entre octobre et mars, pendant la saison régulière, grâce à la billetterie, aux commandites locales et aux ventes de produits dérivés. Son chiffre d'affaires est égal à 1 277 500 $.

Au 30 avril, la situation financière à court terme du club est la suivante :

- Actif à court terme :
  - Encaisse : 75 000 $
  - Comptes clients : 40 000 $
  - Stocks de marchandises : 15 000 $
  - Total : 130 000 $

27. Le club Glaçon est un cas fictif.

- Passif à court terme :
  - Fournisseurs à payer : 45 000 $
  - Salaires à payer : 30 000 $
  - Emprunt bancaire à rembourser sous 12 mois : 20 000 $
  - Total : 95 000 $

Le fonds de roulement est :

Fonds de roulement = 130 000 - 95 000 = 35 000 $

Ce montant est positif, ce qui indique que le club est en mesure de couvrir ses obligations immédiates. Cela lui donne une marge de manœuvre pour financer des imprévus, comme une panne d'équipement ou une baisse temporaire des recettes.

Pour mieux évaluer la solidité de ce fonds de roulement, on peut le rapporter au chiffre d'affaires annuel du club, qui s'élève à 1 277 500 $:

$$\text{Ratio du fonds de roulement} = \frac{35\ 000}{1\ 277\ 500} \times 365 = 10 \text{ jours}$$

Ce ratio signifie que le club détient une réserve de liquidités équivalente à 10 jours d'activité. Cela peut sembler faible, mais dans un secteur à forte saisonnalité comme le sport, ce niveau peut être jugé acceptable à la fin de la saison, surtout si le club adopte une gestion prudente de sa trésorerie estivale.

Ratio de liquidité générale

Le fonds de roulement est la marge de protection dont dispose une entreprise pour le paiement de ses obligations courantes. Le **ratio de liquidité générale** constitue une version relative du fonds de roulement, permettant de comparer les entreprises entre elles, indépendamment de leur taille.

Afin de déterminer cette marge de protection, il est pertinent de comparer l'actif courant (ou actif à court terme), c'est-à-dire les actifs qui doivent se transformer en trésorerie au cours des 12 mois suivants, avec le passif courant (ou passif à court terme), qui est composé des passifs qui doivent être réglés au cours des 12 mois suivants. Lorsque l'actif courant est plus élevé que le passif courant, l'entreprise disposera de suffisamment de trésorerie pour payer ses obligations. Au contraire, si l'actif courant est plus faible que le passif courant, l'entreprise ne disposera pas de la trésorerie pour faire face à ses obligations.

Pour simplifier l'interprétation de cette marge, un ratio de liquidité générale a été développé :

$$\text{Ratio de liquidité générale} = \frac{\text{actif courant}}{\text{passif courant}}$$

Un ratio de liquidité générale supérieur à 1 signifie que l'actif courant est plus élevé que le passif courant. Toutefois, un ratio trop élevé, par exemple supérieur à deux, peut indiquer un excès de liquidités ou une mauvaise gestion des actifs.

Ratio de liquidité réduite

Dans le calcul du ratio de liquidité générale, la valeur de l'actif courant comprend tous les actifs à court terme. Or, historiquement, les stocks peuvent être surévalués, et cela peut entraîner la faillite. Afin de corriger l'éventuel biais lié à la surévaluation des stocks, **un ratio de liquidité réduite** est disponible :

$$\text{Ratio de liquidité réduite} = \frac{\text{actif courant} - \text{stock}}{\text{passif courant}}$$

Un ratio de liquidité réduite supérieur à 1 montre que l'entreprise peut honorer ses obligations sans vendre ses stocks.

Ratio de liquidité immédiate

Enfin, le troisième ratio, soit le **ratio de liquidité immédiate**, se limite à utiliser le seul montant de la trésorerie disponible. Cette approche très prudente repose sur l'hypothèse que tous les actifs courants peuvent ne pas se transformer en trésorerie.

$$\text{Ratio de liquidité immédiate} = \frac{\text{trésorerie}}{\text{passif courant}}$$

Un ratio de liquidité immédiate proche de 1 est rarement atteint, mais il garantit que l'entreprise dispose de la trésorerie suffisante pour payer ses dettes sans attendre la conversion de ses autres actifs en trésorerie.

Dans le monde sportif, certains clubs comptent sur des lignes de crédit à court terme pour couvrir leurs besoins de liquidité. Les ratios doivent donc être interprétés en tenant compte de cette réalité financière.

Le club de football Ballon rond

Le Ballon rond[28] est un club de football qui souhaite évaluer sa capacité à payer ses obligations à court terme. Voici les données financières simplifiées disponibles :

- Actif courant : 1 200 000 $
  - Stocks de produits dérivés (maillots, écharpes…) : 200 000 $
  - Créances clients (revenus de commandites, billetterie) : 500 000 $
  - Trésorerie : 500 000 $
- Passif courant : 900 000 $

Les ratios de liquidité sont les suivants :

$$\text{Ratio de liquidité générale} = \frac{1\ 200\ 000\ \$}{900\ 000\ \$} = 1{,}32$$

Un ratio de liquidité générale de 1,32 signifie que le club dispose d'actifs courants supérieurs à son passif courant, indiquant une bonne capacité de paiement.

$$\text{Ratio de liquidité réduite} = \frac{1\ 200\ 000\ \$ - 200\ 000\ \$}{900\ 000\ \$} = 1{,}11$$

28. Le club Ballon rond est un cas fictif.

En excluant les stocks qui pourraient être difficiles à vendre rapidement, le ratio de liquidité réduite est égal à 1,11. Cela montre que le club peut encore honorer ses obligations sans avoir à vendre ses produits dérivés en urgence.

$$\text{Ratio de liquidité immédiate} = \frac{500\ 000\ \$}{900\ 000\ \$} = 0{,}56$$

Ce ratio de 0,56 indique que la trésorerie seule n'est pas suffisante pour couvrir l'ensemble des dettes à court terme du club. Si le club faisait face à des problèmes pour encaisser ses créances ou vendre ses stocks, il pourrait rencontrer des difficultés de liquidité.

Étude de cas : World Wrestling Federation (WWE)

Cette étude de cas vise à illustrer, à travers l'exemple de la WWE, l'analyse de la structure financière, des liquidités et de la rentabilité d'une entreprise sportive fortement intégrée verticalement.

La World Wrestling Entertainment (WWE)[29] est une entreprise américaine spécialisée dans l'organisation d'événements de divertissement. L'entreprise se définit, dans son rapport annuel 2022, de la façon suivante[30] :

> *World Wrestling Entertainment Inc. est une société intégrée de médias et de divertissement. Nous sommes présents dans le secteur du divertissement sportif depuis quatre décennies et avons fait de la WWE l'une des marques les plus populaires du monde du divertissement aujourd'hui. Nous sommes principalement engagés dans la production et la distribution d'un contenu unique et créatif par le biais de divers canaux, y compris des accords de droits de contenu pour nos programmes phares, Raw et SmackDown, et notre réseau premium over-the-top (« WWE Network »), la programmation d'événements en direct, la monétisation sur les médias sociaux, les événements en direct, l'octroi de licences pour divers produits sur le thème de la WWE, et la vente de marchandises lors de nos événements en direct. Au cœur de notre succès se trouvent les compétences athlétiques et de divertissement et l'attrait de nos Superstars, ainsi que nos intrigues toujours innovantes et à multiples facettes. Nos plateformes de distribution offrent d'importantes possibilités de promotion croisée et de marketing qui renforcent nos marques tout en touchant efficacement nos admirateurs. Grâce à la force de ses marques et à la propriété et au contrôle qu'elle exerce sur sa propriété intellectuelle, la société a été en mesure de tirer parti de son contenu et de ses talents à l'échelle mondiale, sur pratiquement toutes les plateformes médiatiques. Nous évaluons continuellement de nouvelles occasions pour monétiser les contenus nouveaux et existants.*

29. Site Internet de la WWE : https://www.wwe.com/
30. Traduction libre d'un extrait du rapport annuel (10-K) de WWE intitulé *Business Overview*. Le rapport est disponible sur le site suivant : https://corporate.wwe.com/investors/sec-and-other-documents/sec-filings

Nos opérations s'articulent autour des principales activités suivantes :

- ***Les médias** : Le secteur des médias reflète la production et la monétisation de contenus vidéo de longue et de courte durée sur diverses plateformes, y compris la télévision à péage et la diffusion en continu, ainsi que les médias numériques et sociaux. Sur ces plateformes, les revenus sont principalement constitués des droits de contenu associés à la distribution de notre programmation, des abonnements au WWE Network, ainsi que de la publicité et des parrainages.*
- ***Événements en direct** : Les événements en direct fournissent un contenu continu à nos plateformes médiatiques. Les revenus du segment des événements en direct se composent principalement de la vente de billets, ainsi que des revenus d'événements pour lesquels nous recevons une redevance fixe et de la vente de forfaits de voyage associés aux événements en direct de la société à l'échelle mondiale. En raison de la propagation mondiale de la pandémie de coronavirus (« COVID-19 »), ces recettes ont été fortement limitées de mars 2020 au premier semestre 2021. En juillet 2021, nous avons repris nos tournées nationales et internationales d'événements en direct.*
- ***Produits de consommation** : Le segment des produits de consommation s'occupe de la commercialisation des produits de la marque WWE, tels que les jeux vidéo, les jouets et les vêtements, par le biais d'accords de licence et de ventes directes aux consommateurs. Les revenus sont principalement constitués de redevances et de droits de licence liés aux produits de la marque WWE et aux ventes de marchandises distribuées lors de nos événements en direct et par le biais de plateformes de commerce électronique. À partir de juillet 2022, nous avons lancé un partenariat exclusif et pluriannuel avec Fanatics Inc. (« Fanatics ») afin de créer une nouvelle expérience améliorée pour les admirateurs de la WWE dans le monde entier, et nous avons transféré notre plateforme de vente au détail numérique vers Fanatics.*

Tableau 42 Bilan de WWE (en milliers de dollars)

En anglais	*En français*[31]	2022	2021
Assets	**Actifs**		
Current assets :	**Actif à court terme**		
Cash and cash equivalents	Trésorerie et équivalents de trésorerie	220 230 $	134 828 $
Short-term investments, net	Investissement à court terme, net	258 487 $	280 957 $
Accounts receivable, net	Créances clients, nettes	112 362 $	171 196 $
Inventory	Stocks	2 915 $	8 033 $
Prepaid expenses and other current assets	**Charges payées d'avance et autres actifs courants**	33 154 $	32 242 $
Total current assets	**Total de l'actif courant**	627 148 $	627 256 $
Property and equipment, net	Immobilisations corporelles, nettes	329 141 $	172 677 $
Finance lease right-of-use assets, net	Actifs de droit d'utilisation en location financement, nets	296 643 $	313 360 $
Operating lease right-of-use assets, net	Actifs de droits d'utilisations en location-exploitation, nets	16 278 $	8 973 $
Content production assets, net	Actifs de production de contenu, net	16 518 $	13 781 $

31. Traduction par l'auteur.

En anglais	*En français*[31]	2022	2021
Investment securities	Titres d'investissement	11 797 $	11 618 $
Deferred income tax assets, net	Actifs d'impôt différé net	45 619 $	13 100 $
Other assets, net	Autres actifs, net	12 425 $	43 302 $
Total assets	**Total de l'actif**	1 355 569 $	1 204 067 $

Liabilities and Stockholders' Equity	Passif et capitaux propres	2022	2021
Current liabilities :	Passif à court terme		
Current portion of long-term debt	Partie à court terme de la dette à long terme	449 $	430 $
Finance lease liabilities	Dettes de location financement	11 677 $	12 190 $
Operating lease liabilities	Dettes de location-exploitation	3 604 $	4 755 $
Convertible debt	Dette convertible	214 100 $	201 093 $
Accounts payable and accrued expenses	Comptes fournisseurs et comptes à payer	122 856 $	122 716 $
Deferred revenues	Produits constatés d'avance	79 750 $	74 633 $
Total current liabilities	**Total du passif à court terme**	432 436 $	415 817 $
Long-term debt	Dette à long terme	20 848 $	21 284 $
Finance lease liabilities	Dettes de location financement	364 900 $	374 681 $
Operating lease liabilities	Dettes de location exploitation	13 145 $	5 063 $
Other non-current liabilities	Autres passifs non courants	6 989 $	12 562 $
Total liabilities	**Total du passif**	838 318 $	829 407 $
Commitments and contingencies	Engagements et éventualités		
Stockholders' equity :	**Capitaux propres**		
Class A common stock :	Actions – classe A	433 $	438 $
Class B convertible common stock	Actions – classe B	311 $	311 $
Additional paid-in capital	Prime d'émission (ou surplus d'apport)	424 010 $	422 884 $
Accumulated other comprehensive income	Autres éléments du résultat global	162 $	2 420 $
Retained Earnings (accumulated deficit)	Réserves (bénéfices non répartis)	92 335 $	-51 393 $
Total stockholders' equity	**Total des capitaux propres**	517 251 $	374 660 $
Total liabilities and stockholders' equity	**Total des passifs et capitaux propres**	1 355 569 $	1 204 067 $

Tableau 43 État des résultats de WWE (en milliers de dollars)

En anglais	*En français*[32]	2022	2021	2020
Net revenues	**Chiffre d'affaires net**	1 291 523 $	1 095 174 $	974 207 $
Operating expenses	Charges d'exploitation	730 624 $	608 174 $	549 480 $
Marketing and selling expenses	Charges commerciales et marketing	78 939 $	69 242 $	71 385 $
General and administrative expenses	Frais généraux et administratifs	161 448 $	120 840 $	102 182 $
Depreciation and amortization	Amortissements et provisions	37 287 $	40 901 $	42 616 $
Operating income	**Résultat d'exploitation**	283 225 $	256 017 $	208 544 $
Interest expense	Charges d'intérêts	21 156 $	33 610 $	35 601 $
Other income (expense), net	Autres produits (charges), net	2 312 $	7 455 $	-1 834 $
Income before income taxes	**Résultat avant impôts**	264 381 $	229 862 $	171 109 $
Provision for income taxes	Provision pour impôts	68 793 $	52 454 $	39 338 $
Net income	**Résultat net**	195 588 $	177 408 $	131 771 $

Source : rapport annuel 2022 – WWE

32. Traduction par l'auteur.

Tableau 44 Tableau de flux de trésorerie de WWE (en milliers de dollars)

En anglais	*En français*[33]	2022	2021	2020
OPERATING ACTIVITIES :	**ACTIVITÉS OPÉRATIONNELLES**			
Net income	**Résultat net**	**195 588 $**	**177 408 $**	**131 771 $**
Adjustments to reconcile net income to net cash provided by operating activities	*Ajustements pour réconcilier le résultat net avec la trésorerie nette fournie par les activités opérationnelles*			
Amortization and impairments of content production assets	Amortissement et dépréciations des actifs de production de contenu	33 015 $	19 714 $	26 309 $
Depreciation and amortization	Dépréciation et amortissement	46 448 $	48 785 $	48 533 $
Other amortization	Autres amortissements	13 018 $	18 849 $	17 998 $
Loss on equity investments, net	Perte sur investissement en actions, nette	16 $	808 $	5 720 $
Stock-based compensation	Rémunération à base d'actions	34 944 $	19 086 $	27 989 $
Benefit from deferred income taxes	Avantages liés aux impôts différés	(28 648) $	(2 993) $	(3 015) $
Other non-cash adjustments	Autres ajustements non monétaires	11 183 $	(3 302) $	22 398 $
Cash provided by (used in) changes in operating assets and liabilities :	*Trésorerie générée par (utilisée dans) les variations des actifs et passifs d'exploitation*			
Accounts receivable	Créances clients	54 025 $	(116 300) $	70 037 $
Inventory	Stocks	5 628 $	1 160 $	(1 287) $
Prepaid expenses and other assets	Charges payées d'avance et autres actifs	(3 740) $	3 011 $	(12 171) $
Content production assets	Actifs de production de contenu	(35 752) $	(17 738) $	(25 645) $
Accounts payable, accrued expenses and other liabilities	Comptes fournisseurs, charges à payer et autres passifs	(5 182) $	22 719 $	5 088 $
Deferred income	Produits constatés d'avance	5 089 $	11 718 $	6 149 $
Net cash provided by operating activities	**Flux de trésorerie générés par (utilisés pour) les activités opérationnelles**	**325 632 $**	**182 925 $**	**319 874 $**

33. Traduction par l'auteur.

En anglais	*En français*[33]	2022	2021	2020
INVESTING ACTIVITIES :	**ACTIVITÉS D'INVESTISSEMENT**			
Purchases of property and equipment and other assets	Acquisitions d'immobilisations corporelles et d'autres actifs	(199 892) $	(39 231) $	(27 662) $
Purchases of short-term investments	Acquisitions d'investissement à court terme	(245 964) $	(374 502) $	(153 904) $
Proceeds from sales and maturities of short-term investments	Produits et des échéances d'investissements à court terme	263 789 $	222 060 $	182 316 $
Purchase of investment securities	Acquisitions de titres d'investissement	(195) $	(1 470) $	(589) $
Proceeds from sale of investment securities	Produits de la cession de titres d'investissement	– $	– $	11 715 $
Proceeds from infrastructure improvement incentives	Produits des incitatifs à l'amélioration des infrastructures	4 329 $	– $	– $
Net cash (used in) provided by investing activities	**Flux de trésorerie générés par (utilisés pour) les activités d'investissement**	**(177 933) $**	**(193 143) $**	**11 876 $**
FINANCING ACTIVITIES :	**ACTIVITÉS DE FINANCEMENT**			
Repayment of debt	Remboursement de dettes	(417) $	(100 398) $	(103 599) $
Repayment of finance leases	Remboursement des contrats de location-financement	(14 051) $	(11 948) $	(10 795) $
Dividends paid	Dividendes versés	(35 689) $	(36 413) $	(37 249) $
Proceeds from borrowings under the credit facility	Produits des emprunts sous la ligne de crédit	– $	– $	200 000 $
Proceeds from tenant improvement allowances	Produits des subventions pour les améliorations locatives	34 246 $	– $	– $
Taxes paid related to net settlement upon vesting of equity awards	Impôts payés relatifs à la régularisation nette lors de l'acquisition définitive des attributions d'actions	(8 863) $	(5 640) $	(11 082) $
Proceeds from issuance of stock and other	Produits de l'émission d'actions et autres	2 483 $	2 973 $	2 630 $
Repurchase and retirement of common stock	Rachat et annulation d'actions ordinaires	(40 006) $	(165 630) $	– $

En anglais	*En français*[33]	2022	2021	2020
Net cash (used in) provided by financing activities	**Flux de trésorerie générés par (utilisés pour) les activités de financement**	**(62 297) $**	**(317 056) $**	**39 905 $**
Net increase (decrease) in cash and cash equivalents	Variation nette de la trésorerie et équivalents de trésorerie	85 402 $	(327 274) $	371 655 $
Cash and cash equivalents, beginning of period	Trésorerie et équivalents de trésorerie, début de période	134 828 $	462 102 $	90 447 $
Cash and cash equivalents, end of period	Trésorerie et équivalents de trésorerie, fin de période	220 230 $	134 828 $	462 102 $

Corrigé du cas : World Wrestling Federation (WWE)

L'analyse financière d'une entreprise peut être décomposée en quatre étapes : 1) l'analyse du tableau de flux de trésorerie; 2) l'analyse de la performance; 3) l'analyse de la solvabilité; 4) l'analyse de la liquidité.

Analyse du tableau de flux de trésorerie

La trésorerie de WWE est passée de 135 millions $ à 220 millions $ entre 2021 et 2022, ce qui reflète une hausse nette de 85 millions $. Durant la même période, la variation totale de la trésorerie était négative en 2021, pour un montant de – 327 millions $ en 2021 et positif en 2022, pour un montant de 85 millions $. Ce sont des variations importantes qui nécessitent d'être approfondies.

Trois éléments expliquent les fluctuations importantes des flux de trésorerie :

- En 2021, le flux de trésorerie lié aux activités opérationnelles a diminué de 42 % en passant de 320 millions à 183 millions $. En 2022, le flux a augmenté de 78 % en étant égal à 326 millions $.
- Le flux de trésorerie lié aux activités d'investissement est passé d'un désinvestissement de 11 millions $ (flux positif) en 2020 à un investissement de 193 millions $ en 2021 et 178 millions $ en 2022. Les flux qui connaissent les plus fortes variations sont les investissements à court terme.
- Les flux de trésorerie liés aux activités de financement ont été négatifs en 2021 et 2022. Les principaux postes expliquant ces flux sont les postes de remboursement de la dette et de rachats d'actions. Les rachats d'actions sont un moyen de rémunérer les actionnaires.

Il est toujours pertinent de comparer le flux de trésorerie lié aux activités opérationnelles avec le résultat net. Ce dernier ne connaît pas de baisse significative. Il augmente de 35 % en 2021 et de 10 % en 2022. Il est intéressant de noter que les fortes variations d'une année à l'autre qui peuvent être constatées au niveau des flux de trésorerie ne se retrouvent pas du tout dans le résultat net qui croît de manière plus lisse.

Figure 3 Évolution du résultat net et du flux de trésorerie d'exploitation de WWE sur 10 ans

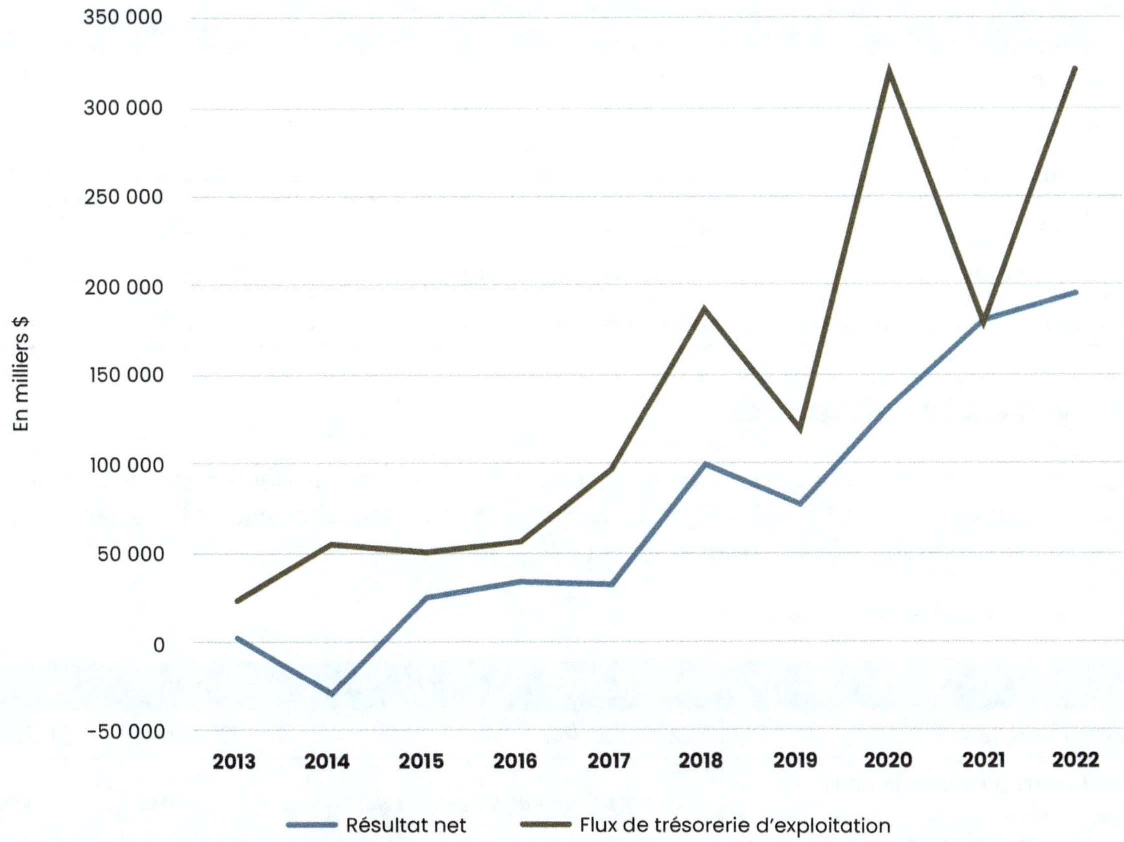

Source : Infront Analytics

Analyse de la performance

La performance comptable est déterminée à partir des ratios de marge et de rentabilité. La marge d'exploitation et la marge nette sont relativement stables entre 2020 et 2022. Il faut toutefois noter que le chiffre d'affaires et les résultats (résultat d'exploitation, résultat net) augmentent sur toute la période.

Tableau 45 Ratios de marge

En français	*En anglais*	2022	2021	2020
Résultat d'exploitation	*Operating income*	283 225 $	256 017 $	208 544 $
Chiffre d'affaires net	*Net revenues*	1 291 523 $	1 095 174 $	974 207 $
Marge d'exploitation	*Operating margin*	***21,9 %***	***23,4 %***	***21,4 %***
Résultat net	*Net income*	195 588 $	177 408 $	131 771 $
Chiffre d'affaires net	*Net revenues*	1 291 523 $	1 095 174 $	974 207 $
Marge nette	*Net margin*	***15,1 %***	***16,2 %***	***13,5 %***

Les ratios de rentabilité n'ont été calculés que sur deux années, car le bilan est limité à ces deux années. Sur cette période, le ratio de rentabilité des capitaux propres connaît une forte baisse. Celle-ci ne provient pas d'une baisse du résultat net, mais plutôt d'une hausse des capitaux propres.

Tableau 46 Ratios de rentabilité

En français	*En anglais*	2022	2021
Résultat net	*Net income*	195 588 $	177 408 $
Total de l'actif	*Total assets*	1 355 569 $	1 204 067 $
Rentabilité de l'actif	***Return on assets***	***14,4 %***	***14,7 %***
Résultat net	*Net income*	195 588 $	177 408 $
Capitaux propres	*Total stockholders' equity*	517 251 $	374 660 $
Rentabilité des capitaux propres	***Return on equity***	***37,8 %***	***47,4 %***

Analyse de la solvabilité

Bien que le résultat net reste élevé, la dette financière totale a plus que doublé en valeur, et le taux d'endettement est passé de 68 % à 118 %. La hausse provient essentiellement de l'augmentation des dettes liées aux contrats de location-financement à long terme.

Tableau 47 Taux d'endettement

En français	*En anglais*	2022	2021
Dette à long terme	*Long-term debt*	20 848 $	21 284 $
Part à court terme de la dette à long terme	*Current portion of long-term debt*	449 $	430 $
Dette convertible	*Convertible debt*	214 100 $	201 093 $
Dette de location financement (part à long terme)	*Finance lease liabilities (non current)*	364 900 $	21 284 $
Dette de location financement (part à court terme)	*Finance lease liabilities (current)*	11 677 $	12 190 $
Total des dettes financières	***Total financial debt***	***611 974 $***	***256 281 $***
Total des capitaux propres	*Total stockholders' equity*	517 251 $	374 660 $
Taux d'endettement	***Debt ratio (leverage ratio)***	***118,3 %***	***68,4 %***

Analyse de la liquidité

Les ratios de liquidité générale et réduite sont supérieurs à un, ce qui est un signal favorable. Cela signifie que WWE est capable de faire face aux engagements à court terme (passif courant) avec les actifs qui doivent se transformer en trésorerie au cours des 12 prochains mois (actif courant).

Il peut être noté que la trésorerie représente à peu près la moitié du passif courant, ce qui est particulièrement élevé. Cela est un indicateur de faible risque financier pour l'entreprise.

Tableau 48 Ratios de liquidité

En français	*En anglais*	2022	2021
Actif à court terme	*Total current assets*	627 148 $	627 256 $
Passif à court terme	*Total current liabilities*	432 436 $	415 817 $
Ratio de liquidité générale	**Current ratio**	**1,45**	**1,51**
Actif à court terme	*Total current assets*	627 148 $	627 256 $
– Stocks	*– Inventories*	(2 915) $	(8 033) $
Passif à court terme	*Total current liabilities*	432 436 $	415 817 $
Ratio de liquidité réduite	**Quick ratio**	**1,44**	**1,49**
Trésorerie et équivalents de trésorerie	*Cash and cash equivalents*	220 230 $	134 828 $
Passif à court terme	*Total current liabilities*	432 436 $	415 817 $
Ratio de liquidité immédiate	**Cash ratio**	**0,51**	**0,32**

Conclusion de l'analyse des états financiers

L'analyse des états financiers de la WWE met en évidence une entreprise solide et en croissance, profitant d'une diversification de ses sources de revenus. L'augmentation importante des flux de trésorerie, combinée à une rentabilité stable et à une liquidité élevée, témoigne de la capacité de l'entreprise à créer de la valeur.

Toutefois, il est important de noter une hausse considérable du taux d'endettement, notamment en raison de l'augmentation des dettes liées aux contrats de location-financement. Ce point mérite une surveillance dans le futur.

Conclusion du chapitre 2

L'analyse des états financiers constitue un outil essentiel pour évaluer la santé financière et la performance d'une organisation. Que ce soit pour une entreprise à but lucratif ou un organisme à but non lucratif, cette analyse permet de mesurer la rentabilité, la solidité financière et la capacité de financement de l'entité.

L'examen des ratios financiers fournit des indicateurs clés sur la rentabilité, la solvabilité et la liquidité, mais ces données doivent être interprétées avec prudence et mises en perspective avec le contexte économique et stratégique.

Enfin, l'analyse du tableau des flux de trésorerie joue un rôle central dans l'évaluation de la capacité d'une organisation à générer des ressources financières à partir de ses activités. Contrairement au résultat net, le flux de trésorerie reflète directement la création de liquidités et la viabilité à long terme.

Maîtriser ces outils permet d'éclairer les décisions de gestion et constitue un fondement indispensable à toute stratégie financière.

Partie 2

Décision financière et évaluation

Dans l'industrie du sport, chaque décision financière influence directement la compétitivité des organisations et leur capacité à assurer leur pérennité. Derrière les performances sur le terrain se cache une gestion rigoureuse des ressources financières, où les investissements doivent être réfléchis et alignés avec les objectifs stratégiques des clubs, des ligues et des fédérations.

Les organisations sportives, qu'elles soient professionnelles ou à but non lucratif, sont confrontées à des choix cruciaux : faut-il investir dans un nouveau stade ou rénover celui déjà existant ? Quels joueurs recruter et à quel prix ? Quel modèle économique adopter pour assurer la rentabilité d'un club ou d'un événement ? Autant de questions qui nécessitent une compréhension approfondie des principes de la finance et de l'évaluation d'actifs.

Cette deuxième partie du livre se concentre sur les outils et méthodes permettant d'évaluer et de structurer les décisions financières dans le secteur sportif. Elle commence par une analyse des politiques d'investissement et des critères de rentabilité permettant de juger la viabilité économique d'un projet. Les principes de l'actualisation des flux financiers et les différentes mesures de rentabilité des projets d'investissement y sont également développés.

Un accent particulier est ensuite mis sur les différentes méthodes d'évaluation existantes (actualisation des flux de trésorerie, approche par les multiples). Une attention particulière est portée sur l'évaluation des actifs sportifs, qu'il s'agisse de clubs, de franchises, de joueurs ou d'infrastructures. La valorisation des clubs de la ligue de MLS ou de football en Europe, la cotation en bourse des franchises sportives ou encore l'impact des droits de diffusion sont autant d'exemples qui illustrent la diversité des méthodes utilisées pour estimer la valeur d'un actif dans l'univers du sport.

Enfin, cette partie aborde les interactions entre le sport et les marchés financiers, ainsi que les limites et risques associés à ces mécanismes. L'importance d'une évaluation rigoureuse est d'autant plus cruciale dans un secteur où la volatilité des performances sportives et l'évolution rapide des revenus liés aux droits médiatiques et à la commandite peuvent influencer de manière significative la santé financière des organisations.

Chapitre 3

Choix d'investissement

Les choix d'investissement sont au cœur de la stratégie financière des organisations, qu'elles soient à but lucratif ou non lucratif. Dans le secteur sportif, ces décisions revêtent une importance particulière en raison de la forte volatilité des revenus, de l'effet direct des performances sportives sur les résultats financiers et des cycles d'investissement souvent longs.

Investir, c'est prendre des décisions aujourd'hui qui façonneront la croissance et la compétitivité de demain. Dans une entreprise classique, les investissements visent généralement à maximiser le rendement du capital investi en allouant des ressources vers des projets rentables. Dans le sport, les objectifs sont plus diversifiés : améliorer la performance des équipes, accroître l'engagement des supporters, renforcer la marque et garantir la pérennité des infrastructures.

Section 1 – La politique d'investissement

Définition et objectifs de la politique d'investissement

La politique d'investissement établit des critères pour évaluer les possibilités d'investissement en fonction de leur potentiel de rentabilité, de risque et d'impact stratégique. Elle guide les décisions d'allocation de ressources financières, matérielles ou humaines dans des projets spécifiques. Dans un organisme sportif, elle sert à s'assurer que chaque investissement soutient à la fois des objectifs à court terme (p. ex. : amélioration des performances immédiates) et à long terme (p. ex. : développement stratégique).

Dans le contexte sportif, la **politique d'investissement** revêt une importance particulière en raison des spécificités propres à ce secteur. Les revenus sont volatils, dépendant simultanément des performances sportives, des commandites ou de la billetterie, qui peuvent fluctuer considérablement d'une saison à l'autre. De plus, les investissements s'inscrivent souvent dans des cycles longs. Construire un stade ou recruter un joueur vedette représente un investissement à long terme.

Exemple d'investissement : Dans le sport professionnel, l'investissement prend notamment la forme de l'acquisition de joueurs vedettes pour améliorer les performances et générer des revenus additionnels (billetterie, commandites, vente de produits dérivés).

La rentabilité future inclut :

- Les bénéfices directs : revenus de billetterie, droits de diffusion;
- Les bénéfices indirects : amélioration de la réputation, fidélisation des supporters.

Les objectifs des politiques d'investissement des entreprises et des OBNL

La notion de rentabilité future ne se limite pas uniquement aux gains financiers immédiats. Elle englobe des objectifs à long terme, adaptés aux réalités et aux missions spécifiques des organisations. Que l'organisme soit à but lucratif ou non lucratif, les investissements ne sont pas uniquement des dépenses, mais des leviers stratégiques pour atteindre des objectifs diversifiés, allant de la rentabilité financière à la création d'un impact social durable.

Les objectifs pour les entreprises

Pour les entreprises, c'est-à-dire les organismes à but lucratif, l'investissement vise principalement à **maximiser la création de la valeur économique**. Le premier objectif est de maximiser la rentabilité financière, en identifiant les occasions susceptibles de générer des revenus durables et de renforcer la santé financière de l'organisation. La construction d'infrastructures modernes ou l'acquisition de nouveaux talents sportifs peut augmenter les revenus issus de la billetterie, des droits de diffusion et des commanditaires.

Le deuxième objectif est de **soutenir le développement sportif et communautaire**. Dans le secteur du sport, les investissements dans des programmes éducatifs, des événements ou des projets inclusifs contribuent à renforcer les relations avec les communautés locales et à favoriser un impact positif sur la société. Ces actions soutiennent également la mission sociale de l'organisation tout en renforçant son attractivité.

Enfin, l'investissement permet aux entreprises sportives **d'accroître la valeur de leurs actifs intangibles**, tels que la réputation de l'équipe ou la marque. Ces éléments jouent un rôle central dans la fidélisation des supporters, l'augmentation des ventes de produits dérivés et l'attractivité pour les commanditaires et partenaires.

Les objectifs pour les organismes à but non lucratif

Dans un OBNL, la rentabilité future se traduit par des bénéfices qui dépassent les résultats financiers traditionnels. Elle inclut un impact social mesurable, comme l'inclusion de populations marginalisées, la promotion de la santé mentale ou encore la réduction de comportements à risque. Ces résultats renforcent la mission de l'organisation tout en augmentant sa crédibilité auprès des donateurs et des partenaires.

Par exemple, un OBNL peut investir dans des infrastructures sportives polyvalentes qui, en plus de répondre à des besoins communautaires, génèrent des revenus grâce à la location d'espaces pour des événements ou des activités.

Dans le cadre des projets d'investissements dans les OBNL, la procédure est différente, car l'objectif de rentabilité est absent. Dans ce cas, les critères de décision sont les suivants :

- **Alignement avec la mission :** Le projet doit contribuer directement à l'accomplissement des objectifs sportifs, sociaux et/ou éducatifs de l'organisation.
- **Durabilité financière et sociale** : Le projet doit être viable à long terme. Il doit également générer des bénéfices pour la communauté, même après la fin du financement initial.
- **Partenariats stratégiques** : La question des collaborations avec toutes les parties prenantes du monde des OBNL (gouvernement, municipalités, entreprises…) doit être traitée par les décideurs.

Pour évaluer à quel point le projet répond aux critères d'investissement, des outils spécifiques aux OBNL doivent être utilisés. L'un des outils clés est **l'analyse des coûts et bénéfices sociaux**, qui permet de comparer les avantages sociaux générés par un projet aux coûts engagés. Contrairement aux entreprises, où l'objectif principal est la rentabilité, les OBNL utilisent cet outil pour démontrer comment chaque dollar investi contribue à des impacts sociaux mesurables, comme l'accès accru à des services ou la réduction des inégalités. Par exemple, un OBNL qui crée un programme de sport pour les jeunes pourrait calculer que chaque 1 000 $ investi réduit de 10 % le taux de sédentarité dans une communauté donnée.

Le **plan de financement diversifié** est un autre outil essentiel pour les OBNL. Ils ne doivent pas dépendre uniquement d'une seule source de revenus, comme les subventions gouvernementales, souvent volatiles. Ainsi, ils doivent diversifier leurs ressources en combinant subventions publiques, dons privés, partenariats avec des entreprises, revenus générés par des activités payantes et campagnes de financement participatif. Par exemple, un OBNL qui souhaite construire un terrain de sport communautaire pourrait lever des fonds auprès de donateurs individuels, obtenir une subvention municipale et établir un partenariat avec une entreprise locale pour financer les équipements.

Enfin, les **indicateurs d'impact** permettent aux OBNL de mesurer l'efficacité et la pertinence de leurs investissements. Ces indicateurs incluent des mesures comme le nombre de bénéficiaires, les améliorations en bien-être ou les économies réalisées par la collectivité. Par exemple, un OBNL investit dans un centre sportif ouvert à tous. L'organisation pourrait suivre l'augmentation du nombre de participants aux activités sportives, mesurer les retombées économiques locales (comme la fréquentation des commerces environnants) et évaluer les effets positifs sur la santé des utilisateurs.

Les OBNL peuvent s'appuyer sur des outils spécifiques pour mesurer l'efficacité de leurs investissements. Le **retour social sur investissement (RSOI)** est un indicateur essentiel qui évalue la valeur sociale générée par rapport aux coûts engagés.

Investissement dans la formation de bénévoles et d'entraîneurs

Un OBNL axé sur le développement sportif décide d'investir 50 000 $ dans un programme de formation destiné à ses bénévoles et entraîneurs. L'objectif est d'améliorer la qualité des services offerts, d'accroître l'engagement des parties prenantes et d'assurer une meilleure expérience pour les bénéficiaires des activités.

Description du projet

Le programme de formation comprend :

- Des ateliers pratiques sur les techniques d'encadrement sportif;
- Une sensibilisation aux enjeux d'inclusion sociale et à la diversité;
- Une certification en premiers secours pour garantir la sécurité lors des activités;
- Des séances de gestion d'équipe et de communication interpersonnelle.

Cette initiative cible 100 bénévoles et entraîneurs, avec l'objectif de renforcer leurs compétences et de les fidéliser à l'organisation.

Impact social attendu

- *Amélioration de la qualité des services* : les bénéficiaires profiteront d'un encadrement mieux structuré et plus inclusif.
- *Renforcement de l'engagement des bénévoles* : en valorisant leur rôle et en leur offrant des compétences transférables, le programme favorise leur fidélité à l'organisation.
- *Augmentation de la participation communautaire* : une amélioration des services attire plus de participants aux activités, ce qui renforce la mission sociale de l'OBNL.

Indicateurs de performance

- *Taux de rétention des bénévoles* : mesurer le pourcentage de bénévoles formés qui continuent de s'impliquer dans les activités après la formation.
- *Satisfaction des bénéficiaires* : évaluer, par des sondages, si les bénéficiaires perçoivent une amélioration dans la qualité de l'encadrement.
- *Nombre de nouveaux participants* : observer une éventuelle augmentation de la participation aux activités sportives grâce à la réputation renforcée de l'OBNL.

Retour social sur investissement (RSOI)

- *Coût du projet : 50 000 $*
- *Impact social estimé* : une augmentation de 30 % de la satisfaction des bénéficiaires, une augmentation de 20 % de la rotation des bénévoles et une amélioration des compétences transférables des bénévoles, valorisant leur rôle dans la communauté.

Si nous formulons l'hypothèse que les bénéfices indirects (p. ex. : réduction des coûts futurs de formation, augmentation des fonds collectés grâce à une meilleure image) sont estimés à 200 000 $, le RSOI est de 4, indiquant que chaque dollar investi génère quatre dollars de valeur sociale.

Si les entreprises cherchent à maximiser la valeur économique, les OBNL visent avant tout un impact social. Cette distinction se reflète à chaque étape de leur politique d'investissement, comme le montre le tableau suivant.

Tableau 49 Comparaison des objectifs des politiques d'investissement des entreprises et des OBNL

Critères	Entreprise sportive	OBNL impliqué dans le sport
Objectif principal	Maximiser la rentabilité financière et la valeur des actifs	Générer un impact social et assurer la viabilité financière
Type de rentabilité recherchée	Financière : augmentation des revenus (billetterie, droits TV, commandites) et de la valorisation des actifs (marque, infrastructure)	Sociale et communautaire : accès au sport, inclusion, santé publique, éducation, réduction des inégalités
Critères de décision	• Retour sur investissement (ROI) • Croissance des revenus • Amélioration de la compétitivité (performance sportive, attractivité des talents)	• Alignement avec la mission • Impact social mesurable (RSOI, nombre de bénéficiaires) • Pérennité du projet et diversification des financements
Exemples d'investissement	• Recrutement de joueurs • Construction ou rénovation d'un stade • Développement d'une marque et stratégie marketing • Technologies pour améliorer la performance et l'expérience des supporters	• Programmes d'accès au sport pour des populations défavorisées • Construction d'infrastructures communautaires (terrains, centres sportifs) • Formation de bénévoles et d'entraîneurs • Organisation d'événements sportifs inclusifs
Financement	Capitaux propres, endettement, revenus d'exploitation (billetterie, marchandisage, commandites, droits TV)	Subventions gouvernementales, dons privés, campagnes de financement participatif, revenus d'activités (location d'infrastructures, événements)
Outils d'évaluation	• Analyse de rentabilité (NPV, IRR) • Coût moyen pondéré du capital (CMPC) • Impact sur la marque et la fidélisation des supporters	• Retour social sur investissement (RSOI) • Analyse des coûts et bénéfices sociaux • Indicateurs d'impact communautaire (santé, éducation, engagement social)
Durabilité et risques	• Volatilité des revenus (résultats sportifs, fluctuations économiques) • Nécessité d'investissements à long terme et cycles de performance	• Dépendance aux financements externes • Pérennité du projet après la fin du financement

Le guide du projet d'investissement

Un projet d'investissement doit être construit à partir d'une méthodologie claire et structurée pour le planifier, l'évaluer et le mettre en œuvre :

Étape 1 : analyse des besoins

La première étape d'un projet d'investissement consiste à analyser les besoins des parties prenantes afin de **garantir que le projet répond à des attentes réelles et prioritaires**. Cette analyse peut inclure des consultations avec des parties prenantes, telles que les bénéficiaires, les employés, les autorités locales, les donateurs ou encore les investisseurs. Par exemple, une entreprise cherchant à construire une nouvelle infrastructure pourrait analyser les besoins du marché pour s'assurer qu'elle répond à une demande future. De son côté, un OBNL pourrait identifier un manque d'équipements sportifs pour les jeunes en interrogeant les membres de la communauté à travers des groupes de discussion ou des enquêtes. Cette étape permet de définir des objectifs clairs et d'établir un alignement stratégique entre le projet et les attentes des parties prenantes.

Étape 2 : étude de faisabilité

Il est essentiel de réaliser une étude de faisabilité pour **évaluer la viabilité du projet sur les plans social et financier**. Cela comprend l'estimation des coûts directs (construction, équipements, personnel) et indirects (maintenance, marketing) ainsi que l'analyse des sources potentielles de financement, telles que les subventions, les dons ou les revenus générés par le projet. L'étude doit également inclure une évaluation des impacts sociaux attendus, comme l'amélioration de l'accès au sport ou le renforcement du tissu communautaire.

Étape 3 : planification et budgétisation

La phase de planification et de budgétisation consiste **à transformer les idées en un plan opérationnel clair**. Cela inclut l'établissement d'un budget détaillé et la création d'un calendrier pour chaque étape du projet. Les entreprises doivent intégrer des analyses de risques financiers, tels que des variations de coûts ou des retards dans l'exécution, tandis que les OBNL doivent prévoir des marges pour des imprévus, comme des difficultés à mobiliser des fonds. Par exemple, une entreprise qui développe une nouvelle technologie sportive devra planifier les étapes de recherche et développement, de prototypage et de commercialisation. De même, un OBNL créant un programme de formation pour des bénévoles devra planifier les sessions, gérer les intervenants et s'assurer que le budget couvre toutes les dépenses nécessaires.

Étape 4 : exécution et suivi

L'exécution du projet est **la mise en œuvre concrète des actions prévues dans le plan**. Cela inclut la gestion des ressources, la coordination des équipes et la supervision des activités. Les entreprises, par exemple, surveilleront de près la gestion des fournisseurs et des délais pour garantir une livraison dans les temps et un respect des budgets. Les OBNL devront également s'assurer que leurs projets atteignent les objectifs sociaux fixés, comme l'impact sur la communauté ou la satisfaction des bénéficiaires. Un suivi rigoureux est essentiel pour identifier rapidement les écarts par rapport aux objectifs et ajuster les actions en conséquence.

Étape 5 : évaluation des résultats et rapport d'impact

Une fois le projet terminé, l'évaluation des résultats permet de **mesurer son succès par rapport aux objectifs initiaux**. Pour une entreprise, cela inclut l'analyse des résultats financiers, comme le rendement de l'investissement ou la croissance des revenus générés par le projet. Les OBNL, en revanche, doivent se concentrer sur les impacts sociaux ou communautaires du projet, en mesurant des indicateurs comme le nombre de bénéficiaires touchés ou la satisfaction des parties prenantes. Par exemple, une entreprise qui a investi dans une nouvelle technologie pourrait évaluer les gains de productivité obtenus, tandis qu'un OBNL ayant construit un centre sportif mesurerait l'augmentation de la participation aux activités. Les résultats sont ensuite communiqués sous la forme d'un rapport d'impact qui renforce la transparence et aide à attirer de futurs partenaires ou soutiens financiers.

Section 2 – Le principe d'actualisation

Dans le secteur sportif, les choix d'investissement peuvent inclure l'acquisition de nouveaux joueurs, le développement d'infrastructures comme des stades ou des centres de formation, ou encore l'investissement dans des technologies innovantes pour améliorer les performances ou l'engagement des supporters. Ces décisions requièrent une évaluation minutieuse des bénéfices attendus, souvent projetés sur plusieurs années.

Pourquoi actualiser ?

L'actualisation est une technique financière essentielle utilisée pour **évaluer la valeur présente de flux de trésorerie futurs générés par un investissement.** Le principe de l'actualisation repose sur l'idée que l'argent disponible aujourd'hui vaut plus que la même somme reçue à une date future, principalement en raison de la capacité de l'argent à générer des revenus par le biais d'investissements, et à cause de l'inflation qui diminue le pouvoir d'achat de l'argent au fil du temps. Ainsi, pour comparer équitablement des montants d'argent disponibles à différents moments, il est nécessaire d'actualiser les flux de trésorerie futurs à leur valeur présente en utilisant un taux d'actualisation.

Le taux d'actualisation reflète le coût d'opportunité du capital, c'est-à-dire le rendement qu'un investisseur pourrait obtenir en plaçant son capital dans une alternative d'investissement de risque équivalent. Il prend en compte à la fois le taux sans risque (généralement basé sur les obligations gouvernementales à long terme) et une prime de risque qui dédommage l'investisseur pour le risque supplémentaire associé à l'investissement spécifique par rapport à un investissement sans risque.

Mesurer l'impact du taux d'actualisation sur la valeur d'un flux financier futur

La formule d'actualisation des flux de trésorerie est utilisée pour calculer la valeur actuelle d'un flux de trésorerie futur. Cette formule prend en compte le taux d'actualisation et le temps pour refléter la valeur actuelle d'une somme d'argent reçue dans le futur. La formule de base pour actualiser un flux de trésorerie unique à recevoir dans *n* années est la suivante :

$$VA = \frac{\text{Flux}}{(1 + r)^n}$$

Avec :

- VA : valeur actuelle du flux de trésorerie
- r : taux d'actualisation
- Flux : flux de trésorerie futur à recevoir
- n : nombre de périodes (années, mois, semaines…) entre le moment présent et la date de versement du flux de trésorerie

Plus le taux d'actualisation est élevé, moins la valeur actuelle d'un flux de trésorerie futur est élevée. Il s'agit d'une relation inversée.

Tableau 50 Exemple de valeur actuelle (VA) de 1 000 $ à recevoir dans le futur en fonction du taux d'actualisation

Années	5 %	10 %	15 %	20 %
0	1 000 $	1 000 $	1 000 $	1 000 $
1	952 $	909 $	870 $	833 $
5	784 $	621 $	497 $	402 $
10	614 $	386 $	247 $	162 $

Graphique 6 Valeur actuelle de 1 000 $ à recevoir dans le futur en fonction du taux d'actualisation

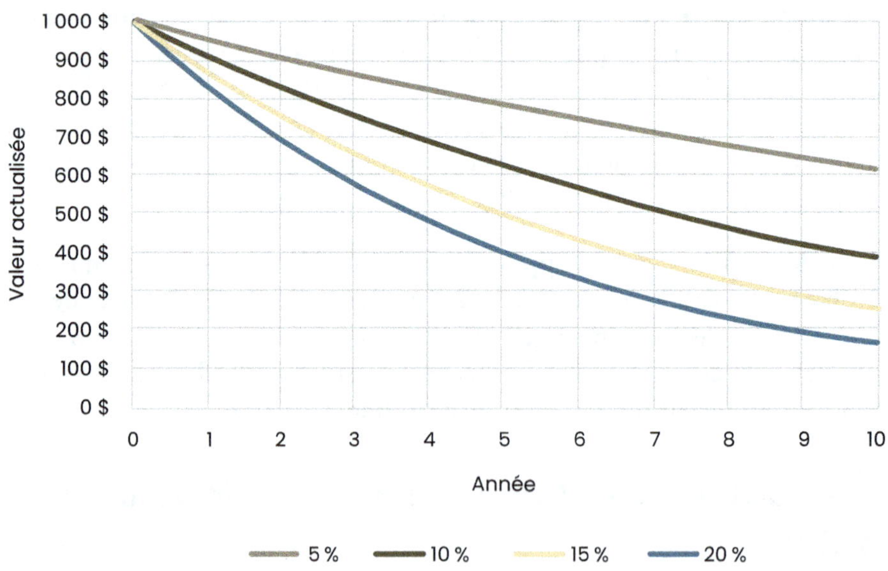

Afin d'actualiser une somme de flux de trésorerie futurs, la formule appliquée est différente.

$$VA = \sum_{i=1}^{N} \frac{Flux_i}{(1+r)^i}$$

Avec :

- $Flux_i$ est le flux de trésorerie de la période t

- N est le nombre total de périodes (années, mois, semaines…)

Actualisation des revenus de billetterie pour un club sportif

Un club de sport envisage d'investir dans une nouvelle infrastructure de billetterie numérique pour améliorer l'expérience des supporters et augmenter les ventes. Le club envisage d'augmenter les ventes de billets de 100 000 $ par an sur les cinq prochaines années. Le taux d'actualisation est égal à 8 %.

Tableau 51 Calcul de la valeur actuelle des revenus de billetterie

Année	Revenus projetés	Taux d'actualisation	Valeur actuelle des revenus
1	100 000 $	$\frac{1}{(1+0{,}08)}=0{,}926$	92 593 $
2	100 000 $	$\frac{1}{(1+0{,}08)^2}=0{,}857$	85 734 $
3	100 000 $	$\frac{1}{(1+0{,}08)^3}=0{,}794$	79 383 $
4	100 000 $	$\frac{1}{(1+0{,}08)^4}=0{,}735$	73 503 $
5	100 000 $	$\frac{1}{(1+0{,}08)^5}=0{,}681$	68 058 $

La valeur actualisée des revenus est égale à :

$$VA=\sum_{i=1}^{N}\frac{Flux_i}{(1+r)^i} = 92\,593\,\$ + 85\,734\,\$ + 79\,383\,\$ + 73\,503\,\$ + 68\,058\,\$ = 399\,271\,\$$$

La valeur actualisée de cinq flux annuels de 100 000 $ durant les cinq prochaines années est égale à 399 271 $.

Le choix d'actualisation des contrats dans la NHL

Les franchises de la Ligue nationale de hockey (NHL) proposent à leurs joueurs différents types de structures salariales, allant des contrats à forte rémunération immédiate à ceux répartis sur plusieurs années, avec des paiements différés.

Alex Tremblay, un attaquant vedette de 27 ans, est en fin de contrat avec son équipe actuelle, et il reçoit deux offres concurrentes :

- Offre A : Un contrat de 6 ans avec un salaire annuel de 10 millions de dollars, payé intégralement chaque année.

- Offre B : Un contrat de 6 ans, avec un paiement réduit de 7 millions de dollars par an et un paiement différé de 15 millions de dollars, versé en trois versements égaux après la fin du contrat (années 7, 8 et 9).

Si le taux d'actualisation utilisé par Alex est de 5 % par an, quelle est la valeur actuelle des deux offres ? Quelle option maximise sa richesse en valeur actualisée ?

Tableau 52 Calcul de la valeur actualisée des offres A et B

	Offre A		Offre B	
Année	**Valeur brute**	**Valeur actualisée**	**Valeur brute**	**Valeur actualisée**
1	10,00	9,52	7,00	6,67
2	10,00	9,07	7,00	6,35
3	10,00	8,64	7,00	6,05
4	10,00	8,23	7,00	5,76
5	10,00	7,84	7,00	5,48
6	10,00	7,46	7,00	5,22
7	–	–	5,00	3,55
8	–	–	5,00	3,38
9	–	–	5,00	3,22
Somme des flux *En M$*	**60**	**50,76**	**63**	**45,69**

La comparaison des offres de contrat d'Alex Tremblay met en évidence l'importance de l'actualisation dans les choix financiers. Les calculs montrent que la valeur actualisée des revenus du contrat A est de 50,76 millions de dollars, tandis que celle du contrat B est inférieure, à 45,69 millions de dollars. Bien que l'offre B semble plus attrayante en apparence avec un total brut de 63 millions de dollars contre 60 millions de dollars pour l'offre A, l'analyse des valeurs actualisées révèle une réalité différente.

Ce résultat s'explique par le fait que les revenus de l'offre A sont versés plus rapidement, ce qui augmente leur valeur lorsqu'ils sont actualisés. À l'inverse, les paiements différés de l'offre B, bien qu'ils augmentent le total nominal du contrat, perdent en valeur une fois actualisée en raison du facteur temps.

D'autres facteurs pourraient influencer la décision d'Alex Tremblay, comme la fiscalité (les paiements différés peuvent être taxés différemment), les possibilités d'investissement, ou encore la préférence personnelle pour une sécurité financière à long terme.

Calcul du taux d'actualisation d'une entreprise

Le coût moyen pondéré du capital (CMPC) représente le coût global des ressources financières d'une organisation, pondéré en fonction de la proportion de chaque source de financement utilisée. Il correspond au taux d'actualisation à utiliser pour évaluer un investissement ou un projet, car il reflète le rendement minimal exigé par les investisseurs et créanciers.

Le CMPC prend en compte deux grandes sources de financement :

- Les capitaux propres : ils représentent l'investissement des actionnaires dans l'entreprise;
- La dette financière : elle inclut les emprunts contractés par l'entreprise.

La formule du CMPC est la suivante :

$$CMPC = k_{CP} \times \frac{CP}{CP+D} + k_D \times (1 - t_{impôt}) \times \frac{D}{CP+D}$$

Avec :

- CMPC : Coût moyen pondéré du capital
- k_{CP} : coût des capitaux propres
- k_D : coût de la dette
- CP : montant des capitaux propres
- D : montant de la dette financière

Exemple de calcul de CMPC

Une entreprise emprunte 100 000 $ au taux d'intérêt de 3 %. Elle dispose de 200 000 $ de capitaux propres, et le coût des capitaux propres est de 12 %. Le taux d'imposition est de 30 %.

Le coût moyen pondéré du capital est :

$$CMPC = 12\% \times \frac{200\ 000\$}{200\ 000\$ + 100\ 000\$} + 3\% \times (1 - 30\%) \times \frac{100\ 000\$}{200\ 000\$ + 100\ 000\$} = 8{,}7\%$$

Le coût de la dette

La dette financière comprend l'ensemble des dettes bancaires et financières, qu'elles soient à court, moyen ou long terme. Le coût de la dette se mesure principalement à travers le taux d'intérêt des emprunts contractés par l'entreprise. Cependant, il est important de considérer que les intérêts payés sur ces dettes sont souvent déductibles fiscalement, ce qui réduit leur coût réel.

$$K_D^{après\ impôt} = K_D \times \left(1 - t_{impôt}\right)$$

Avec K_D le coût de la dette et $t_{impôt}$ le taux d'imposition de l'entreprise.

Lorsque l'entreprise a souscrit plusieurs emprunts, il est nécessaire de calculer le taux moyen d'intérêt.

Exemple de calcul d'un taux d'intérêt moyen

Une entreprise a contracté deux emprunts :

- Un emprunt de 100 000 $ à un taux de 5 %
- Un emprunt de 50 000 $ à un taux de 6 %

Le coût moyen de la dette est :

$$K_D = \frac{100\ 000\$ \times 50\ 000\$ \times 6\%}{100\ 000\$ + 50\ 000\$} = 5{,}33\%$$

En supposant un taux d'imposition de 30 %, le coût de la dette après impôt est :

$$K_D^{après\ impôt} = 5{,}33\% \times (1 - 30\%) = 3{,}73\%$$

Il est relativement courant pour les entreprises de disposer de plusieurs dettes avec différents taux d'intérêt. L'exemple de Nike ci-dessous est un exemple de dettes avec des dates d'échéance et des taux d'intérêt différents.

Tableau 53 Composition de la dette financière de Nike

Scheduled Maturity (Dollars in millions)	ORIGINAL PRINCIPAL	INTEREST RATE	INTEREST PAYMENTS	BOOK VALUE OUTSTANDING AS OF MAY 31, 2023	2022
Corporate Term Debt:(1)(2)					
May 1, 2023	$ 500	2.25 %	Semi-Annually	$ —	$ 500
March 27, 2025	1,000	2.40 %	Semi-Annually	998	996
November 1, 2026	1,000	2.38 %	Semi-Annually	997	997
March 27, 2027	1,000	2.75 %	Semi-Annually	997	996
March 27, 2030	1,500	2.85 %	Semi-Annually	1,492	1,491
March 27, 2040	1,000	3.25 %	Semi-Annually	987	986
May 1, 2043	500	3.63 %	Semi-Annually	496	496
November 1, 2045	1,000	3.88 %	Semi-Annually	986	985
November 1, 2046	500	3.38 %	Semi-Annually	492	492
March 27, 2050	1,500	3.38 %	Semi-Annually	1,482	1,481
Total				8,927	9,420
Less Current Portion of Long-Term Debt				—	500
TOTAL LONG-TERM DEBT				$ 8,927	$ 8,920

(1) These senior unsecured obligations rank equally with the Company's other unsecured and unsubordinated indebtedness.

(2) The bonds are redeemable at the Company's option at a price equal to the greater of (i) 100% of the aggregate principal amount of the notes to be redeemed or (ii) the sum of the present values of the remaining scheduled payments, plus in each case, accrued and unpaid interest. However, the bonds also feature a par call provision, which allows for the bonds to be redeemed at a price equal to 100% of the aggregate principal amount of the notes being redeemed, plus accrued and unpaid interest on or after the Par Call Date, as defined in the respective notes.

Source : Rapport annuel de Nike

Une entreprise fortement endettée aura un coût moyen pondéré du capital (CMPC) influencé par son coût de la dette. Si la dette a été souscrite à un faible taux d'intérêt, le CMPC diminue. Au contraire, une dette coûteuse peut augmenter le CMPC.

Le coût des capitaux propres

Le coût des capitaux propres reflète le **taux de rendement requis par les actionnaires** pour un risque donné. Il prend en compte à la fois le taux sans risque (généralement basé sur les obligations gouvernementales à long terme) et une prime de risque qui dédommage l'investisseur pour le risque supplémentaire associé à l'investissement spécifique par rapport à un investissement sans risque.

Afin de déterminer le taux de rendement requis par les actionnaires, il est nécessaire d'utiliser la formule du MEDAF (modèle d'évaluation des actifs financiers)[34]. Ce modèle repose sur le principe que le taux de rentabilité exigé par un investisseur (k_i) repose sur le taux de l'argent sans risque (Rf ou *Risk Free*) et une prime de risque. La formule est la suivante :

$k_i = Rf +$ prime de risque

$$\text{Avec prime de risque} = \beta^i\,(k_M - Rf)$$

La prime de risque de marché comprend deux éléments :

- (k_M – Rf) est la composante de prime de risque de marché. Il s'agit de l'écart entre la rentabilité future du marché dans sa totalité et le taux sans risque. Historiquement, la prime de risque de marché évolue entre 3 % et 6 % au Canada.
- Le coefficient bêta (β) est un indicateur qui mesure la sensibilité du rendement d'un actif financier (comme une action) par rapport au rendement du marché dans son ensemble.

Le coefficient bêta est un concept fondamental en finance. Il est un **indicateur de volatilité ou de risque relatif d'un actif financier par rapport à l'ensemble du marché**. En d'autres termes, il indique dans quelle mesure la valeur d'un actif tend à fluctuer par rapport aux mouvements de l'ensemble des marchés financiers :

- $\beta = 1$: La valeur de l'actif financier fluctue dans la même proportion que le marché. Si le marché augmente de 10 %, l'actif augmente également de 10 %.
- $\beta < 1$: L'actif financier est moins volatil que le marché, c'est-à-dire que ses fluctuations sont plus faibles que celles du marché. Par exemple, lorsque le marché augmente de 10 %, la valeur de l'actif varie de moins de 10 %.
- $\beta > 1$: L'actif est plus volatil que le marché, c'est-à-dire que ses fluctuations sont plus élevées que celles du marché. Par exemple, lorsque le marché augmente de 10 %, la valeur de l'actif augmente de plus de 10 %.

Cette notion de risque est relative. Il n'y a pas un bêta plus intéressant qu'un autre pour l'investisseur. Le choix de l'actif financier repose sur le goût ou l'aversion pour le risque. Par exemple, un investisseur ayant une forte aversion au risque préférera un actif avec un faible β.

Il est possible de calculer le bêta d'une action lorsque l'entreprise est cotée en bourse. Par contre, pour les entreprises non cotées, il est possible de s'appuyer sur des coefficients bêtas sectoriels, car les entreprises d'un même secteur subissent des risques semblables par rapport à l'ensemble de l'économie.

---

34. En anglais : *Capital Asset Pricing Model* (CAPM).

Tableau 54 Exemples de coefficient bêta sectoriels

Secteur	Béta	Secteur	Béta	Secteur	Béta
Diversified	0,44	*Telecom. Services*	0,82	*Metals & Mining*	1,05
Food Wholesalers	0,46	*Heathcare Information and Technology*	0,83	*Electrical Equipment*	1,06
Beverage (Alcoholic)	0,52	*Green & Renewable Energy*	0,84	*Chemical (Specialty)*	1,06
Publishing & Newspapers	0,52	*Engineering/ Construction*	0,84	*Precious Metals*	1,07
Homebuilding	0,53	*Apparel*	0,85	*Paper/Forest Products*	1,09
Building Materials	0,56	*Environmental & Waste Services*	0,85	*Tobacco*	1,11
Chemical (Diversified)	0,59	*Furn/Home Furnishings*	0,86	*Auto & Truck*	1,11
Office Equipment & Services	0,61	*Computer Services*	0,87	*Drugs (Pharmaceutical)*	1,11
Packaging & Container	0,68	*Transportation*	0,87	*Advertising*	1,12
Farming/Agriculture	0,68	*Restaurant/Dining*	0,88	*Software (Entertainment)*	1,12
Cable TV	0,68	*Telecom. Equipment*	0,89	*Semiconductor*	1,17
Business & Consumer Services	0,70	*Trucking*	0,91	*Aerospace/Defense*	1,18
Construction Supplies	0,72	*Healthcare Products*	0,92	*Software (System & Application)*	1,20
Steel	0,72	*Recreation*	0,95	*Oil/Gas Distribution*	1,25
Power	0,72	*Entertainment*	0,97	*Oilfield Svcs/Equip.*	1,30
Education	0,80	*Computers/Peripherals*	0,97	*Chemical (Basic)*	1,35
Hospitals/Healthcare Facilities	0,80	*Auto Parts*	0,99	*Software (Internet)*	1,36
Healthcare Support Services	0,81	*Broadcasting*	1,04	*Beverage (Soft)*	2,07
Transportation (Railroads)	0,81	*Hotel/Gaming*	1,04		
Machinery	0,82	*Air Transport*	1,05		

Source : Damodaran[35]

Exemple de taux de rendement requis par les actionnaires

L'action de la société Aloi a un bêta de 1,2. Le taux de rentabilité espérée du marché est de 12 %, et le taux sans risque est de 5 %. Pour ces taux, le taux requis par les actionnaires est :

$$k_i = Rf + \beta_i\,(k_M - Rf) = 5\,\% + 1{,}2 \times (12\,\% - 5\,\%) = 13{,}40\,\%$$

35. Adresse : https://pages.stern.nyu.edu/~adamodar/

Calcul du taux d'actualisation d'un OBNL

Le mode de financement des OBNL est différent de celui des entreprises. Ils n'ont pas de capitaux propres comme source de financement et ne peuvent donc pas utiliser le coût des capitaux propres dans le CMPC.

Le taux d'actualisation peut alors être déterminé en fonction du coût moyen des fonds levés, c'est-à-dire :

$$\text{Taux d'actualisation d'un OBNL} = \frac{\text{Coût de levée des fonds + coût des emprunts}}{\text{Montant total des fonds levés}}$$

Le **coût de levée des fonds** représente l'ensemble des dépenses engagées par un organisme pour collecter des financements. Il peut être utilisé comme taux d'actualisation pour les OBNL, qui doivent souvent solliciter des dons, des subventions ou des commandites pour financer leurs activités. Ce coût est exprimé en pourcentage du montant total des fonds levés et reflète l'efficacité de la collecte de fonds.

La formule de calcul du coût de levée des fonds :

$$\text{Coût de levée des fonds} = \frac{\text{Dépenses de levée des fonds}}{\text{Montant total des fonds levés}} \times 100$$

Les dépenses de levée de fonds sont les suivantes :

- Frais de communication et de marketing (publicité, relations publiques);
- Salaires et honoraires des collecteurs de fonds (employés ou agences externes);
- Frais d'organisation d'événements caritatifs;
- Coûts des plateformes de dons en ligne (commission sur les transactions);
- Frais administratifs liés à la gestion des donateurs;
- Coût de conformité et de rapports financiers (obligations légales).

Exemple du coût de levée des fonds :

JUn OBNL organise une campagne de financement qui lui permet de collecter 200 000 $ avec les coûts suivants :

- Frais de communication et de marketing : 5 000 $
- Salaires du personnel de collecte : 10 000 $
- Frais d'organisation d'un événement : 7 000 $
- Commissions des plateformes de dons : 3 000 $

Le coût de levée des fonds est :

$$\text{Coût de levée des fonds} = \frac{5\,000\ \$ + 10\,000\ \$ + 7\,000\ \$ + 3\,000\ \$}{200\,000\ \$} \times 100 = 12{,}5\%$$

Le taux d'actualisation de l'OBNL est donc de 12,5 %, c'est-à-dire le coût des fonds levés.

Exemple de calcul du taux d'actualisation d'un OBNL

Un OBNL qui se consacre au développement du sport communautaire finance ses activités grâce à des dons et à des subventions (70 %) et à un emprunt bancaire (30 %). Pour évaluer un investissement dans une nouvelle infrastructure sportive, il doit déterminer un taux d'actualisation approprié.

- Coût de levée des fonds (dons et subventions) : 10 %
- Coût de la dette bancaire : 5 %
- Répartition du financement : 70 % des fonds proviennent de dons et subventions et 30 % d'un emprunt bancaire
- Taux d'imposition de l'OBNL : 0 %

$$\text{Taux d'actualisation d'un OBNL} = \text{Coût de levée des fonds} \times \frac{\text{Dons et subventions}}{\text{Montant total des fonds levés}} + \text{Coût de l'emprunt après impôt} \times \frac{\text{Emprunt bancaire}}{\text{Montant total des fonds levés}}$$

Taux d'actualisation d'un OBNL = 10 % × 70 % + 5 % × 30 % = 8,5 %

Dans ce cas, le taux d'imposition de l'OBNL étant de 0 %, le coût net de la dette est donc de 5 %.

Section 3 – Mesures de rentabilité des projets d'investissement

Différentes mesures de rentabilité existent pour déterminer si un projet d'investissement est rentable et pour savoir quel investissement choisir entre plusieurs.

Délai de récupération

Le délai de récupération[36] représente le temps nécessaire pour que les flux de trésorerie relatifs à un projet d'investissement soient égaux à la valeur initiale de ce dernier. Il s'agit ainsi du temps nécessaire pour que l'investissement atteigne le point de rentabilité.

En matière d'interprétation, une préférence est accordée au projet qui a le délai de récupération le plus court. Le projet est perçu comme peu risqué lorsque le délai est court, car cela limite les risques de ne pas récupérer la mise de fonds. Au contraire, un long délai accroît le risque perçu de ne pas récupérer la mise de fonds initiale.

Lors de la comparaison de plusieurs projets d'investissement, le critère du délai de récupération classera les **projets à faible délai de récupération comme des projets devant être préférés**.

36. En anglais : *payback recuperation*.

Exemple : Un camion est acquis au prix de 8 000 $. Les livraisons permises par ce camion permettent de générer des flux de trésorerie de 2 000 $ par an. Le délai de récupération est calculé de la manière suivante :

$$\text{Délai de récupération} = \frac{\text{Investissement initial}}{\text{Flux de trésorerie annuel}} = \frac{8\ 000\ \$}{2\ 000\ \$} = 4 \text{ années}$$

Le délai de récupération est de quatre années, c'est-à-dire que la valeur du projet d'investissement est récupérée par les flux générés pendant ces 4 années.

Exemple : Les livraisons permettent de générer 1 500 $ la première année, 3 000 $ la seconde année, 3 500 $ la troisième année et 5 000 $ la quatrième année. Étant donné que les flux de trésorerie varient annuellement, il n'existe pas de formule simple pour calculer le délai de récupération. Il faut faire le calcul du montant récupéré à la fin de chaque année.

Tableau 55 Calcul d'un délai de récupération

Année	Montant à récupérer en début d'année (A) La première année : A Postérieurement : $A_t = C_{t-1}$	Flux de trésorerie généré au cours de l'année (B_t)	Montant à récupérer en fin d'année $C_t = A_t - B_t$
1	8 000 $	1 500 $	8 000 $ – 1 500 $ = 6 500 $
2	6 500 $	3 000 $	6 500 $ – 3 000 $ = 3 500 $
3	3 500 $	3 500 $	0 $

La principale limite dans l'utilisation du critère de délai de récupération est qu'il ne se fonde pas sur la création de valeur du projet, mais sur la courte durée de celui-ci. Un projet peu rentable, mais de courte durée, sera préféré à un projet très rentable, mais dont les flux de trésorerie ne seront produits que dans plusieurs années.

Valeur actuelle nette

La valeur actuelle nette (VAN)[37] est un concept essentiel en matière de choix d'investissement. Il s'agit de la différence entre la valeur actuelle des flux de trésorerie futurs générés par un projet d'investissement et le coût initial de ce dernier. Elle mesure la création de richesse du projet.

Formule de la VAN

La VAN est calculée en actualisant les flux de trésorerie (FT) futurs à un taux d'actualisation approprié, appelé le coût du capital (k) ou le taux de rendement requis, et en soustrayant l'investissement initial (I_0).

37. En anglais *Net Present Value* (NPV).

Mathématiquement, la formule est la suivante :

$$VAN = \sum_{t=1}^{n} \frac{FT_t}{(1+k)^t} - I_0$$

Où FT_t est le flux de trésorerie de l'année t, k est le taux d'actualisation et n est le nombre d'années.

Investissement dans un système d'information

Vous devez décider de la possibilité d'un investissement dans un nouveau système d'information qui permettra d'accroître la rentabilité de vos commerciaux (en les allégeant de différentes charges administratives).

- Le coût initial de ce projet est de 80 000 $.
- Cet investissement permettra de réaliser un gain de 22 000 $ par an pendant les cinq prochaines années.
- Le taux d'actualisation est de 10 %.

$$VAN = -80\,000\ \$ + \frac{22\,000\ \$}{(1+10\ \%)^1} + \frac{22\,000\ \$}{(1+10\ \%)^2} + \frac{22\,000\ \$}{(1+10\ \%)^3} + \frac{22\,000\ \$}{(1+10\ \%)^4} + \frac{22\,000\ \$}{(1+10\ \%)^5}$$

VAN = 3 397 $

Interprétation de la VAN

Une **VAN positive** indique que l'investissement devrait générer un retour supérieur au coût du capital, ajoutant ainsi de la valeur à l'entreprise. Inversement, une **VAN négative** suggère que l'investissement ne couvre pas le coût du capital, entraînant une perte de valeur.

La VAN permet la comparaison entre plusieurs projets d'investissement en se basant sur la richesse additionnelle qu'ils apportent. La principale précaution à prendre avant de comparer des projets est de s'assurer que leurs tailles sont similaires. Il n'est pas possible de comparer un projet nécessitant un investissement initial de 100 000 $ avec un projet de 10 000 000 $.

Différents flux de trésorerie doivent être définis lors du calcul de la VAN. Chacun de ces flux correspond aux différentes étapes du projet d'investissement : l'investissement initial, les flux de trésorerie durant la période d'exploitation et le flux de trésorerie de fin de projet.

Flux de trésorerie

Le flux de trésorerie correspondant à l'investissement initial est qualifié de dépense en capital ou de dépense d'investissement. Les exemples de dépenses suivants sont des exemples d'investissements initiaux :

- ***Achat d'équipement ou de machines*** : Pour une entreprise industrielle, l'investissement initial peut inclure le coût d'achat de nouvelles machines ou d'équipements pour améliorer la production ou lancer un nouveau produit.

- ***Coûts de construction ou d'aménagement*** : Dans le secteur immobilier ou pour les projets d'infrastructure, cela inclurait les coûts de construction, les frais d'architecte et les permis.
- ***Campagnes marketing et publicitaires*** : Pour les lancements de produits ou pour renforcer la présence sur le marché, les entreprises peuvent investir initialement dans des campagnes de marketing et de publicité.
- ***Frais de recherche et développement*** : Dans les secteurs pharmaceutiques ou biotechnologiques, l'investissement initial peut comprendre les coûts de recherche et de développement de nouveaux médicaments ou traitements.
- ***Dépenses en technologie de l'information*** : Cela peut inclure l'achat de nouveaux systèmes informatiques, de logiciels ou la mise à niveau de l'infrastructure TI existante.

Les flux de trésorerie au cours de la durée de vie du projet d'investissement comprennent l'ensemble des flux associés au projet. Ils incluent les flux générés et utilisés associés au projet, comme les dépenses de formation des employés, de communication pour le développement d'une marque ou les dépenses liées à l'utilisation d'outils de technologies de l'information.

Les flux de trésorerie de la fin du projet à prendre en considération sont de deux types :

- **La valeur résiduelle** : Il est fréquent de disposer d'investissements qui peuvent être vendus à la fin de leur période d'exploitation. Il faut donc intégrer cette valeur dans le calcul de la rentabilité.
- **La récupération du fonds de roulement** : Il est logique de récupérer, à la fin de la période d'exploitation, les fonds engagés dans le fonds de roulement. En effet, les stocks ne sont plus nécessaires et les délais de recouvrement et de paiement sont par définition nuls. Par exemple, lors de la vente de maillots pour un événement sportif particulier, lorsque l'événement est terminé et que la production de maillots s'arrête, le fonds de roulement peut être récupéré.

Évaluation des joueurs de baseball de la Major League Baseball (MLB)

Les auteurs de l'étude évaluent si les équipes de la Major League Baseball (MLB) surpayent ou non les joueurs lorsqu'elles leur offrent des contrats garantis de plusieurs années (plus de trois ans). Les revenus marginaux associés à chaque joueur sont basés sur la valeur estimée d'une victoire supplémentaire. Le coût du contrat est mesuré par la valeur actualisée des salaires garantis sur la durée du contrat[38].

Les principales conclusions sont les suivantes :

- **Les équipes surpayent les joueurs sur les contrats longue durée.**
- *En moyenne, une équipe perd 4,1 millions de dollars par an sur un contrat longue durée.*
- *89 % des contrats analysés montrent un rendement négatif pour les équipes.*
- **Plus le contrat est long, plus la perte économique est grande.**
- *Les contrats de 3 ou 4 ans sont ceux qui génèrent les pertes les plus faibles.*

38. Les contrats analysés concernent des joueurs qui étaient sous contrat en 2010, et l'étude a porté sur les saisons allant de 2010 à 2016.

- *Les contrats de 7 ans et plus enregistrent des déficits très élevés (p. ex. Alex Rodriguez : 76 millions de dollars de perte pour les Yankees sur son contrat de 2001).*
- **Le modèle économique des franchises pourrait expliquer ces décisions.**
- *Certaines équipes ne maximisent pas nécessairement le profit, mais plutôt leur prestige ou leur attractivité pour les supporters.*
- *D'autres facteurs, comme les droits TV et le marché local influencent également les choix des équipes.*

Solow, J. et Krautmann, A. (2020). Do you get what you pay for? Salary and ex ante player value in Major League Baseball. *Journal of Sport Economics, 21*(7), 705-722.

Taux de rendement interne

Le taux de rendement interne (TRI)[39] est un **critère de rentabilité de projets d'investissement très proche de la VAN**. Il s'agit du taux d'actualisation qui rend la VAN nulle. En d'autres termes, c'est le taux de rendement annuel moyen estimé qu'un investissement est prévu générer au cours de sa durée de vie.

La formule de calcul est la suivante :

$$VAN = \sum_{t=1}^{n} \frac{FT_t}{(1+TRI)^t} - I_0 = 0$$

Le TRI est interprété comme le taux de rendement que l'entreprise peut espérer réaliser sur les fonds investis initialement. Si le TRI est supérieur au coût du capital, le projet est rentable.

Le TRI permet la comparaison entre différents projets d'investissement. Lorsque le TRI du projet A est supérieur à celui du projet B, cela signifie que la rentabilité du projet A est plus élevée que celle du projet B. Toutefois, avant de réaliser une telle comparaison, il est important de vérifier que les projets présentent des caractéristiques similaires en termes de taille et de durée.

39. En anglais, *Internal Rate of Return* (IRR).

Analyse de sensibilité et scénarios financiers

L'analyse de sensibilité et la modélisation de scénarios financiers sont des outils indispensables pour évaluer les risques et les incertitudes liés aux hypothèses initiales d'un projet d'investissement. Elles permettent d'anticiper les effets possibles des variations sur les résultats attendus et d'ajuster les décisions en conséquence. En complément des méthodes traditionnelles comme la VAN ou le TRI, ces approches introduisent une dimension dynamique et réaliste, essentielle pour naviguer dans des environnements incertains. En évaluant la robustesse d'un projet face aux aléas, elles offrent également une base solide pour planifier des stratégies adaptées à chaque situation envisageable.

Analyse de sensibilité

L'analyse de sensibilité consiste à mesurer l'effet des variations d'hypothèses clés sur les résultats d'un projet d'investissement. Elle permet d'identifier les paramètres qui influencent le plus significativement la rentabilité ou la viabilité d'un projet, tels que le taux d'actualisation, les coûts d'investissement initiaux ou les flux de trésorerie futurs. Cette méthode est particulièrement utile dans des contextes où les incertitudes sont élevées, comme la construction d'un stade ou le lancement d'une nouvelle gamme de produits.

Exemple : investissement dans un stade polyvalent

Un club de football envisage de construire un stade polyvalent pour accueillir des matchs, des concerts et des événements d'entreprise. Le coût initial est estimé à 150 millions de dollars, et les flux de trésorerie annuels attendus sont de 20 millions de dollars pendant 15 ans.

Plusieurs hypothèses pourraient cependant varier :

- Le taux d'actualisation initialement utilisé est égal à 8 %. L'analyse de sensibilité montre que si le taux augmente à 10 %, la VAN diminue de 15 %, ce qui réduit l'attractivité.
- Les revenus annuels sont estimés à 20 millions de dollars. Une baisse des revenus annuels à 18 millions de dollars entraîne une réduction de la VAN de 25 %, rendant le projet moins visible.
- Les coûts d'entretien projetés représentent 5 millions de dollars par an. Une hausse des coûts d'entretien à 6 millions de dollars diminue la VAN de 10 %.

Cette analyse aide à prioriser les éléments critiques et à mieux comprendre les risques liés à chaque variable.

Scénarios financiers

La modélisation de scénarios financiers permet de prévoir les impacts potentiels de plusieurs situations, allant de scénarios optimistes à pessimistes. Contrairement à l'analyse de sensibilité, qui évalue les variations d'une seule hypothèse à la fois, les scénarios financiers considèrent des combinaisons de variations pour simuler des situations réalistes et complexes.

Exemple : investissement dans un stade polyvalent

Trois scénarios pourraient être envisagés :

Tableau 56 Données relatives aux différents scénarios

	Scénario optimiste	Scénario réaliste	Scénario pessimiste
Revenus annuels	25 M$ grâce à une forte demande pour des concerts et événements.	20 M$	15 M$
Coûts d'entretien	4 M$ grâce à des économies d'échelle.	5 M$	6 M$ en raison d'une hausse des prix de la maintenance.
Résultat	Un projet attractif avec une VAN augmentée de 30 %.	La VAN correspond aux attentes initiales.	Une VAN négative de -10 % suggérant que le projet pourrait être déficitaire.

Étude de cas : la construction d'un stade

Vous êtes responsable d'évaluer la viabilité économique et stratégique d'un projet d'investissement majeur : la construction d'un stade. Ce stade, conçu pour devenir un pilier incontournable de l'attractivité régionale, accueillera une diversité d'événements, tels que des matchs sportifs, des concerts et des expositions. Votre mission est d'analyser si cet investissement peut générer une valeur économique durable tout en répondant aux attentes des parties prenantes.

Le projet représente un investissement initial important, comprenant l'acquisition du terrain, les études préliminaires (impact environnemental, faisabilité technique), la conception architecturale, la construction et l'installation des infrastructures et équipements modernes. À cela s'ajoutent des frais administratifs et financiers liés au lancement du projet. Les revenus escomptés proviennent de plusieurs canaux : billetterie, loges et suites VIP, droits de dénomination (*naming*), concessions alimentaires, stationnement et organisation d'événements non sportifs. Ces flux financiers devront être suffisants pour couvrir les coûts opérationnels annuels, comprenant l'entretien, les services publics, le personnel, le marketing et le remboursement de la dette.

Tableau 57 Données sur l'étude de cas « construction d'un stade »

Coûts initiaux (en millions de dollars)		Revenus annuels projetés (en millions de dollars)		Coûts opérationnels annuels (en millions de dollars)	
Acquisition du terrain	20	Billetterie	10	Entretien et réparations	3
Études préliminaires	5	loges et suites VIP	8	Personnel	5
Conception et architecture	10	*Naming*	5	Services publics	2
Construction	100	Droits de restauration	3	Marketing	2
Infrastructure et équipements	30	Droits de stationnement	2	Assurance	1
Coûts administratifs	5	Événements non sportifs	5	Taxes foncières	3
Frais de financement	10				
Total des coûts initiaux	**180**	**Total des revenus annuels**	**33**	**Total des coûts opérationnels**	**16**

La durée du projet est de 20 ans et le taux d'actualisation est égal à 8 %.

Corrigé du cas : la construction d'un stade

Calcul de la VAN

Le flux de trésorerie annuel est égal à 17 millions (= 33 millions – 16 millions). Une fois actualisé à 8 % pendant 20 ans, il faut soustraire les coûts initiaux de 180 millions $:

$$VAN = \sum_{t=1}^{20} \frac{17\text{ M }\$}{(1{,}08)^{20}} - 180\text{ M }\$ = 166{,}91\text{ M }\$ - 180\text{ M }\$ = -13{,}09\text{ M }\$$$

La valeur actuelle nette (VAN) du projet est estimée à –13,09 millions de dollars, ce qui signifie que les flux de trésorerie attendus sur 20 ans, actualisés à un taux de 8 %, ne suffisent pas à couvrir l'investissement initial de 180 millions de dollars.

Une VAN négative indique que, dans les conditions actuelles, **le projet détruit de la valeur économique** : il ne parvient pas à générer un rendement supérieur ou égal au coût du capital mobilisé.

Calcul du TRI

Le taux de rendement interne (TRI) du projet est estimé à 7,01 %, ce qui correspond au taux d'actualisation pour lequel la valeur actuelle nette (VAN) devient nulle. Autrement dit, c'est le taux de rentabilité implicite du projet, compte tenu de ses flux de trésorerie projetés sur 20 ans.

Ce résultat soulève plusieurs points importants :

- **Une rentabilité inférieure au coût du capital** : Le TRI est inférieur au taux d'actualisation de 8 %, qui représente ici le coût du capital ou le rendement minimal exigé par les financeurs du projet. Cette situation indique que le projet ne génère pas une rentabilité suffisante pour compenser le coût de mobilisation des ressources financières. En d'autres termes, il détruit de la valeur dans les conditions actuelles.
- **Une marge de sécurité absente** : Avec un TRI aussi proche du seuil de rentabilité, le projet manque de marge de manœuvre : toute variation défavorable (hausse des coûts, baisse des revenus, retards) pourrait le rendre encore moins attrayant. Ce faible différentiel de 0,99 point entre le TRI et le coût du capital suggère que le projet est particulièrement sensible aux hypothèses retenues.
- **Un signal clair pour la prise de décision** : Dans une perspective d'investissement responsable et rigoureuse, un TRI inférieur au taux d'actualisation constitue un critère de rejet du projet, à moins que des bénéfices non financiers importants (retombées sociales, image, revitalisation urbaine, etc.) viennent compenser l'absence de rentabilité économique directe.

Calcul du délai de récupération

Le délai de récupération, présenté dans le tableau ci-dessous, est estimé à 11 ans, ce qui signifie qu'il faut 11 années de flux nets de trésorerie pour compenser intégralement l'investissement initial de 180 millions de dollars.

Dans le secteur des infrastructures sportives et événementielles, un délai de récupération supérieur à 10 ans est généralement considéré comme **relativement long**, notamment en raison :

- De l'incertitude sur les revenus futurs (fréquentation, billetterie, contrats de *naming*, etc.);
- De la vulnérabilité aux chocs exogènes (crises économiques, pandémies, changements réglementaires, etc.).

De plus, un délai aussi long indique que le projet immobilise des ressources financières importantes pendant plus d'une décennie avant de générer des gains nets. Cela limite la capacité de l'organisation à réinvestir ou à faire face à des imprévus majeurs sans recourir à un endettement supplémentaire.

Tableau 58 Calcul du délai de récupération

	Flux de trésorerie (en millions de dollars)	Reste à récupérer (en millions de dollars)
Année 0	(180)	
Année 1	17	163
Année 2	17	146
Année 3	17	129
Année 4	17	112
Année 5	17	95
Année 6	17	78
Année 7	17	61
Année 8	17	44
Année 9	17	27
Année 10	17	10
Année 11	17	0 au cours de l'année

Conclusion

Le fait que le **TRI soit inférieur au coût du capital (7,01 % < 8 %)** et que la **VAN soit négative** confirme que, malgré une récupération de l'investissement en année 11, le projet **n'est pas créateur de valeur**. Le délai de récupération ne doit donc jamais être utilisé seul pour prendre une décision.

Analyse de sensibilité

L'analyse de sensibilité permet d'évaluer la robustesse du projet face à des variations dans les principales hypothèses économiques.

Paramètre 1 : variation des revenus annuels de 10 %

- Une hausse de 10 % des revenus, soit un total annuel de 36,3 M$, entraînerait une VAN positive de 19,31 M$. Le projet deviendrait alors rentable, démontrant une certaine sensibilité positive à l'augmentation des recettes.

À l'inverse, une baisse de 10 % des revenus, les ramenant à 29,7 M$, ferait chuter la VAN à –45,49 M$, ce qui compromettrait fortement la rentabilité du projet. Cette variation met en lumière une forte vulnérabilité aux fluctuations des revenus.

Paramètre 2 : variation des coûts initiaux de 10 %

- Si les coûts initiaux augmentent de 10 % (soit un total de 198 M$), la VAN se détériore pour atteindre –31,09 M$, accentuant la non-rentabilité du projet.

- En revanche, une réduction de 10 % des coûts initiaux (soit 162 M$) améliorerait la VAN, qui deviendrait légèrement positive à 4,91 M$, sans pour autant garantir une rentabilité confortable. Cela suggère que des efforts sur la maîtrise des coûts d'investissement pourraient faire basculer le projet en zone rentable.

Impact financier de l'organisation des JO de Tokyo 2020

L'étude analyse l'impact des Jeux olympiques de Tokyo 2020 sur les rendements des actions des commanditaires japonais et des entreprises taïwanaises liées aux Jeux. Trois événements sont étudiés : l'annonce du pays hôte, le report des jeux en raison de la COVID-19 et leur tenue à la date prévue.

- **Annonce du pays hôte** : Les commanditaires japonais ont connu un rendement positif de leurs actions, traduisant un optimisme du marché pour les entreprises locales, tandis que l'effet de retombées sur les actions taïwanaises n'était pas significatif.
- **Report des Jeux** : La réaction a été positive pour les commanditaires japonais, probablement en raison des attentes du marché sur la réussite future des Jeux. Cependant, les entreprises taïwanaises ont subi une réaction négative, suggérant un sentiment pessimiste.
- **Tenue des Jeux** : Le rendement des actions des commanditaires japonais n'a pas connu de variations significatives, probablement en raison de l'absence de spectateurs à cause de la pandémie. À l'inverse, les actions des entreprises taïwanaises ont bénéficié d'un rendement positif, montant l'impact de l'événement sur les entreprises situées en dehors du pays hôte des Jeux.

Lu, H.-F. (2023). The stock market reaction to the 2020 Tokyo Olympics : Evidence from Japanese sponsors and Taiwanese Olympic-related firms. *International Journal of Sport Finance*, 18, 133-149.

Conclusion du chapitre 3

La décision d'investissement est un élément central de la stratégie financière et de la création de valeur pour les organisations, qu'elles soient à but lucratif ou non lucratif. Dans le secteur sportif, ces décisions sont particulièrement complexes en raison de la volatilité des revenus et des cycles d'investissement souvent longs. L'application rigoureuse des outils d'évaluation, comme la valeur actuelle nette (VAN), le taux de rendement interne (TRI) ou l'analyse de sensibilité, permet d'éclairer ces choix et de minimiser les risques. En intégrant des critères financiers, stratégiques et sociaux dans le processus décisionnel, les organisations peuvent optimiser leurs investissements pour assurer une croissance durable et maximiser leur impact, tant économique que communautaire.

Chapitre 4

Évaluation

L'évaluation joue un rôle central dans le secteur du sport, où la valorisation des actifs sportifs – qu'il s'agisse de clubs, de joueurs, de franchises ou d'infrastructures – constitue un enjeu stratégique majeur. Dans un univers où les investissements sont considérables et où la compétitivité repose sur des décisions financières éclairées, la capacité à estimer avec précision la valeur d'un actif devient un atout essentiel pour les dirigeants, les investisseurs et les régulateurs.

Que ce soit pour fixer le prix d'un transfert de joueur, déterminer la valeur marchande d'un club ou d'une franchise, ou encore évaluer les retombées économiques d'un projet d'infrastructure sportive, diverses méthodes d'évaluation sont mobilisées. L'approche patrimoniale, qui repose sur l'analyse des actifs nets, l'approche s'appuyant sur l'actualisation des flux de trésorerie futurs (DCF) et l'approche par les multiples de marché sont les outils permettant d'évaluer les actifs sportifs.

L'évaluation dans le secteur sportif ne se limite pas à des considérations uniquement financières. La performance sportive des athlètes ou la notoriété d'un club influencent significativement sa valorisation. De plus, des facteurs contextuels comme les dynamiques de droits télévisés ajoutent à la complexité de l'exercice.

Le marché des transferts internationaux dans le soccer

Le rapport sur le marché mondial des transferts de la FIFA de 2024[40] révèle une hausse importante des indemnités de transfert dans le football, atteignant 8,59 milliards de dollars US, soit le deuxième total le plus élevé jamais atteint. Le nombre de transferts internationaux dans le football professionnel masculin est de 22 779, soit un nombre record, en hausse de 4,4 % par rapport à 2023.

En matière de football féminin, l'année 2024 s'est traduite par 2 284 transferts internationaux, un nombre record, en hausse de 20,8 % par rapport à 2023. En termes de montant, les dépenses sur ce marché des transferts sont de 15,6 millions de dollars américains, soit une année record, qui atteint plus du double du montant de l'année 2022.

Section 1 – La spécificité de l'évaluation d'entreprise

Méthode directe ou indirecte

La pratique de l'évaluation d'entreprise a pour objectif de valoriser les actions et/ou une valeur des capitaux propres de l'entreprise.

40. Federation International of Football Association (FIFA), *Global Transfert Report* (Inside FIFA).

Les capitaux propres peuvent être évalués de façon indirecte; c'est-à-dire en évaluant d'abord la valeur de l'actif économique, puis en retranchant la valeur de l'endettement net. Ils peuvent l'être aussi de façon directe, sans passer par l'intermédiaire de la valeur de l'actif économique.

Figure 4 Méthode directe et indirecte de l'évaluation d'une entreprise

Deux types d'approches sont utilisées afin de déterminer la valeur d'entreprise et la valeur de marché des capitaux propres :

- La **méthode de l'actualisation des flux de trésorerie**. Dans cette perspective, une entreprise est valorisée selon son potentiel de création de valeur future;
- La **méthode des comparables** (aussi appelée approche analogique). Elle est basée sur la comparaison de l'entreprise avec des actifs ou des entreprises de même nature. Certains comparables permettent de déterminer la valeur d'entreprise alors que d'autres fournissent directement la valeur de marché des capitaux propres.

L'approche patrimoniale abordée dans la dernière section n'est pas une méthode d'évaluation à part entière, mais plutôt une combinaison de l'approche par les flux de trésorerie actualisés et par les comparables.

Section 2 – Évaluation selon la méthode de l'actualisation des flux de trésorerie

La méthode de l'actualisation des flux de trésorerie (*Discounted Cash Flows – DCF*) constitue la méthode fondamentale. Elle a pour objectif d'évaluer la valeur de l'actif économique, ou la valeur de marché de l'actif. Une fois la déduction faite de l'endettement net, l'évaluateur obtient la valeur de marché des capitaux propres.

La valeur d'entreprise, ou valeur de l'actif économique, est égale à la somme des flux de trésorerie actualisés au coût moyen pondéré du capital (CMPC)[41].

Principe de la méthode DCF

La méthode DCF repose sur l'idée que **la valeur d'un actif est égale à la somme actualisée de ses flux de trésorerie futurs**. Cette approche est particulièrement adaptée à l'évaluation des clubs sportifs, car elle prend en compte leur capacité à générer des revenus au fil du temps. L'actualisation des flux de trésorerie à un taux approprié reflète à la fois le risque spécifique au secteur et les coûts du capital mobilisé.

41. Voir la section 2 « Le principe d'actualisation » du chapitre 3 (Choix d'investissement) pour plus d'informations sur le calcul du CMPC.

Identification et projection des flux de trésorerie

L'évaluation d'entreprise repose sur la valorisation de son potentiel de création de valeur future. Pour faire une comparaison, un club ou une franchise sportive s'évalue en fonction de ses performances et classements futurs, et non de son palmarès passé, aussi prestigieux soit-il. L'estimation de sa valeur repose donc sur des projections financières, influencées par des hypothèses de croissance variables. Ces hypothèses différant selon les perspectives des parties prenantes, **il est essentiel de bâtir plusieurs scénarios**[42].

Les flux à considérer sont les flux de trésorerie intégrant la politique d'exploitation et la politique d'investissement. Les dépenses d'une entreprise peuvent être classées en trois catégories :

- **Les charges d'exploitation** (p. ex. : dépenses de personnel, frais d'entretien, frais généraux), qui sont censées générer des bénéfices pendant la période en cours;
- **Les dépenses d'investissement** (p. ex. : acquisition d'un terrain, d'un bâtiment et d'un équipement), qui sont censées générer des bénéfices sur plusieurs périodes;
- **Les charges financières** (p. ex. : charges d'intérêts), qui sont associées aux sources de financement.

La formule du flux de trésorerie est la suivante :

$$\text{Flux de trésorerie} = \\ \text{résultat d'exploitation} \times (1 - \text{taux}_{\text{impôt}}) + \text{amortissement} - \text{investissement net} \\ - \text{variation du fonds de roulement}$$

Dans le calcul des flux de trésorerie, on commence généralement par le **résultat d'exploitation après impôt**[43] plutôt que par le résultat net. Cette approche permet de **neutraliser les choix de financement** (intérêts sur la dette) et les décisions fiscales propres à la structure de l'entreprise.

Le **résultat d'exploitation** reflète la performance économique générée par les activités courantes, indépendamment de la manière dont l'entreprise est financée (dette ou capitaux propres). En ajustant ce résultat pour tenir compte de l'impôt, une mesure standardisée de la rentabilité opérationnelle **après impôt**, mais **avant les effets des décisions de financement**, est obtenue. Cela est particulièrement utile pour comparer des projets ou des organisations ayant des structures de capital différentes, comme des clubs publics vs privés.

L'amortissement représente la dépréciation comptable d'un actif (comme un stade ou un autobus d'équipe) répartie sur plusieurs années. Bien qu'il réduise le résultat comptable, **il ne donne lieu à aucune sortie réelle de trésorerie.** Il s'agit donc d'une charge *non décaissée*[44].

42. L'approche par actualisation des flux de trésorerie (DCF) s'avère souvent un outil efficace pour faciliter le dialogue : elle aide le vendeur à mieux accepter la valeur réelle de son actif et permet à l'acheteur d'affiner son analyse du potentiel financier du club ou de la franchise.
43. Aussi appelé *NOPAT – Net Operating Profit After Tax.*
44. Une charge non décaissée est une dépense comptabilisée dans les résultats de l'entreprise, mais qui ne donne lieu à aucune sortie réelle d'argent.

Lorsqu'on calcule le flux de trésorerie, l'objectif est de mesurer **les entrées et sorties réelles d'argent**. C'est pourquoi, après avoir calculé le résultat d'exploitation après impôt, **on rajoute l'amortissement** pour neutraliser son effet comptable. Cela permet d'obtenir une image fidèle de la capacité de l'organisation à générer des liquidités, indépendamment des règles comptables.

L'**investissement net** représente les dépenses engagées par l'entreprise pour acquérir ou renouveler des actifs nécessaires à son développement, après déduction des cessions d'actifs. Cela inclut, par exemple, la construction d'un stade, l'achat de nouvelles infrastructures d'entraînement ou encore les investissements dans les technologies de performance et d'analyse des données. L'investissement est un élément clé dans l'évaluation de la rentabilité, car il conditionne la capacité de l'entreprise à générer des revenus sur le long terme.

La **variation de fonds de roulement** correspond aux changements dans les besoins financiers liés à l'exploitation courante de l'entreprise. Elle se mesure par l'évolution des actifs courants et passifs courants, tels que les créances (revenus à recevoir des commanditaires, droits TV, billetterie) et les dettes d'exploitation (salaires des joueurs, paiements aux fournisseurs). Une variation positive du fonds de roulement signifie que l'entreprise a davantage de capitaux immobilisés dans son cycle d'exploitation, tandis qu'une variation négative indique une libération de liquidités, ce qui peut temporairement améliorer sa trésorerie.

Horizon explicite et valeur terminale

Pour construire un tableau de flux de trésorerie prévisionnels, les organisations sportives doivent élaborer des plans d'affaires couvrant plusieurs années. Ces plans traduisent leur stratégie en hypothèses financières, en tenant compte des facteurs internes (investissements, stratégie de recrutement, développement de la marque) et des conditions externes (taux de fréquentation, droits médiatiques, conjoncture économique). **Le plan d'affaires devient ainsi la base de toute évaluation rigoureuse**, car il structure les projections selon un scénario cohérent et justifié.

Dans le secteur sportif, ces plans pluriannuels sont d'autant plus importants qu'ils permettent d'intégrer la variabilité des performances sportives et leur impact sur les revenus. Par exemple, un club prévoyant une qualification en finale ou une montée de division devra modéliser les effets potentiels sur les droits de diffusion, les ventes de billets et les partenariats commerciaux. À l'inverse, un scénario plus conservateur prendra en compte les risques liés à une baisse de fréquentation ou à des résultats sportifs décevants. La construction de plusieurs plans d'affaires selon différents scénarios (optimiste, réaliste, prudent) permet de tester la robustesse du modèle financier et d'en tirer des enseignements pour la gestion stratégique.

La durée du plan prévisionnel des flux de trésorerie dépend de la capacité à anticiper l'évolution future des flux de trésorerie, c'est-à-dire de l'horizon raisonnable sur lequel il est possible de formuler des prévisions. Cet horizon est qualifié d'**horizon explicite**.

L'horizon doit correspondre à la période durant laquelle l'organisation évolue encore sur sa trajectoire actuelle. Lorsque l'horizon est trop court (p. ex. : 2 ou 3 ans), l'évaluation repose alors entièrement sur la valeur terminale, et cela risque de produire des biais importants (p. ex. : croissance excessive, oubli d'un investissement de remplacement…).

À l'opposé, un horizon trop long repose sur des extrapolations incertaines et fournit une évaluation peu pertinente. Par exemple, une évaluation réalisée en 2025 et basée sur des hypothèses de flux de trésorerie pour l'exercice 2035 n'a pas de sens logique.

En pratique, l'évaluation repose sur la prévision des flux de trésorerie actualisés sur un horizon explicite, dont la durée varie selon les industries : généralement de 5 à 7 ans pour les clubs évoluant dans des ligues à revenus volatils, tandis que les infrastructures sportives publiques peuvent s'évaluer sur des horizons de 20 à 30 ans. Au-delà de cette période, une valeur terminale est utilisée pour refléter la pérennité des revenus.

Une fois les flux de trésorerie de l'horizon explicite déterminés, il est nécessaire de calculer la valeur terminale de l'entreprise. Il s'agit de la valeur entre la date de fin de l'horizon explicite et une date indéterminée dans le futur. Bien que supposer un horizon infini puisse sembler peu réaliste, il l'est tout autant de fixer la durée de vie à 12 ans ou 23 ans. Par conséquent, **la valeur terminale la plus utilisée est celle d'un flux ayant une croissance sur une durée indéfinie** :

$$\text{Valeur terminale} = \frac{\text{Flux de trésorerie}}{\text{CMPC} - \text{taux de croissance}}$$

Le flux de trésorerie présent dans cette formule doit être un flux qui doit intégrer la croissance des revenus et de la rentabilité, la politique d'investissement et l'évolution du fonds de roulement.

L'autre élément devant être déterminé dans la formule est le taux de croissance à long terme. Ce taux correspond au taux auquel il peut être supposé que les flux de trésorerie augmentent indéfiniment au-delà de l'horizon explicite. La détermination de ce taux est essentielle, car la valeur terminale représente souvent une part significative de la valeur totale estimée.

Il n'existe pas de formule permettant de le déterminer, mais plusieurs approches permettent d'en faire une estimation. Selon l'approche macroéconomique, le taux de croissance à long terme ne devrait pas dépasser le taux de croissance de l'économie. Ainsi, pour des entreprises matures, ce taux est souvent proche de l'inflation à laquelle une croissance du marché cible est ajoutée (entre 1 et 3 % dans les économies développées). Parallèlement, l'expansion du sport professionnel vers l'Asie et le Moyen-Orient peut soutenir un taux de croissance plus élevé pour certaines ligues.

Une seconde approche, que nous pouvons qualifier de sectorielle, repose sur une analyse de la croissance historique du secteur et des perspectives à long terme. Dans le domaine sportif, l'industrie est en pleine expansion, portée par plusieurs tendances :

- Une augmentation des revenus liés aux droits de diffusion : Les contrats télévisés des grandes ligues sportives (NBA, NFL, MLB) connaissent une croissance significative, influençant directement la valorisation des clubs et franchises.
- Une augmentation des commandites et du marketing sportif : Les entreprises investissent de plus en plus dans les partenariats sportifs, soutenant la croissance des flux de trésorerie des organisations sportives.
- Une augmentation des revenus numériques et de la monétisation des supporters : Plateformes de diffusion en continu, les jetons non fongibles et engagement numérique augmentent les perspectives de croissance.
- Un essor des nouveaux sports et compétitions : Le sport électronique ou la Super League modifie le paysage économique du sport.

L'approche sectorielle nécessite toutefois de distinguer des sous-échantillons parmi les organisations sportives :

- **Clubs et franchises sportives** : La croissance suit celle de l'économie globale avec une faible prime si les revenus provenant des médias continuent d'augmenter (entre 2 % et 4 % de prime en moyenne).
- **Équipementiers** : Ils bénéficient d'une croissance plus dynamique, liée à l'évolution des tendances de consommation et à l'innovation (croissance potentielle de 4 % à 6 %).
- **Organisateurs d'événements (Jeux olympiques, Coupe du monde, Formule 1)** : La croissance dépend du cycle des grands événements et de la monétisation des audiences (3 % à 5 %).
- **Sport électronique et sports émergents** : Ils sont à forte croissance, avec des taux souvent supérieurs à 10 % à court terme, mais qui se stabilisent à long terme.

Quelle que soit l'approche retenue, le principal danger est de surestimer le taux de croissance à long terme. Une surévaluation de ce taux entraîne une altération considérable de la valeur de l'entreprise. Un taux trop optimiste gonfle artificiellement la valeur terminale et peut conduire à des décisions d'investissement erronées. Il est par conséquent essentiel d'adopter une approche prudente et réaliste en tenant compte des dynamiques du marché et des tendances économiques.

La méthode d'actualisation des flux de trésorerie, bien qu'efficace et largement utilisée, présente certaines limites qui peuvent affecter la fiabilité de ses résultats. Son application requiert donc une grande rigueur dans la sélection des hypothèses et l'analyse des résultats. La sensibilité aux paramètres choisis, la dépendance à la valeur terminale et la difficulté à établir des projections financières sur une période suffisante sont autant de défis à surmonter pour garantir une évaluation pertinente. Il est donc essentiel de compléter cette approche par d'autres méthodes d'évaluation et de mener des analyses de sensibilité afin de mieux appréhender les incertitudes associées.

Section 3 – Évaluation selon la méthode des multiples

La **méthode des multiples**, aussi appelée **méthode des comparables**[45], est l'une des approches les plus couramment utilisées en évaluation d'entreprise. Sa popularité tient à sa simplicité et à sa capacité à fournir une estimation rapide de la valeur d'une entreprise en se basant sur des comparaisons avec d'autres sociétés du même secteur.

Définition de la méthode des multiples

L'évaluation par les multiples consiste à **comparer les indicateurs financiers clés d'une entreprise avec ceux d'entreprises similaires** qui ont été récemment évaluées ou qui sont cotées en bourse. Cette méthode repose sur l'idée que des entreprises comparables, ayant des caractéristiques similaires en termes de secteur d'activité, de taille et de croissance, doivent être valorisées de manière cohérente sur la base de leurs performances financières.

45. Aussi appelée « méthode du pouce » en référence à la pratique des bûcherons pour estimer la valeur d'une forêt. Ainsi, les bûcherons utilisaient leur pouce pour estimer rapidement la taille ou l'épaisseur d'un arbre avant de le couper. Cela leur permettait de prendre des décisions rapides sans avoir à mesurer précisément le diamètre avec des instruments plus précis.

Cette approche consiste à appliquer un coefficient – appelé multiple – à un indicateur clé, comme le chiffre d'affaires, le BAIIA (bénéfice avant intérêts, impôts, dépréciation et amortissement), le résultat net ou encore les actifs.

Le choix des multiples

Il existe deux grandes catégories de multiples d'évaluation : les premiers permettent d'estimer d'abord la valeur d'entreprise et les seconds évaluent directement la valeur des capitaux propres.

Les multiples d'entreprises, aussi appelé multiples d'"actif économique, reposent sur des indicateurs comptables avant prise en compte des frais financiers. Parmi eux, le plus couramment utilisé est le multiple du résultat d'exploitation, ou BAII[46] (ou multiple d'EBIT[47] en anglais). Le multiple de BAIIA[48] (ou multiple d'EBITDA[49]) est également fréquemment employé dans l'analyse financière.

Parallèlement, les multiples qui estiment directement la valeur des capitaux propres sont basés sur des indicateurs comptables après prise en compte des frais financiers. Le plus connu est le multiple du résultat net, aussi appelé *Price Earnings Ratio* (PER). D'autres indicateurs sont également utilisés, tels que le multiple des capitaux propres, souvent désigné sous le terme *Price-to-Book Ratio* (PBR).

Les multiples de l'actif économique

L'évaluation d'une entreprise peut s'appuyer sur des multiples fondés sur la valeur de l'actif économique, également appelée valeur d'entreprise (VE). Il s'agit de la valeur totale de l'entreprise avant la répartition entre créanciers et actionnaires. Ces multiples reposent sur des indicateurs financiers qui neutralisent l'impact des charges d'intérêts, permettant ainsi une estimation indépendante des choix de financement.L'utilisation de ces multiples présente plusieurs avantages. Ainsi, ils permettent d'obtenir une estimation rapide de la valeur d'une entreprise en fonction de ses résultats opérationnels, sans qu'elle soit biaisée par des décisions de financement ou des éléments non récurrents.

Avant tout, il est nécessaire de déterminer la valeur de l'actif économique des entreprises comparables. La valeur de l'actif économique ou valeur d'entreprise (VE) est la somme de la valeur des capitaux propres et de la dette financière nette. Elle est calculée ainsi[50] :

Valeur d'entreprise = Capitalisation boursière + Endettement financier net

Dans le cas d'une entreprise non cotée, la valeur d'entreprise peut être estimée en utilisant d'autres méthodes, comme la valeur issue d'une transaction récente ou une évaluation par flux de trésorerie actualisés.

---

46. Bénéfice avant intérêts et impôts.
47. *Earnings Before Interest and Taxes.*
48. Bénéfice avant intérêts, impôts et amortissements.
49. *Earnings Before Interest, Taxes, Depreciation and Amortization.*
50. Pour une entreprise cotée en bourse, la capitalisation boursière est égale à : Capitalisation boursière = nombre d'actions en circulation × cours de l'action

Parmi les multiples de l'actif économique, le **multiple du BAII** (ou multiple d'EBIT) est l'un des plus utilisés.

$$\text{Multiple de BAII} = \frac{\text{valeur de l'actif économique}}{\text{BAII}}$$

Il permet de mesurer la valeur d'un club ou d'une entreprise sportive en fonction de sa capacité à générer des profits uniquement par son activité principale, sans être influencé par les choix de financement ou de fiscalité. Cette approche est pertinente pour comparer des organisations évoluant dans un même secteur, comme les clubs de football ou les franchises de la NBA, car elle reflète leur performance économique intrinsèque.

Un autre multiple très répandu est le **multiple de BAIIA** (ou multiple d'EBITDA) :

$$\text{Multiple de BAIIA} = \frac{\text{valeur de l'actif économique}}{\text{BAIIA}}$$

Il est particulièrement pertinent pour le secteur du sport, où les amortissements peuvent être importants en raison des investissements dans les infrastructures sportives (stades, centres d'entraînement) ou dans les contrats de joueurs. En excluant ces éléments, le BAIIA permet d'obtenir une mesure plus claire de la rentabilité opérationnelle d'un club ou d'une entreprise sportive.

Toutefois, ces multiples ont aussi leurs limites. **Un club avec un BAII ou un BAIIA élevé peut avoir des besoins d'investissements massifs** pour rester compétitif (transferts de joueurs, modernisation des infrastructures, développement du marketing). De même, le BAII et le BAIIA ne reflètent pas toujours la réalité économique des clubs endettés, où la charge de la dette peut peser significativement sur la rentabilité.

Dans le sport professionnel, ces multiples sont souvent utilisés pour valoriser les clubs en fonction de leur capacité à générer des revenus via les droits de télévision, la billetterie, les partenariats commerciaux et le marchandisage. Par exemple, les franchises de la NBA ou les clubs de Premier League sont fréquemment évalués sur la base d'un multiple de leur BAIIA, avec des écarts importants en fonction de leur notoriété, de leur popularité et de leur potentiel de croissance sur le marché global.

Exemple d'une évaluation basée sur le multiple du BAIIA

Supposons que l'on souhaite évaluer une entreprise A dans le secteur du sport, et que les entreprises comparables B, C et D ont les valeurs suivantes :

Tableau 59 Échantillon de multiples

Entreprise	Valeur d'entreprise	BAIIA
B	330 M$	30 M$
C	500 M$	50 M$
D	225 M$	25 M$

Les multiples de BAIIA des trois entreprises sont les suivants :

- Entreprise B : 330 M$ / 30 M$ = 11x
- Entreprise C : 500 M$ / 50 M$ = 10x
- Entreprise D : 225 M$ / 25 M$ = 9x

Le multiple moyen de BAIIA des comparables est : 10 x.

Si l'entreprise A a un BAIIA de 40 M$, la valeur d'entreprise est la suivante :

Valeur d'entreprise = BAIIA × multiple moyen
= 40 M$ × 10
= 400 M$

L'entreprise A est évaluée à 400 M$ en fonction du multiple de BAIIA.

Le dernier multiple couramment utilisé de l'actif économique est le **multiple du chiffre d'affaires** :

$$\text{Multiple du chiffre d'affaires} = \frac{\text{valeur de l'actif économique}}{\text{chiffre d'affaires}}$$

Ce ratio, qui compare la valeur d'entreprise (VE) au chiffre d'affaires généré par une organisation, est particulièrement pertinent dans des contextes où la rentabilité peut être variable, comme ce peut être le cas pour les clubs sportifs et les franchises. Il permet d'évaluer la capacité d'un club ou d'une entreprise sportive à générer des revenus, indépendamment de sa rentabilité actuelle. Cependant, le multiple du chiffre d'affaires a ses limites : il ne tient pas compte des coûts opérationnels ni des investissements nécessaires pour maintenir ou accroître les revenus. Ainsi, un club générant un chiffre d'affaires important, mais avec des coûts de fonctionnement élevés, pourrait être surévalué si ce multiple était le seul utilisé.

Les multiples de capitaux propres

Le premier multiple de capitaux propres utilisé dans le secteur sportif est le **multiple de résultat net** (PER – *Price Earnings Ratio*).

$$\text{Multiple du résultat net} = \frac{\text{capitalisation boursière}}{\text{résultat net}}$$

Ce ratio mesure combien de fois les investisseurs sont prêts à payer le résultat net d'une entreprise. Il est particulièrement pertinent pour évaluer les entités rentables, comme certaines entreprises du secteur des équipements sportifs (Nike, Adidas) ou des clubs cotés (Manchester United, Juventus). La principale limite de ce ratio est qu'il ne peut être utilisé que dans le cas d'entreprises rentables. Or, dans le sport, les profits peuvent être très volatils en fonction des performances sportives.

Le second multiple utilisé est le **multiple de la valeur des capitaux propres comptables** (PBR – *Price to Book Ratio*) :

$$\text{Multiple des capitaux propres comptables} = \frac{\text{capitalisation boursière}}{\text{valeur comptable des capitaux propres}}$$

Ce multiple compare la valeur de marché des capitaux propres à leur valeur comptable. Ce ratio est particulièrement pertinent dans les secteurs où les actifs physiques ont une importance comptable significative, comme les clubs sportifs propriétaires de leurs infrastructures.

Exemple : Un club qui possède un stade, un centre de formation et d'autres actifs corporels importants pourrait avoir un PBR faible si le marché ne reconnaît pas pleinement la valeur de ses actifs. À l'inverse, un club très populaire – par exemple un club historique bénéficiant d'une forte base de fans et d'un rayonnement international – pourrait afficher un PBR élevé malgré une base d'actifs physiques plus réduite.

Le troisième et dernier multiple est le **multiple de flux de trésorerie** (*Price to Cash-Flow Ratio* – P/CF) :

$$\text{Multiple de flux de trésorerie} = \frac{\text{capitalisation boursière}}{\text{flux de trésorerie d'exploitation}}$$

Ce multiple est utilisé pour évaluer la capacité d'une entité à générer des flux de trésorerie. Il est particulièrement pertinent pour les clubs ayant des flux de revenus stables (droits TV garantis, abonnements, commandites). Toutefois, le sport est un secteur où les flux de trésorerie sont souvent irréguliers (transferts de joueurs, participation aux compétitions internationales), ce qui peut fausser le multiple sur plusieurs périodes.

Exemple : une franchise NBA avec des droits TV garantis peut avoir un P/CF plus élevé qu'un club de football dont les revenus sont plus incertains en fonction de ses performances sportives.

La construction d'un échantillon de comparables

L'évaluation par la méthode des multiples repose sur la **sélection d'un échantillon de comparables pertinent**, permettant d'établir des ratios représentatifs du marché. Deux grandes approches sont utilisées pour constituer cet échantillon : les comparables boursiers et les transactions comparables. Le choix de l'une ou l'autre dépend du contexte d'évaluation et des caractéristiques de l'entreprise analysée, notamment dans le secteur du sport.

Les comparables boursiers

Les comparables boursiers sont des entreprises cotées en bourse qui présentent des caractéristiques semblables à l'entreprise à évaluer. Ces caractéristiques incluent :

- ***Le secteur d'activité*** : Un club de football sera comparé à d'autres clubs cotés (p. ex. : Manchester United, Juventus FC) ou à des entreprises opérant dans l'industrie du sport (p. ex. : équipementiers sportifs, diffuseurs de contenu sportif).
- ***La taille et la performance*** : La capitalisation boursière, le chiffre d'affaires et la rentabilité doivent être cohérents avec l'entreprise étudiée.
- ***Le modèle économique*** : Par exemple, une franchise de NBA générant l'essentiel de ses revenus via des droits TV ne peut être directement comparée à un équipementier, dont les revenus proviennent de la vente de produits.

Les multiples extraits des comparables boursiers sont ensuite appliqués à l'entreprise évaluée pour obtenir une estimation de sa valeur. Cette approche offre l'avantage de s'appuyer sur des données publiques, mais elle présente aussi des limites. En particulier, les prix des actions peuvent être influencés par des facteurs conjoncturels, comme les performances sportives récentes ou des effets de spéculation. De plus, certaines entreprises cotées peuvent avoir des niveaux d'endettement ou des structures de revenus d'entreprises à capital fermé.

Les transactions comparables

L'autre méthode consiste à analyser les transactions comparables, c'est-à-dire les acquisitions récentes d'entreprises similaires. Cette approche permet d'obtenir **une estimation de la valeur basée sur des prix réellement payés par des investisseurs**, reflétant ainsi la perception de la valeur d'un club ou d'une franchise sur le marché.

Les critères de sélection des transactions comparables incluent :

- ***Le type d'entreprise*** : Un club de football vendu récemment peut servir de référence pour l'évaluation d'un autre club, à condition que leur taille et leur marché soient comparables.
- ***La période de transaction*** : Les transactions trop anciennes peuvent être moins pertinentes si les conditions de marché ont évolué (changement des droits TV, nouvelles réglementations financières, crises économiques).
- ***Les conditions de la transaction*** : Certaines acquisitions incluent des clauses spécifiques (paiements échelonnés, prise en charge de dettes, etc.), ce qui peut fausser la comparaison si ces éléments ne sont pas ajustés.

Dans le secteur sportif, des transactions notables, comme l'acquisition du Chelsea FC par Todd Boehly ou celle des Denver Broncos par le groupe Walton, peuvent servir de références pour l'évaluation d'autres clubs ou franchises. Cette approche a l'avantage de refléter des valeurs de marché réelles, mais elle est parfois limitée par le manque de transactions récentes et la confidentialité de certaines données.

Exemple d'évaluation : Manchester United Football Club

Le club de football Manchester United, l'un des clubs les plus célèbres au monde, a fait l'objet de plusieurs évaluations et transactions au fil des années. L'un des cas les plus notables est l'acquisition du club par la famille Glazer en 2005. La méthode des multiples a été utilisée dans cette transaction pour évaluer la valeur du club.

En 2005, la famille Glazer a acquis une participation majoritaire dans Manchester United pour environ 790 millions de livres sterling (environ 1,4 milliard de dollars US à l'époque). L'évaluation du club s'est appuyée sur les multiples financiers, en particulier sur des indicateurs comme le chiffre d'affaires et le BAIIA, qui sont couramment utilisés dans l'industrie sportive.

En 2005, Manchester United avait un chiffre d'affaires annuel de l'ordre de 166 millions de livres sterling et un BAIIA d'environ 47 millions de livres sterling. En utilisant un multiple de BAIIA d'environ 15 x à 17 x, ce qui était courant dans l'industrie du sport à cette époque, la valeur d'entreprise de Manchester United a été estimée entre 700 et 800 millions de livres sterling.

Les investisseurs ont également utilisé un multiple de chiffre d'affaires dans la fourchette de 4 x à 5 x, basé sur des comparaisons avec d'autres clubs européens et des franchises sportives nord-américaines. Ce multiple a également soutenu une évaluation d'environ 750 à 800 millions de livres sterling.

Section 4 – Approche patrimoniale dans le secteur sportif : l'évaluation des actifs nets

L'approche patrimoniale repose sur le principe que **la valeur d'un actif est directement liée à la valeur de ses éléments constitutifs**, c'est-à-dire ses actifs comptables après déduction des dettes et des engagements financiers.

Dans le domaine sportif, cette méthode peut être utilisée pour estimer la valeur d'un club ou d'une franchise en se basant sur son bilan comptable. L'évaluation repose sur la somme des actifs détenus par l'entité à laquelle est soustrait le total des passifs. Les actifs incluent :

- ***Les infrastructures sportives*** : Ces actifs physiques ont une valeur marchande qui peut être évaluée en fonction de leur coût de remplacement, de leur valeur comptable nette ou de leur valeur de marché. Les infrastructures sportives sont, par exemple, les stades, les centres d'entraînement, les bureaux administratifs et les terrains.
- ***Les droits audiovisuels et commerciaux*** : Certains clubs ou ligues sportives possèdent des droits exclusifs sur la diffusion de leurs compétitions ou sur des accords de commandites, qui représentent une source de revenus importante et donc un actif évaluable.
- ***Les marques et écarts d'acquisition*** : La valeur de la marque d'un club représente un actif immatériel qui peut être évalué en fonction de son impact commercial, de son attractivité internationale et de ses revenus dérivés (partenariats, ventes de produits dérivés).
- ***Les créances et actifs financiers*** : Cette catégorie comprend les recettes différées, les investissements dans d'autres clubs ou ligues et les éventuels placements financiers.

L'approche patrimoniale a longtemps été la méthode d'évaluation la plus utilisée en raison de sa simplicité et de la difficulté de disposer d'informations financières de qualité nécessaires pour les autres techniques (flux de trésorerie actualisés, comparables). Cette méthode repose en effet sur des données comptables existantes et non sur des méthodes basées sur des projets de flux futurs.

Cette approche reste toutefois appropriée pour les clubs avec d'importants actifs physiques, notamment pour les clubs propriétaires de leurs infrastructures. De même, elle est pertinente pour les clubs ayant des actifs importants, comme des centres d'entraînement.

Malgré ces qualités, l'approche patrimoniale ne reflète pas le potentiel économique futur. Contrairement à l'approche des flux de trésorerie actualisés, elle ne prend pas en compte la capacité de l'organisation à générer des revenus futurs. Un club professionnel, qui possède peu d'actifs corporels (p. ex. : stade, centre d'entraînement), aurait une valeur faible selon cette approche, alors que sa marque et ses revenus sont élevés.

Concernant les actifs incorporels, la valeur des droits audiovisuels et des contrats de joueurs est souvent sujette à de grandes variations et n'apparaît pas de manière fiable dans les bilans comptables.

De fortes variations dans le marché des droits de diffusion

Le rapport PWC sur le secteur sportif publié en 2024 montre que les droits de diffusion sont le seul segment de revenus du sport dont la croissance est prévue en ralentissement par rapport aux années précédentes.

Toutefois, une croissance appréciable devrait être alimentée par le sport féminin.

- 85 % des experts prévoient une croissance à deux chiffres des revenus du sport féminin au cours des 3 à 5 prochaines années.
- Parallèlement, une augmentation annuelle de 39 % du suivi des sports féminins sur les réseaux sociaux est constatée.

La structure de la clientèle est également en mouvement :

- Les 16-24 ans regardent majoritairement le sport en ligne, alors que 50 % des 55-64 ans privilégient encore la télévision linéaire.
- Les jeunes générations (16-34 ans) sont plus disposées à payer pour accéder aux contenus sportifs que les plus âgés.
- Le nombre moyen d'abonnements aux plateformes sportives payantes est plus élevé chez les 16-24 ans (1,9 abonnement par personne) que chez les 55-64 ans (1,4 abonnement).

Source : *PwC Global Sports Survey 2024*

En conclusion, l'approche patrimoniale reste une méthode utile pour obtenir une base d'évaluation des actifs sportifs, notamment dans un contexte de transaction ou de redressement financier. Toutefois, elle doit être complétée par d'autres méthodes pour refléter plus fidèlement la réalité économique d'un club, son potentiel de croissance et sa position sur le marché.

Tableau 60 Comparaison des différentes méthodes d'évaluation

Méthode d'évaluation	Avantages	Inconvénients	Adaptation au secteur sportif
Patrimoniale	Simple, basée sur des données comptables.	Ne reflète pas la rentabilité future, influencée par la dette.	Adaptée aux clubs avec beaucoup d'actifs tangibles (p. ex. : clubs propriétaires de leur stade).
Flux de trésorerie actualisés (DCF)	Intègre la rentabilité future et la croissance.	Dépend de nombreuses hypothèses et est sensible aux variations des revenus.	Utile pour les clubs avec des revenus stables et prévisibles.
Multiples (BAIIA, chiffre d'affaires)	Comparaison rapide avec d'autres clubs.	Peut être biaisée par des différences de marché et de structure financière.	Méthode fréquemment utilisée dans l'achat-vente de clubs.

Exemple – Club de Football Montérégie (CFM)

En janvier 2025, le Club de Football Montérégie (CFM)[51], une équipe évoluant en deuxième division canadienne, se retrouve au centre des discussions. Un groupe d'investisseurs étrangers manifeste un intérêt pour le rachat du club. Toutefois, une divergence d'opinions apparaît : alors que les propriétaires actuels estiment la valeur du club à 40 M$, les acheteurs trouvent ce montant trop élevé et insistent pour utiliser une approche patrimoniale afin d'évaluer le club de manière plus prudente.

Le club possède des actifs importants, mais génère peu de revenus nets en raison de sa faible exposition médiatique et de l'absence de compétitions internationales.

Tableau 61 Données comptables du club (au 31 décembre 2024)

Catégorie d'actifs	Valeur estimée (en M$)	Catégorie de passifs	Montant (en M$)
Stade (propriété du club)	25	Emprunt pour le stade	10
Centre d'entraînement	5	Dettes fournisseurs	3
Bureaux administratifs	2	Salaires impayés	2
Droits audiovisuels et commandites	3	Autres dettes	2
Marque et *écart d'acquisition*	4	**Total des passifs**	**17**
Créances clients	1		
Placements financiers	2		
Total des actifs	**42**		

L'approche patrimoniale consiste à soustraire le total des passifs du total des actifs :

Valeur patrimoniale = total des actifs – total des passifs = 42 – 17 = 25 millions $

Bien que l'approche patrimoniale donne une estimation de 25 M$, elle ne reflète pas pleinement la dynamique économique du club. Les investisseurs devraient compléter cette analyse par une évaluation basée sur les revenus futurs et la valeur de la marque. Un compromis pourrait être trouvé en intégrant une pondération entre la valeur patrimoniale et une approche par multiples de revenus.

Section 5 – Le sport et les marchés financiers

L'entrée du sport sur les marchés financiers

Les marchés financiers jouent un rôle croissant dans l'univers du sport, influençant directement la valorisation des clubs, des ligues et des infrastructures sportives. L'accès aux capitaux via la cotation en bourse, l'émission d'obligations ou l'investissement de fonds privés permet aux entités sportives de financer leur croissance, mais expose également leurs valorisations aux dynamiques des marchés financiers.

51. Le Club de Football Montérégie est un cas fictif.

L'évaluation d'un club sportif sur les marchés financiers repose sur des méthodes comparables à celles utilisées pour les entreprises cotées, notamment l'analyse des cours boursiers, l'émission d'obligations et la prise en compte des investissements en capital-investissement.

Les clubs cotés en bourse

Certains clubs de football ont choisi d'entrer en bourse afin de diversifier leurs sources de financement et d'attirer de nouveaux investisseurs. Parmi les exemples les plus connus, on retrouve Manchester United (NYSE : MANU), la Juventus (BIT : JUVE) et l'AS Roma (BIT : ASR).

L'évaluation de ces clubs suit les principes classiques des marchés financiers, notamment l'analyse des multiples boursiers :

- *Capitalisation boursière* : La valeur totale des actions en circulation, qui donne une première estimation de la valorisation d'un club.
- *PER (Price Earnings Ratio)* : Ce ratio compare le prix d'une action au bénéfice net par action. Un PER élevé peut traduire des attentes de croissance importantes ou une valorisation excessive.
- *PBR (Price-to-Book Ratio)* : Il compare la valeur de marché des capitaux propres à leur valeur comptable. Dans le sport, la valeur de la marque et les droits de diffusion peuvent influencer ce ratio.
- *Multiple de BAIIA* : Le ratio valeur d'entreprise sur BAIIA est souvent utilisé pour comparer la performance d'un club par rapport à ses pairs.

L'avantage de la cotation en bourse est qu'elle offre une liquidité aux actionnaires et permet de lever des capitaux de manière plus transparente. Toutefois, elle entraîne également une volatilité accrue, car la valorisation d'un club devient dépendante des performances sportives et de la confiance des investisseurs.

Les obligations sportives : lever des fonds d'investissement

Outre l'introduction en bourse, certains clubs et franchises émettent des obligations pour financer leurs infrastructures ou leurs opérations. Ces obligations permettent aux investisseurs d'acheter de la dette et de percevoir des intérêts réguliers.

Des clubs comme le FC Barcelone ont utilisé ce mécanisme pour refinancer leur dette et financer des projets comme la rénovation du Camp Nou. Ces obligations sont souvent garanties par les revenus futurs du club, notamment les droits télévisés ou les revenus de billetterie.

L'évaluation des clubs au moyen des obligations repose sur des critères de solvabilité :

- *Taux d'intérêt des obligations* : Plus le risque perçu par les investisseurs est élevé, plus le taux d'intérêt sera important.
- *Capacité de remboursement* : Elle dépend des flux de trésorerie futurs du club et de la stabilité des revenus.
- *Notation de crédit* : Les agences de notation peuvent évaluer le risque des obligations d'un club, influençant ainsi la perception du marché.

Le rôle du capital-investissement et des fonds souverains

Le sport est devenu un secteur d'investissement privilégié pour les fonds de capital-investissement et les fonds souverains. Ces investisseurs visent souvent des rendements à long terme en s'appuyant sur la valorisation croissante des droits médiatiques et de la popularité mondiale des compétitions sportives.

Des firmes comme Silver Lake ont investi 500 millions de dollars dans City Football Group en 2019, tandis que RedBird Capital a acquis une participation de 1,2 milliard d'euros dans l'AC Milan en 2022. Ces investisseurs adoptent des approches d'évaluation spécifiques, prenant en compte :

- *L'appréciation des actifs* : La valeur d'un club peut croître grâce à l'augmentation des droits télévisés et des revenus commerciaux.
- *L'optimisation des coûts* : Une gestion efficace peut améliorer la rentabilité et maximiser la valeur du club.
- *L'expansion commerciale* : Le développement international (notamment en Asie et aux États-Unis) est un facteur clé d'appréciation de la valeur.

Limites et risques de l'évaluation par les marchés financiers

L'évaluation des clubs sportifs par les marchés financiers présente plusieurs défis et risques, notamment :

- *Volatilité des performances sportives* : Les résultats sur le terrain influencent directement la valorisation des clubs. Par exemple, le Sevilla FC a connu une dévaluation importante, passant de 418 millions d'euros à environ 181 millions d'euros. Cette chute est attribuée à la vente de joueurs clés et à des performances sportives décevantes.
- *Dépendance aux droits télévisés* : Les revenus des droits de diffusion constituent une part substantielle du budget des clubs. En France, la Ligue 1 a récemment fait face à une crise lorsque DAZN, l'un des diffuseurs, a bloqué la moitié du paiement mensuel et intenté une action en justice contre la Ligue de Football Professionnel (LFP) pour 573 millions d'euros, alléguant des « falsifications frauduleuses » et un « manquement » contractuel. Cette situation a contraint la LFP à avancer des fonds aux clubs pour éviter une crise financière majeure.
- *Risques de surendettement* : Les clubs qui s'endettent excessivement pour financer leurs opérations ou leurs infrastructures s'exposent à des sanctions financières. Le club de soccer français Olympique Lyonnais, par exemple, a été sanctionné par la Direction nationale du contrôle de gestion (DNCG) en raison d'une dette de 505 millions d'euros. Les sanctions incluent une restriction de la masse salariale et une interdiction de recrutement lors du mercato hivernal, avec une menace de relégation en fin de saison si la situation financière ne s'améliore pas.

Section 6 – Évaluation des clubs et joueurs professionnels

L'évaluation d'une équipe sportive ne se limite pas uniquement à ses performances sur le terrain ni au nombre de trophées remportés. Elle repose sur une analyse financière rigoureuse qui prend en compte des éléments comptables et économiques fondamentaux. Déterminer la valeur d'un club ou d'une franchise implique d'évaluer ses flux de trésorerie actuels et futurs, sa capacité à générer des revenus stables, ainsi que les investissements nécessaires à son bon fonctionnement.

De plus, la question du financement public dans le sport fait régulièrement débat. De nombreux projets d'infrastructures sportives mobilisent des fonds publics, ce qui pose la question des retombées économiques et du rendement de l'investissement pour la collectivité. L'exemple du possible retour d'une équipe de baseball à Montréal illustre bien cette problématique et met en lumière les défis liés à l'évaluation d'un tel projet.

Évaluation des marques de clubs de soccer européens

La valeur d'un club de soccer ne dépend pas uniquement de ses résultats sportifs. Sa marque, son attractivité commerciale et sa base de supporters jouent un rôle clé dans son évaluation. Le tableau ci-dessous présente la valorisation des principales marques de clubs européens, soulignant l'incidence des droits TV, des commandites et de la popularité mondiale sur leur valeur.

Tableau 62 Évaluation de marques de clubs de soccer européens (en millions de dollars)

Rang	Équipe	2023	2022
1	Manchester City FC	1 562	1 539
2	Real Madrid CF	1 513	1 768
3	FC Barcelona	1 425	1 536
4	Manchester United FC	1 412	1 450
5	Liverpool FC	1 411	1 475
6	Paris Saint-Germain	1 174	1 191
7	FC Bayern Munich	1 140	1 286
8	Arsenal FC	940	919
9	Tottenham Hotspur FC	931	1 012
10	Chelsea FC	893	991

Source : *Brand Finance Football*

Valorisation des franchises sportives américaines

Si les clubs européens sont évalués en fonction de leur notoriété et de leurs revenus commerciaux, les franchises nord-américaines bénéficient d'un modèle économique distinct. En Amérique du Nord, les ligues fermées et les accords de partage des revenus assurent une stabilité financière aux équipes, ce qui contribue à leur valorisation croissante.

Figure 5 Taux de croissance de la valeur des franchises sportives américaines

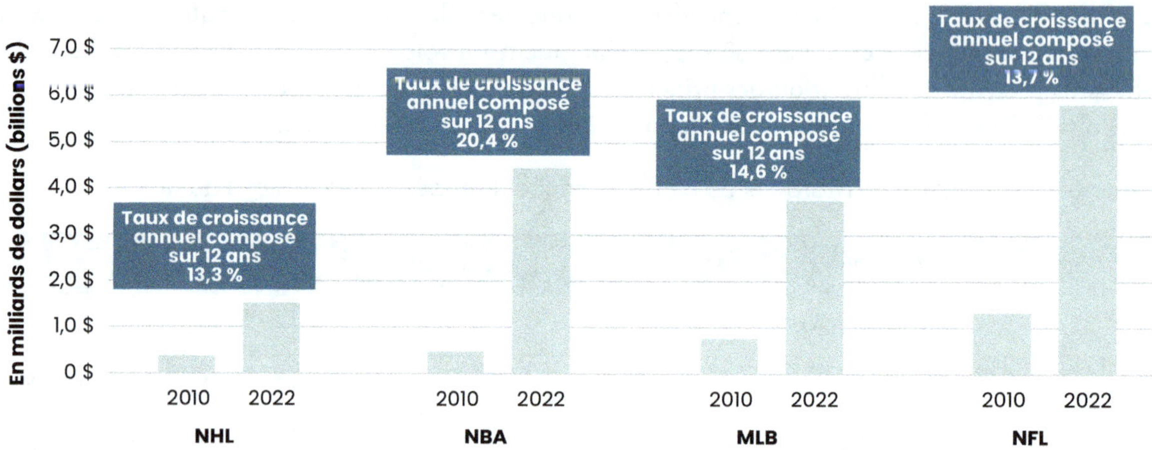

Source : *CBV Insights – Valuation of sports teams and franchises (juillet 2023)*

Exemple du retour d'une équipe de baseball à Montréal

Une étude d'EY[52] a analysé les conséquences financières potentielles du retour d'une équipe de baseball à Montréal. Selon le rapport, sur le total des coûts du projet (1,025 milliard de dollars), 67 % (690 millions de dollars) auraient pu être financés par le groupe propriétaire de l'équipe, alors que le financement public se serait établi à 33 % (335 millions de dollars).

En matière de revenus, les coûts de construction revenant au gouvernement provincial auraient été récupérés grâce aux prélèvements d'impôts directs effectués pendant la phase de construction (55,6 millions de dollars) puis au cours de chacune des années d'exploitation (23 millions de dollars).

Parallèlement, le gouvernement aurait perçu des recettes fiscales annuelles générées par les ventes réalisées dans le cadre des activités tenues dans l'enceinte du stade (18 millions de dollars) et aux impôts perçus sur les salaires des joueurs (10 millions de dollars).

52. EY, « Étude de faisabilité du projet de retour d'une équipe de la ligue majeure de baseball à Montréal » – Présentation à la Chambre de commerce du Montréal métropolitain, 12 décembre 2013.

Valorisation des clubs de la Major League Soccer

Avec l'essor du soccer en Amérique du Nord, les franchises de la MLS bénéficient d'une valorisation croissante. Cet intérêt est notamment porté par l'arrivée de joueurs vedettes comme Lionel Messi à l'Inter Miami, qui a fait exploser les ventes de billets et les abonnements TV. Le modèle économique des clubs nord-américains, qui repose sur un système de ligue fermée et des revenus partagés, favorise aussi cette stabilité financière.

Tableau 63 Valeur des 10 principaux clubs de la ligue de soccer MLS en 2025

Rang	Équipe	Valeur du club (en M$)	Chiffre d'affaires (en M$)	Résultat d'exploitation (en M$)	Variation 1 an
1	Los Angeles FC	1 250	150	12	4,0 %
2	Inter Miami CF	1 200	180	50	17 %
3	LA Galaxy	1 000	102	2	5,0 %
4	Atlanta United	975	105	10	8,0 %
5	New York City FC	875	78	(8)	3,0 %
6	Austin FC	825	90	(4)	10,0 %
7	Seattle Sounders FC	800	83	2	2,0 %
8	D.C. United	785	90	10	1,0 %
9	Columbus Crew	735	74	(10)	10,0 %
10	FC Cincinnati	730	76	3	12,0 %

Source : Sportico[53]

Selon Sportico, afin d'évaluer un club de soccer, il faut additionner la valeur de l'équipe sportive et celle de l'activité commerciale et immobilière. La valeur de l'équipe sportive inclut les revenus locaux et nationaux auxquels est appliqué un multiplicateur spécifique à l'équipe. Parallèlement, la valeur des activités commerciale et immobilière est établie à partir des biens immobiliers, des installations d'entraînement et des autres activités dérivées.

Les valorisations des clubs et des franchises sportives continueront probablement à croître sous l'effet de la globalisation du sport, de l'essor du numérique (jetons non fongibles) et des nouveaux modes de consommation du spectacle sportif. Toutefois, la volatilité des revenus et la dépendance aux contrats de diffusion restent des risques majeurs.

Évaluation des joueurs et contrats

L'évaluation des joueurs repose sur plusieurs critères financiers et sportifs. L'Observatoire du football CIES a développé un modèle d'évaluation de la valeur de transfert des joueurs basé sur des facteurs individuels (âge, performances, statut international), des facteurs de club (niveau sportif et financier

53. *MLS Team Values Ranking List* – Sportico.com

du club) et des facteurs contextuels (inflation et tendances du marché). Par exemple, Kylian Mbappé a vu sa valeur de transfert dépasser 200 millions d'euros en raison de son jeune âge, de ses performances en Ligue des Champions et de son attractivité commerciale pour les commanditaires.

Évaluation de la valeur de transfert des joueurs de soccer

L'Observatoire du football CIES a élaboré un modèle statistique pour évaluer la valeur de transfert des joueurs des cinq grands championnats européens. Ce modèle prend en compte plusieurs variables classées en trois catégories :

- *Variables relatives aux joueurs* : durée du contrat restante, âge, statut international, progression de carrière, performances en club et en équipe nationale (minutes de jeu, buts...);
- *Variables relatives aux clubs* : niveau sportif (résultat du club, niveau de la ligue d'appartenance), niveau économique (niveau des dépenses pour l'acquisition de joueurs par rapport aux autres clubs de la ligue);
- *Variable économique* : niveau d'inflation.

Ce modèle a démontré une corrélation supérieure à 80 % entre les sommes estimées et les sommes réellement payées lors des transferts. Le niveau élevé de cette corrélation indique une forte capacité explicative des variables considérées.

Source : Rapport mensuel de l'Observatoire du football CIES, « Évaluation scientifique de la valeur de transfert des joueurs de football », n° 53, mars 2020.

Une analyse de l'*International Journal of Sport Finance* (2024) a démontré qu'un joueur atteint généralement sa valeur maximale entre 23 et 28 ans, tandis que les performances individuelles influencent directement son prix sur le marché des transferts.

Évaluation d'un joueur de soccer en Italie

Valeur de marché des joueurs en fonction de l'âge : La relation en U inversé montre un pic de valeur entre 23 et 28 ans, ce qui pourrait être utilisé pour analyser la valorisation des joueurs à différentes étapes de leur carrière.

Incidence des performances individuelles : Les minutes jouées, les buts marqués et les passes décisives augmentent la valeur d'un joueur, reflétant l'importance des performances sportives dans la valorisation financière.

Effet de la stabilité financière des clubs : Les joueurs appartenant à des clubs financièrement solides ont des valeurs de marché plus élevées, ce qui souligne le lien entre la santé financière des organisations sportives et la valorisation de leurs actifs (joueurs).

Di Domizio, M., Caruso, R. et Frick, B. (2024). The Appraisal of Players' Transfer Market Values : Empirical Evidence From Italian Serie A. International Journal of Sport Finance, 19, 39-51.

Partie 3

Gestion des coûts et prise de décision

Dans un monde où le succès sportif se mesure autant sur le terrain qu'en dehors, la comptabilité de gestion devient un outil stratégique incontournable. Au cœur de la gestion financière des structures sportives, elle assure la santé financière et la performance optimale des organisations dans un environnement complexe et dynamique.

Historiquement perçue comme un simple outil administratif, la comptabilité de gestion s'est transformée en un levier stratégique. Elle joue un rôle clé dans l'analyse, la planification et le suivi des performances financières, tout en s'adaptant aux spécificités uniques du secteur sportif.

Le contrôleur de gestion est un véritable copilote pour les dirigeants des organisations sportives. Sa mission ne se limite pas à fournir des chiffres : il anticipe les risques, identifie les occasions favorables et propose des stratégies pour garantir l'atteinte des objectifs opérationnels et stratégiques. Qu'il s'agisse de l'élaboration des budgets, du suivi des performances ou de l'analyse des écarts, ses outils et méthodes sont constamment mis à l'épreuve par les particularités du secteur.

Les activités sportives, souvent marquées par une forte saisonnalité et des incertitudes liées aux performances, imposent des défis uniques. Par exemple, les fluctuations de revenus de billetterie, de marchandisage et de droits de diffusion peuvent découler directement des résultats sportifs. Une relégation inattendue d'un club ou la blessure d'un athlète vedette peuvent entraîner des répercussions financières considérables.

De plus, les organisations sportives interagissent avec un large éventail de parties prenantes : commanditaires, supporters, agents sportifs, médias, institutions publiques et même les athlètes eux-mêmes. Ces interactions exigent une gestion rigoureuse, souvent amplifiée par des enjeux de durabilité et de responsabilité sociale, qui sont devenus incontournables dans le sport moderne.

Cette partie explore en profondeur les principes et outils de la comptabilité de gestion dans le secteur sportif. Elle vise à fournir aux lecteurs des clés pour comprendre comment cette discipline permet de naviguer dans un environnement incertain, tout en soutenant une performance durable et stratégique.

Chapitre 5

Fondamentaux de la comptabilité de gestion

La comptabilité de gestion occupe une place centrale dans la prise de décisions stratégiques et opérationnelles des organisations. Contrairement à la comptabilité financière, destinée aux parties prenantes externes comme les investisseurs ou les régulateurs, la comptabilité de gestion vise à fournir des informations détaillées et adaptées aux besoins internes des gestionnaires. Ces données sont essentielles pour comprendre les performances de l'organisation, planifier l'avenir et répondre aux défis complexes du marché.

Dans ce chapitre, les principes fondamentaux de la comptabilité de gestion et leur application concrète, en particulier dans des contextes sportifs et événementiels, seront présentés. De la classification des coûts à l'analyse des écarts, chaque section a pour objectif de démystifier les concepts clés et de montrer leur pertinence pour des décisions éclairées. Par exemple, les organisations sportives utilisent ces outils pour optimiser leurs ressources, évaluer leurs activités et s'assurer de leur viabilité financière.

À travers des exemples concrets, des exercices pratiques et une exploration approfondie des méthodes comme le coût complet, le coût variable et la méthode ABC (*Activity Based Costing*), ce chapitre fournit les outils pour comprendre comment la comptabilité de gestion peut transformer les données brutes en informations stratégiques.

Section 1 – Introduction à la comptabilité de gestion

Définition et objectifs

La comptabilité de gestion est une branche de la comptabilité axée sur la mesure, l'analyse et la reddition de comptes des informations financières et non financières. Son objectif principal est d'aider les gestionnaires à prendre des décisions éclairées pour atteindre les objectifs stratégiques et opérationnels de l'organisation. Contrairement à la comptabilité financière, qui produit des rapports destinés à des parties externes, la comptabilité de gestion se concentre sur les besoins internes des décideurs.

Objectifs de la comptabilité de gestion

- **Aider à la prise de décision** : La comptabilité de gestion fournit des données détaillées sur les coûts, les performances et les marges, indispensables pour les décisions quotidiennes. Par exemple, dans un club sportif, ces données permettent de fixer les prix des billets, de négocier les contrats des joueurs ou d'évaluer l'occasion d'un investissement.
- **Planification et budgétisation** : Les informations issues de la comptabilité de gestion facilitent la préparation de budgets reflétant les objectifs à court et à long terme. Par exemple, une organisation sportive peut planifier ses revenus et dépenses pour prévoir les flux de trésorerie et optimiser l'allocation des ressources.

- **Contrôle et évaluation des performances** : En établissant des standards de performance, la comptabilité de gestion permet de contrôler les résultats réels et de les comparer aux prévisions budgétaires. Les gestionnaires peuvent ainsi identifier les écarts, analyser leurs causes et appliquer des mesures correctives. Par exemple, un club peut ajuster ses stratégies marketing en fonction du coût d'acquisition de nouveaux membres.
- **Amélioration continue** : En offrant une analyse régulière des coûts et des performances, la comptabilité de gestion encourage la recherche constante d'efficacité. Dans un contexte sportif, cela pourrait inclure la réduction des coûts, l'augmentation des revenus et l'amélioration de la satisfaction des supporters.

Différences avec la comptabilité financière

Bien que la comptabilité de gestion et la comptabilité financière soient complémentaires, leurs objectifs et usages diffèrent fondamentalement, comme l'indique le tableau ci-dessous :

Tableau 64 Différences entre la comptabilité financière et la comptabilité de gestion

Caractéristiques	Comptabilité de gestion	Comptabilité financière
Public cible	Gestionnaires internes	Parties prenantes externes (investisseurs, créanciers)
Objectif principal	Aider à la prise de décision et à la gestion interne	Informer sur la santé financière de l'organisation
Fréquence des rapports	Variable (quotidienne, hebdomadaire, mensuelle)	Fixe (trimestrielle, annuelle)
Type d'information	Adaptée aux besoins internes, souvent non standardisée	Normalisée selon des règles comptables
Focalisation	Coûts et performances	Performance financière

La reddition de comptes : qui, quand, comment ?

La reddition de comptes : qui ?

La comptabilité de gestion est orientée vers les gestionnaires internes. Dans un club sportif par exemple, un directeur financier peut s'en servir pour décider de l'embauche d'un nouveau joueur ou d'une réduction des coûts dans certaines activités. En revanche, la comptabilité financière cible les parties prenantes externes, comme les investisseurs ou les organismes de régulation.

La reddition de comptes : quand ?

La fréquence des rapports varie selon les besoins. En comptabilité de gestion, ils peuvent être rédigés quotidiennement ou hebdomadairement pour surveiller les activités courantes, par exemple les coûts des matchs hebdomadaires dans un club sportif. Les rapports financiers, quant à eux, respectent un calendrier fixé (trimestres, fin d'année) pour répondre aux obligations fiscales et réglementaires.

La reddition de comptes : comment ?

Les rapports en comptabilité de gestion sont personnalisés et adaptés aux besoins spécifiques des décideurs : budgets, analyses de rentabilité, prévisions financières, etc. Ces rapports sont souvent ad hoc et flexibles. À l'inverse, la comptabilité financière produit des rapports formels, comme le bilan ou l'état des résultats, qui suivent des normes comptables strictes.

Section 2 – Coûts : concepts et classifications

Classer les coûts est une étape essentielle en comptabilité de gestion, car cela fournit une base solide pour analyser les performances, planifier les activités et prendre des décisions éclairées. Une classification claire aide à distinguer les différents types de coûts selon leur nature et leur comportement, ce qui est crucial pour optimiser la gestion des ressources et améliorer la rentabilité.

Que ce soit pour prévoir les dépenses, évaluer les écarts ou allouer les ressources, une bonne compréhension des coûts est un outil indispensable pour les gestionnaires. Cette section explore les principaux concepts et classifications des coûts, en illustrant leur pertinence dans la prise de décision et le contrôle des performances.

Les coûts fixes et variables

Les **coûts fixes** sont des charges qui restent constantes sur une période donnée, indépendamment du niveau de vente ou de production. Par exemple, dans un club sportif, le loyer d'un stade ou d'un centre d'entraînement ou les salaires des employés administratifs font partie des coûts fixes. Ces charges permettent de maintenir les opérations courantes, quel que soit le nombre de matchs ou d'activités organisées.

En revanche, les **coûts variables** augmentent ou diminuent en fonction du volume d'activité. Dans un club sportif, les dépenses pour les repas des joueurs, les coûts de transport pour les déplacements d'équipe, ou encore les frais liés aux billets d'entrée (impression, marketing). Ces coûts fluctuent directement avec le nombre de matchs, de participants ou de spectateurs.

Cas du Club FC Nova

Le Club FC Nova[54], évoluant en deuxième division européenne, a rencontré des difficultés financières après une montée en première division. Son budget a doublé en raison de l'augmentation des salaires des joueurs et des frais de déplacement, mais les revenus de billetterie et de droits TV n'ont pas suivi la même progression.

Poste	Avant la montée *(en euros)*	Après la montée *(en euros)*	Évolution
Masse salariale	8 millions	22 millions	+ 175 %
Déplacements	1,5 million	3,5 millions	+ 133 %
Équipements et infrastructures	2 millions	4,5 millions	+ 125 %

La direction doit donc réduire les coûts sans compromettre la compétitivité de l'équipe.

Dans un tel contexte, les stratégies qui sont mises en place pour réduire les coûts et assurer la pérennité financière sont les suivantes :

- *Une réduction de la masse salariale* : promotion dans l'équipe de jeunes joueurs du centre de formation, non-renouvellement des contrats des joueurs en fin de contrat, prime à la performance en remplacement de salaires fixes élevés;
- *Une optimisation des déplacements* : remplacement des vols privés par des vols commerciaux, partenariat avec une chaîne d'hôtels pour obtenir des tarifs réduits;
- *Une renégociation des contrats avec les fournisseurs* : mutualisation du stade d'entraînement avec un autre club, passage d'un équipementier spécialisé à un contrat avec un commanditaire équipementier.

Les coûts directs et indirects

Les **coûts directs** sont facilement attribuables à un produit, à un service ou à une activité spécifique. Par exemple, dans un club de football, les salaires des joueurs et des entraîneurs, les dépenses pour l'entretien du terrain avant un match ou les coûts des uniformes sont des coûts directs associés à l'équipe première.

Les **coûts indirects**, en revanche, ne peuvent pas être directement reliés à une activité spécifique. Dans un club sportif, il s'agit des frais d'électricité pour les bureaux administratifs, des coûts de maintenance des infrastructures sportives ou encore des dépenses pour le service marketing qui soutient l'ensemble du club.

54. Le Club FC Nova est un cas fictif.

La gestion des coûts indirects est souvent un défi majeur, notamment pour les organisations sportives, en raison de leur complexité structurelle et de la variabilité des activités. Les principaux défis sont les suivants :

- **Complexité organisationnelle** : Les multiples activités (équipes professionnelles, événements, académies de jeunes) rendent difficile l'allocation précise des coûts. Par exemple, il est difficile de décider quelle part des coûts de maintenance d'un stade doit être imputée à l'équipe première par rapport à l'académie des jeunes.
- **Variabilité saisonnière** : Les activités sportives fluctuent selon les saisons. Par exemple, les coûts d'énergie peuvent augmenter en hiver pour chauffer les installations ou diminuer pendant les périodes creuses sans événements majeurs.
- **Acceptation et équité** : Les parties prenantes internes peuvent percevoir les répartitions comme injustes. Par exemple, les équipes de jeunes pourraient contester une allocation élevée des coûts de maintenance du stade principal.

Les coûts standards

Les **coûts standards** sont des coûts prédéterminés pour la fabrication d'un produit ou la fourniture d'un service. Ils sont calculés à l'avance en se basant sur des analyses techniques, des prévisions et des données historiques. Dans le secteur sportif, les coûts standards peuvent inclure, par exemple, le coût estimé pour organiser un match, intégrant les frais de personnel, l'entretien des infrastructures, la sécurité et les services aux spectateurs.

Contrairement aux coûts historiques, qui représentent les dépenses réellement engagées après l'exécution d'une activité, les coûts standards jouent un rôle prospectif. Ils servent de référence pour fixer des objectifs financiers et opérationnels, et pour comparer les performances réelles aux attentes préétablies.

Dans le domaine sportif, les coûts standards sont très utilisés pour planifier les événements, contrôler les performances et optimiser les ressources :

- **Organisation d'un match** : Le coût standard peut inclure des éléments comme 10 000 $ pour le personnel, 5 000 $ pour la sécurité et 2 000 $ pour l'entretien des installations, pour un total de 17 000 $. Si les coûts réels atteignent 18 000 $, un écart de 1 000 $ devra être analysé pour identifier les imprévus ou les inefficacités.
- **Gestion des entraînements** : Les coûts standards peuvent inclure les dépenses pour les équipements, l'entretien des terrains et la rémunération des entraîneurs. Ces éléments permettent de prévoir les ressources nécessaires et d'évaluer la rentabilité des activités sportives.
- **Tournois et événements** : Pour un tournoi, le coût standard pourrait être établi en fonction du nombre de participants prévus. Si un écart survient entre les coûts standards et réels, cela peut impliquer des problèmes de logistique ou une sous-estimation des besoins.

Comparer les coûts standards aux coûts réels permet aux gestionnaires de mesurer la performance financière et opérationnelle de leurs activités. Les écarts identifiés jouent un rôle clé dans le processus d'amélioration continue :

- **Analyse des écarts** : Si un écart est constaté, il peut provenir d'imprévus, comme des augmentations de salaire ou des coûts liés à des conditions climatiques imprévues pour un événement en plein air.

- **Identification des sources d'inefficacités** : Un coût réel plus élevé que le coût standard pour l'entretien peut révéler des processus déficients ou un manque de contrôle sur les ressources.
- **Prise de décision corrective** : Les écarts permettent d'ajuster les stratégies budgétaires, comme réévaluer les coûts standards ou optimiser les opérations.

Finalement, les coûts standards sont bien plus qu'un outil comptable : ils constituent **un levier stratégique** pour améliorer la gestion financière et opérationnelle des organisations sportives. Une utilisation efficace de ces coûts par les clubs et les équipes peut optimiser à la fois leurs ressources et renforcer leur durabilité.

Les coûts standards d'une équipe universitaire de volleyball

Pamela est gestionnaire financière d'une équipe universitaire de volleyball. Elle a établi les coûts standards suivants pour l'organisation d'un match à domicile :

- Coût standard par billet vendu : 25 $ (incluant la sécurité, le nettoyage, l'entretien et les services aux spectateurs).
- Coût standard pour la restauration par match : 12 000 $ (fournitures alimentaires, personnel de restauration, équipements).
- Coût standard pour le personnel (hors joueurs et entraîneurs) par match : 7 000 $ (salaires pour le personnel de sécurité, d'entretien et d'accueil).

Informations sur le dernier match

Lors du dernier match, les informations suivantes ont été enregistrées :

- Billets vendus : 1 500
- Coût réel pour la restauration : 14 500 $ (Une estimation initiale erronée de la quantité de nourriture et de boissons nécessaires a entraîné des achats supplémentaires.)
- Coût réel pour le personnel : 8 500 $ (Les membres du personnel ont travaillé au-delà de leurs heures prévues, et des heures supplémentaires ont dû être payées.)

Questions

1. Calculer le coût standard total pour l'organisation du match.
2. Déterminer le coût réel total engagé pour le match.
3. Identifier et calculer les écarts pour la restauration et le personnel par rapport aux calculs standards.

Éléments de correction

1. Calculer le coût standard total pour l'organisation du match

› Coût des billets : 25 $ × 1 500 = 37 500 $

› Coût de la restauration : 12 000 $ (standard fixe)

› Coût réel pour le personnel : 7 000 $

› Total : 37 500 $ + 12 000 $ + 7 000 $ = 56 500 $

2. *Calcul du coût réel total*

- Coût des billets : 25 $ × 1 500 = 37 500 $
- Coût réel pour la restauration : 14 500 $
- Coût réel pour le personnel : 8 500 $
- Total : 37 500 $ + 14 500 $ + 8 500 $ = 60 500 $

3. *Calcul des écarts*

- Restauration : coût standard – coût réel = 12 000 $ – 14 500 $ = – 2 500 $
- Personnel : coût standard – coût réel = 7 000 $ – 8 500 $ = – 1 500 $

Conclusion

L'équipe a dépensé plus que prévu pour la restauration et le personnel, comme le révèlent les écarts calculés. Cet exercice souligne l'importance de suivre et d'ajuster les coûts standards pour refléter les conditions réelles et maintenir une gestion financière équilibrée.

Les coûts contrôlables

Les **coûts contrôlables** sont les coûts sur lesquels le gestionnaire peut avoir une influence ou décider directement. Ces coûts dépendent des choix stratégiques ou opérationnels. Qu'ils soient fixes ou variables, ces coûts peuvent être négociés avec les fournisseurs.

Les coûts contrôlables dans le domaine du sport sont ceux sur lesquels les gestionnaires peuvent exercer une influence directe à court terme. Ils peuvent comprendre les éléments suivants :

- **Gestion des équipements sportifs** : Achat de matériel (ballons, raquettes…), entretien et remplacement des équipements, personnalisation des uniformes ou des équipements aux couleurs de l'équipe;
- **Organisation des événements sportifs** : Location de terrains ou de salles pour l'entraînement ou les compétitions, coûts de sécurité (personnel de sécurité, agents pour les événements), équipements audiovisuels pour les retransmissions ou animations;
- **Salaires et primes variables** : Salaires (entraîneurs, préparateurs physiques, kinésithérapeutes…), primes liées à la performance (victoire, qualification pour un tournoi);
- **Marketing et communication** : Budget pour les campagnes publicitaires (affiches, réseaux sociaux, médias locaux), coût de production des produits dérivés, activités promotionnelles (rencontres avec les supporters, signatures d'autographes);
- **Transport et logistique** : Coûts des déplacements de l'équipe, hébergement, repas pendant les événements;
- **Formation et développement** : Organisation de stages ou de camps d'entraînement, inscription à des formations pour les membres du personnel ou les joueurs, programmes de développement des jeunes talents;
- **Services aux spectateurs** : Gestion des concessions (stands de nourritures et de boissons), locations ou achats de systèmes de billetterie, coût d'embauche de personnel pour l'accueil ou le service client;

- **Énergie et maintenance des installations** : Gestion de la consommation énergétique (chauffage, éclairage des stades…), réparation des infrastructures (vestiaires, tribunes, terrains), nettoyage des installations après les matchs ou entraînements.

Ces coûts peuvent varier selon les décisions des gestionnaires (p. ex. : choix d'équipements haut de gamme ou standards, lieux de stage proches ou éloignés, etc.), ce qui les rend facilement ajustables en fonction des contraintes budgétaires.

Section 3 – Comptabilité analytique : méthodes de calcul des coûts

La **comptabilité analytique** fournit des informations détaillées sur les coûts, essentielles pour la prise de décision stratégique et opérationnelle. Ces informations permettent aux gestionnaires d'optimiser les ressources et d'améliorer la performance globale.

Différentes méthodes existent pour analyser les coûts, chacune adaptée à des objectifs spécifiques. Dans cette section sont présentées les différentes approches : les coûts complets, les coûts variables, les coûts directs, les coûts partiels et les coûts par activité.

Les coûts complets

Les **coûts complets** incluent l'ensemble des charges attribuables à un produit ou à un service, qu'elles soient directes ou indirectes. Cette méthode est particulièrement utile pour des décisions stratégiques à long terme, telles que la fixation des prix, la planification des investissements ou la définition des politiques commerciales.

Les coûts complets :

- *Sont calculés au stade final* de la mise à disposition du produit ou du service aux clients;
- *Incluent les charges directes ou indirectes*, réparties sur les différentes activités de l'organisation.

Les coûts complets d'une équipe universitaire de basketball

Une équipe universitaire de basketball souhaite analyser ses coûts fixes et variables pour mieux comprendre l'incidence des entraînements et des matchs sur son budget.

Coûts fixes mensuels :

- Location du gymnase : 5 000 $
- Salaires des entraîneurs : 4 000 $
- Assurance : 1 000 $

Coûts variables :

- Électricité : 0,50 $ par heure d'utilisation
- Frais de nettoyage : 2 $ par heure d'utilisation
- Entretien des équipements : 15 $ par heure d'utilisation

En octobre, l'équipe a enregistré un total de 3 000 heures d'utilisation du gymnase.

Calculez les coûts fixes, les coûts variables et les coûts complets pour le centre d'entraînement pour septembre.

Éléments de corrections :

Calcul des coûts fixes :

- Loyer : 5 000 $
- Salaires : 4 000 $
- Assurance : 1 000 $

Coûts fixes = 5 000 $ + 4 000 $ + 1 000 $ = 10 000 $

Calcul des coûts variables :

- Électricité : 0,50 $ × 3 000 heures = 1 500 $
- Entretien des équipements : 15 $ × 3 000 heures = 45 000 $
- Frais de nettoyage : 2 $ × 3 000 heures = 6 000 $

Coûts variables = 1 500 $ + 45 000 $ + 6 000 $ = 52 500 $

Calcul des coûts complets :

- Coûts complets = coûts fixes + coûts variables
- Coûts complets = 10 000 $ + 52 500 $ = 62 500 $

En octobre, le club universitaire de basketball a enregistré des coûts complets de 62 500 $. Cette analyse aide le club à comprendre l'effet de l'utilisation des équipements sur ses coûts et peut guider la prise de décision en matière de tarification, d'heures d'ouverture et de gestion des ressources.

La méthode du coût variable

La méthode du coût variable, également appelée méthode directe ou méthode de la contribution, est un outil d'analyse permettant de distinguer les **charges variables** des **charges fixes** afin d'évaluer la performance opérationnelle d'une organisation.

- Un **coût variable** est un coût qui varie proportionnellement au niveau d'activité de l'entreprise (p. ex. achat de matières premières, frais de transport liés à la vente, commissions sur ventes, électricité pour la production).
- Un **coût fixe**, aussi appelé coût de structure, est un coût indépendant du niveau d'activité à court terme. Il demeure stable, que l'entreprise produise beaucoup ou peu (p. ex. : loyers, salaires du personnel administratif, assurances). Ces coûts sont souvent engagés par contrat ou structurellement incompressibles, ce qui les rend irréversibles à court terme.

La **marge sur coût variable** correspond à la différence entre le chiffre d'affaires et les coûts variables. Elle indique le montant disponible pour couvrir les coûts fixes, puis générer un résultat.

chiffre d'affaires (CA) – coûts variables (CV) = marge sur coût variable (MCV)

Une fois les coûts fixes retranchés de la MCV, on obtient le **résultat opérationnel** :

résultat opérationnel = marge sur coût variable (CA) – coûts fixes (CF)

Le niveau de marge sur coût variable varie selon les secteurs :

- Dans les secteurs à forte intensité capitalistique (ex. : industrie lourde, sports professionnels), les coûts fixes sont très élevés et la marge sur coût variable doit être suffisante pour couvrir ces charges.
- Dans les secteurs à forte variabilité des ventes (ex. : événementiel, hôtellerie), la gestion des coûts variables est essentielle pour préserver une marge opérationnelle positive.

Tableau 65 Typologie des modes de calcul de la marge sur coûts variables

Cas de l'entreprise commerciale	Cas de l'entreprise industrielle
Chiffre d'affaires – Coût d'achat des marchandises vendues	Chiffre d'affaires – Coût d'achat des matières premières consommées – Charges variables de production ± Variation de stocks des produits finis
– Charges variables de distribution	**= Marge sur coût variable de production** – Charges variables de distribution
= Marge sur coût variable – Charges fixes	**= Marge sur coût variable** – Charges fixes
= Résultat opérationnel	**= Résultat opérationnel**

Les coûts d'une équipe universitaire de basketball (suite)

Pour compléter l'analyse, le club souhaite évaluer sa performance financière globale en tenant compte de ses revenus. Elle procède donc au calcul de la marge sur coût variable et du résultat opérationnel à partir de ses états financiers mensuels.

Données fournies

- Chiffre d'affaires : 89 000 $
- Coûts variables (transport, matériel, restauration) : 40 000 $
- Coûts fixes (location du gymnase, salaires des entraîneurs) : 30 000 $

Calcul de la marge sur coût variable :

Marge sur coût variable = chiffre d'affaires – coûts variables = 89 000 $ – 40 000 $ = 49 000 $

La marge sur coût variable de 49 000 $ constitue un indicateur clé : elle montre que les activités sportives génèrent une contribution suffisante pour supporter les charges structurelles de l'organisation.

Cette information est précieuse pour la prise de décision, car elle permet de :

- mesurer la rentabilité opérationnelle à court terme;
- évaluer l'intérêt d'augmenter l'activité (ex. : organiser davantage de matchs ou d'événements) si les ressources le permettent;
- ajuster les politiques de prix ou de dépenses si la marge venait à diminuer.

Calcul du résultat opérationnel :

Résultat opérationnel = marge sur coût variable – coûts fixes =49 000 – 30 000 $ = 19 000 $

Le résultat opérationnel est positif, ce qui signifie que l'équipe universitaire de basketball parvient non seulement à couvrir ses coûts variables (transport, matériel, restauration), mais aussi à absorber l'ensemble de ses coûts fixes, tout en générant un excédent.

La méthode du coût direct

La méthode du coût direct se concentre sur les charges directement imputables à une activité ou à un produit. Les coûts indirects sont traités séparément pour une analyse plus ciblée.

Le calcul des coûts directs et des marges sur coût direct est particulièrement important lorsque, dans la structure des coûts, les coûts directs sont prépondérants par rapport aux autres. Cette méthode permet d'obtenir des coûts pertinents en évitant la lourdeur des coûts complets.

La **méthode du coût direct** consiste à imputer à une activité toutes les charges directes afférentes, qu'elles soient variables ou fixes.

chiffre d'affaires – coût direct = marge sur coût direct (ou marge de contribution)
marge sur coût direct – coût indirect = résultat opérationnel

La marge sur coût direct contribue à couvrir le coût indirect (ou ensemble des charges indirectes) commun à toutes les activités de l'entreprise.

Club de tennis Service Gagnant : coûts directs et marge sur coût direct

Le club de tennis Service Gagnant[55] souhaite évaluer sa rentabilité en utilisant la méthode du coût direct pour un mois donné. Ce club propose des cours de tennis et des locations de courts. L'objectif est de calculer la marge sur coûts directs pour chaque activité et le résultat opérationnel du club.

Coûts fixes mensuels :

- Entretien des installations : 3 000 $
- Salaires fixes du personnel : 4 000 $

55. Le club de tennis Service Gagnant est un cas fictif.

Cours de tennis :

- Revenus générés par les cours : 6 000 $
- Coûts variables par heure de cours (coach, matériel) : 20 $
- Heures de cours données dans le mois : 150 heures

Location de courts :

- Revenus générés par la location : 4 000 $
- Coût variable par heure de location (entretien, électricité) : 10 $
- Heures de location de courts dans le mois : 200 heures

Calculer la marge sur coûts directs pour les cours de tennis et la location de courts, ainsi que le résultat opérationnel du club.La méthode du coût direct consiste à imputer uniquement les charges directement attribuables à chaque activité, sans répartir les charges indirectes. Celles-ci sont ensuite déduites globalement pour déterminer le résultat.

Calcul de la marge sur coûts directs pour les cours de tennis :

- Revenus générés : 6 000 $
- Coûts directs totaux = 20 $/heure × 150 heures = 3 000 $
- Marge sur coûts directs = 6 000 $ – 3 000 $ = 3 000 $

Calcul de la marge sur coûts directs pour la location de courts :

- Revenus générés : 4 000 $
- Coûts directs totaux = 10 $/heure × 200 heures = 2 000 $
- Marge sur coûts directs = 4 000 $ – 2 000 $ = 2 000 $

Calcul de la marge sur coûts directs totale du club :

- Marge sur coûts directs totale = marge sur coût direct des cours + marge sur coût direct de la location
- Marge sur coûts directs totale = 3 000 $ + 2 000 $ = 5 000 $

Calcul des charges indirectes (non réparties) :

- Entretien des installations générales : 3 000 $
- Salaires administratifs et de gestion : 4 000 $
- Total des charges indirectes = 3 000 $ + 4 000 $ = 7 000 $

Calcul du résultat opérationnel :

- Résultat opérationnel = marge sur coûts directs totale – charges indirectes
- Résultat opérationnel = 5 000 $ – 7 000 $ = –2 000 $

En utilisant la méthode du coût direct, Service Gagnant détermine que sa marge sur coûts directs totale pour le mois analysé est de 5 000 $. Cependant, après déduction des charges indirectes, le club enregistre une perte opérationnelle de 2 000 $ pour le mois de septembre.

Cette analyse illustre qu'une activité peut dégager une marge positive sur coûts directs tout en générant un déficit global, une fois les charges indirectes prises en compte. Pour assurer la durabilité financière du club, il est donc crucial de s'assurer que l'ensemble des activités contribue à la couverture des coûts de structure.

La méthode du coût partiel

La méthode du coût partiel consiste à n'inclure qu'une partie des charges dans le calcul des coûts, en général les **coûts variables** directement liés à l'activité. Les **coûts fixes** sont exclus du coût des produits ou services, et traités séparément comme des **charges de structure**.Cette approche est couramment utilisée dans le cadre du *direct costing*, où seuls les coûts variables sont affectés aux unités produites ou aux activités. Les coûts fixes sont alors considérés comme des charges de période, c'est-à-dire déduits en intégralité dans le compte de résultat de l'exercice, sans être répartis entre les produits.

La méthode du coût partiel facilite ainsi :

- Une analyse de la rentabilité marginale des produits ou services;
- La prise de décision à court terme, notamment pour des choix d'activité, de tarification ou d'optimisation des volumes;
- Une lecture simplifiée des effets de variation de l'activité sur les résultats.

En revanche, elle ne permet pas de mesurer le coût complet de revient d'un produit ou d'un service, ce qui peut limiter son usage dans les décisions à long terme ou en contexte de valorisation externe.

Club de natation Aquavite : coûts directs et coûts partiels

Le club de natation Aquavite[56] organise des cours de natation et des événements aquatiques. Pour un mois donné, le club souhaite comprendre les différences entre les coûts directs et les coûts partiels associés à ses activités.

Le club a organisé 5 événements sportifs au cours du mois.

Informations mensuelles :

Revenus

- Cours de natation : 10 000 $
- Événements : 5 000 $

Coûts directs

- Salaires des entraîneurs : 6 000 $
- Entretien de la piscine spécifique aux cours : 2 000 $

56. Le club de natation Aquavite est un cas fictif.

Coûts indirects

- Loyer des installations : 4 000 $ (coût fixe)
- Marketing : 1 000 $ (coût fixe)

Coûts variables liés à l'organisation d'événements

- Sécurité : 200 $ par événement
- Nettoyage après l'événement : 100 $ par événement

Calculez les coûts directs, les coûts variables, les coûts partiels pour les événements et le résultat opérationnel du club.

Il est important de distinguer :

- Les coûts directs sont affectés spécifiquement aux cours.
- Les coûts partiels ici correspondent aux coûts variables liés aux événements, sans prise en compte des coûts fixes. Les coûts fixes (loyer et marketing) ne sont pas répartis entre les activités. Ils sont traités globalement à la fin dans le calcul du résultat opérationnel.

Calcul des coûts directs totaux

- Coûts directs = salaires des entraîneurs + entretien spécifique = 6 000 $ + 2 000 $ = 8 000 $

Calcul des coûts variables pour les événements

- Coûts variables par événement = sécurité + nettoyage = 200 $ + 100 $ = 300 $
- Coûts variables totaux pour les événements = 300 $ × 5 événements = 1 500 $

Calcul des coûts partiels pour les événements

- Coûts partiels pour les événements = coûts variables totaux (car les coûts fixes ne sont pas inclus dans les coûts partiels)
- Coûts partiels pour les événements = 1 500 $

Résultat opérationnel

- Revenus totaux = revenus des cours et des événements = 10 000 $ + 5 000 $ = 15 000 $
- Charges totales de la période = coûts directs + coûts fixes + coûts variables pour les événements = 8 000 $ + 4 000 $ + 1 000 $ + 1 500 $ = 14 500 $
- Résultat opérationnel = 15 000 $ – 14 500 $ = 500 $

Conclusion :

Le club Aquavite a réalisé un résultat opérationnel positif de 500 $ pour le mois analysé. L'analyse met en évidence la distinction entre :

- Les **coûts directs**, affectés spécifiquement aux cours de natation;
- Les **coûts partiels**, correspondant aux seuls coûts variables engagés pour les événements;
- Les **charges fixes de structure**, non réparties sur les activités.

Cette approche par coût partiel permet au club de mesurer la rentabilité marginale de ses événements sans alourdir les calculs par une ventilation arbitraire des coûts fixes. Elle constitue un outil utile pour ajuster l'offre d'activités à court terme.

Les coûts par activité (Activity-Based Costing, ABC)

La **méthode ABC** (Activity-Based Costing) attribue les coûts indirects aux activités en fonction de leur consommation réelle de ressources. Contrairement aux méthodes traditionnelles, qui répartissent souvent ces coûts de manière uniforme ou arbitraire, elle repose sur l'identification des activités clés de l'organisation, puis sur l'utilisation d'**inducteurs de coûts** (par exemple : nombre d'heures, nombre de participants, surface utilisée, etc.) pour répartir les charges.

Exemple : si l'entretien du gymnase coûte 12 000 $ par mois et que les entraînements occupent 60 % du temps d'utilisation, alors 7 200 $ seront affectés à cette activité. De même, les coûts d'électricité peuvent être répartis selon les heures d'occupation des lieux par chaque programme.

Dans le contexte sportif, cette méthode est particulièrement utile pour comprendre et optimiser les dépenses associées aux différentes activités, comme les matchs, les entraînements ou les événements spéciaux. Un club sportif peut ainsi affecter des coûts tels que l'entretien des terrains, les salaires des entraîneurs ou l'électricité aux activités qui en sont réellement responsables.

Cette précision permet d'obtenir une image plus fidèle des performances économiques de chaque activité, d'en identifier les plus rentables et de prendre des décisions de gestion mieux informées.

La méthode ABC au Club de football FC Analytique

Le FC Analytique[57] cherche à optimiser ses finances. Le club a diverses sources de revenus et de dépenses, mais il peine à déterminer la rentabilité réelle de ses différentes activités. En adoptant la comptabilité à base d'activités (ABC), le FC Analytique peut attribuer plus précisément ses coûts à chaque activité (entraînements, matchs, ventes de billets, marchandisage) et mieux comprendre les sources de profit et de perte.

Le FC Analytique souhaite comprendre la répartition de ses coûts d'entretien des terrains, qui s'élèvent à 10 000 $ par mois. Les activités incluent les matchs, les entraînements et les événements spéciaux. Les données d'utilisation du terrain pour le mois sont les suivantes :

- Matchs : 20 heures
- Entraînements : 60 heures
- Événements spéciaux : 20 heures

57. Le club FC Analytique est un cas fictif.

Utilisez la méthode ABC pour attribuer les coûts d'entretien des terrains aux différentes activités du FC Analytique.

1. **Calcul des coûts par heure**
   - Coûts d'entretien total : 10 000 $
   - Total des heures d'utilisation : 20 + 60 + 20 = 100 heures
   - Coût par heure : 10 000 $ / 100 heures = 100 $ par heure
2. **Attribution des coûts**
   - Coûts pour les matchs : 20 heures × 100 $/heure = 2 000 $
   - Coûts pour les entraînements : 60 heures × 100 $/heure = 6 000 $
   - Coûts pour les événements spéciaux : 20 heures × 100 $/heure = 2 000 $

En appliquant la méthode ABC, le FC Analytique peut voir comment les coûts d'entretien sont répartis entre les matchs, les entraînements et les événements spéciaux. Cette information aide le club à identifier les domaines où les coûts sont les plus élevés et à envisager des stratégies pour améliorer l'efficacité et la rentabilité.

Après avoir présenté les principales méthodes de calcul des coûts utilisées dans le secteur sportif, il peut être utile de les comparer de manière synthétique. Le tableau suivant résume leurs principales caractéristiques, avantages, limites et domaines d'application dans un contexte sportif.

Tableau 66 Les méthodes de coûts dans le monde sportif

Méthode	Utilité principale	Avantages	Limites	Exemple sportif
Coût complet	Affecter l'ensemble des coûts à un produit ou service	Vision globale des coûts	Moins pertinent pour la prise de décision à court terme	Centre multisport (budgétisation annuelle)
Coût variable	Aider les décisions opérationnelles à court terme	Simplicité, adaptation aux volumes	Ignore les coûts fixes, donc incomplète à long terme	Équipe de hockey (décision sur un tournoi)
ABC (*Activity-Based Costing*)	Répartir les coûts en fonction des activités réelles	Précision, meilleure allocation des coûts indirects	Complexité de mise en œuvre, besoin de données fines	Organisation des Jeux olympiques (suivi des événements)

Gestion des centres de coûts dans une organisation sportive

Le Centre sportif Omnisphère[58] regroupe quatre activités principales : natation, basketball, musculation et cours de yoga. Il possède également un service d'accueil, un service de nettoyage et une équipe administrative. Pour mieux analyser la performance de ses différentes activités, la direction souhaite répartir les charges indirectes entre les centres de coûts.

Les charges indirectes annuelles sont les suivantes :

- Électricité : 18 000 $ (réparti en fonction des mètres carrés occupés)
- Nettoyage : 12 000 $ (réparti selon le nombre d'heures d'utilisation hebdomadaire des locaux)
- Accueil : 25 000 $ (réparti également entre les quatre activités)
- Frais d'administration : 20 000 $ (réparti selon le chiffre d'affaires de chaque activité)

Tableau 67 Données comptables du Centre sportif Omnisphère

Activité	Superficie (en m²)	Heures/semaine	Chiffre d'affaires (en $)
Natation	500	30 h	80 000
Basketball	700	40 h	100 000
Musculation	300	50 h	60 000
Yoga	200	20 h	40 000

Travail à faire :

1. Déterminez la clé de répartition pour chaque charge indirecte.
2. Attribuez les montants de chaque charge à chaque activité.
3. Totalisez les coûts par activité.
4. Analysez les résultats :
   - Quelle activité supporte la charge indirecte la plus élevée ?
   - Quelles décisions pourraient en découler ?
   - Quels sont les avantages de cette méthode pour le pilotage de l'organisation ?

Éléments de correction

Répartition des frais d'électricité (18 000 $ selon la superficie)

La surface totale occupée par les quatre activités est de 1 700 m². La charge est répartie proportionnellement :

58. Le centre sportif Omnisphère est un cas fictif.

Tableau 68 Répartition des frais d'électricité selon la superficie

Activité	Superficie (en m²)	% surface	Électricité répartie
Natation	500	500/1 700 = 29,41 %	5 294 $
Basketball	700	700/1 700 = 41,18 %	7 412 $
Musculation	300	300/1 700 = 17,65 %	3 176 $
Yoga	200	200/1 700 = 11,76 %	2 118 $
Total	1 700	100 %	18 000 $

Répartition du nettoyage (12 000 $ selon les heures d'utilisation hebdomadaire)

Le total des heures d'utilisation est de 140 heures/semaine. La répartition donne :

Tableau 69 Répartition des frais de nettoyage selon le nombre d'heures d'utilisation

Activité	Heures / semaine	% heure / semaine	Nettoyage réparti
Natation	30	30 h/140 h = 21,43 %	2 571 $
Basketball	40	40 h/140 h = 28,57 %	3 429 $
Musculation	50	50 h/140 h = 35,71 %	4 286 $
Yoga	20	20 h/140 h = 14,29 %	1 714 $
Total	140	100 %	12 000 $

Répartition de frais d'accueil (25 000 $ à parts égales)

Cette charge est partagée de manière égale, soit 6 250 $ par activité.

Répartition des frais d'administration (20 000 $ selon le chiffre d'affaires)

Le chiffre d'affaires total est de 280 000 $. Chaque activité reçoit une part proportionnelle. Par exemple, le pourcentage de chiffre d'affaires de la natation est :

$$\frac{80\ 000\ \$}{280\ 000\ \$} = 28{,}57\ \%$$

Ce pourcentage est ensuite utilisé pour la répartition des frais d'administration. Par exemple, l'activité natation représente :

$$28{,}57\,\% \times 20\ 000\,\$ = 5\ 714\,\$$$

Tableau 70 Répartition des frais d'administration

Activité	Chiffre d'affaires (en $)	% chiffre d'affaires	Frais d'administration répartis
Natation	80 000	28,57 %	5 714 $
Basketball	100 000	35,71 %	7 143 $
Musculation	60 000	21,43 %	4 286 $
Yoga	40 000	14,29 %	2 857 $
Total	280 000	100 %	20 000 $

Répartition des coûts totaux

Les coûts indirects répartis à partir des différentes clés sont maintenant regroupés pour chaque activité. Le tableau ci-dessous présente la somme des charges supportées annuellement par chacune d'elles. :

Activité	Coût total
Natation	5 294 $ + 2 571 $ + 6 250 $ + 5 714 $ = **19 830 $**
Basketball	7 411 $ + 3 429 $ + 6 250 $ + 7 143 $ = **24 233 $**
Musculation	3 176 $ + 4 286 $ + 6 250 $ + 4 286 $ = **17 998 $**
Yoga	2 118 $ + 1 714 $ + 6 250 $ + 2 857 $ = **12 939 $**
Total	**75 000 $**

Quelle activité supporte la charge indirecte la plus élevée ?

L'activité basketball supporte la charge indirecte la plus élevée, avec un total de 24 233 $ par an. Cette situation s'explique par :

- Sa grande superficie (700 m^2) – soit 41 % de la surface totale;
- Un temps d'utilisation élevé (40 heures par semaine);
- Un chiffre d'affaires plus important (100 000 $ sur 280 000 $).

Quelles décisions pourraient en découler ?

Plusieurs décisions de gestion peuvent découler de cette analyse :

- Réévaluer la tarification de l'activité basketball si les revenus ne couvrent pas les charges indirectes;
- Optimiser l'utilisation des installations, par exemple en réduisant les créneaux peu fréquentés ou en mutualisant certains espaces avec d'autres activités;
- Réaffecter certaines charges si les clés de répartition actuelles sont jugées inéquitables;
- Évaluer la rentabilité de chaque activité, en intégrant ces charges indirectes aux coûts complets.

Si l'activité basketball est très coûteuse mais peu rentable, la direction pourrait envisager une réorganisation, une stratégie de partenariat ou une recherche de subventions ciblées.

Quels sont les avantages de cette méthode pour le pilotage de l'organisation ?

La répartition des charges indirectes par centres de coûts présente plusieurs avantages majeurs :

- *Transparence* : Elle permet d'identifier précisément les coûts supportés par chaque activité, même ceux qui ne leur sont pas directement imputables;
- *Aide à la prise de décision* : Elle constitue une base solide pour ajuster la tarification, planifier des investissements ou envisager l'abandon d'activités déficitaires;
- *Meilleure allocation des ressources* : Les services supports (accueil, nettoyage, administration) peuvent être ajustés plus efficacement;
- *Responsabilisation* accrue : Chaque responsable d'activité devient plus conscient des coûts qu'il génère.

Cette approche facilite le pilotage stratégique et opérationnel, en rendant les coûts plus lisibles, mieux maîtrisables, et alignés avec les objectifs de performance de l'organisation.

Section 4 – Numérisation et optimisation des coûts dans le sport

Les nouvelles technologies sont devenues un outil dans la politique d'optimisation des coûts dans le domaine sportif. Elles permettent de réduire les dépenses tout en améliorant la performance financière des clubs et des événements sportifs.

L'analyse des données comme outil d'optimisation des coûts

L'analyse des données a profondément transformé la gestion financière et la prise de décision dans le secteur sportif. Autrefois basées sur l'intuition des dirigeants et sur des évaluations empiriques, les décisions financières s'appuient aujourd'hui sur des outils analytiques sophistiqués permettant d'optimiser les coûts et d'améliorer la rentabilité. Cette évolution est particulièrement visible dans la gestion des clubs professionnels, où chaque dépense doit être justifiée et maximisée pour garantir la compétitivité de l'équipe.

L'essor des mégadonnées[59] et de l'intelligence artificielle (IA) a permis aux organisations sportives de développer des modèles prédictifs capables d'anticiper les coûts et d'identifier des possibilités d'optimisation. De la gestion des transferts à l'exploitation des infrastructures, en passant par la préparation physique des joueurs, l'analyse des données est devenue un outil incontournable. L'un des domaines où cette transformation est la plus marquée concerne le recrutement des joueurs, où les clubs cherchent à maximiser le rendement de l'investissement tout en évitant les erreurs coûteuses.

L'optimisation du recrutement des joueurs de football grâce aux données

Par exemple, dans le football professionnel, les erreurs de recrutement peuvent coûter plusieurs dizaines de millions d'euros, sans garantie de succès. Pendant des décennies, le processus de recrutement s'appuyait principalement sur l'expérience des recruteurs, qui parcouraient le monde pour observer les joueurs. Ce système, bien qu'efficace, présentait de nombreuses limites : coûts élevés de déplacement, subjectivité des évaluations et difficulté à comparer les performances de joueurs évoluant dans des ligues différentes.

Avec l'arrivée des modèles d'analyse de performance avancés, le recrutement a été complètement révolutionné. Des plateformes informatiques fournissent aujourd'hui des bases de données détaillées sur des milliers de joueurs à travers le monde. Ces outils analysent chaque match sous différents angles : nombre de passes réussies sous pression, kilomètres parcourus par match, taux de conversion des tirs en buts, contribution défensive (tacles, interceptions, pressings réussis), analyse biomécanique des mouvements pour anticiper les risques de blessure.

L'analyse des données comme outil de recrutement d'athlètes

Un exemple d'optimisation des coûts par l'analyse des données est celui du Brentford FC, un club anglais qui a adopté une approche *data-driven* pour recruter des joueurs sous-évalués sur le marché. En s'appuyant sur un modèle inspiré de la technique Moneyball, Brentford a pu identifier des joueurs méconnus, mais statistiquement performants, et les recruter à moindre coût avant de les revendre avec une forte plus-value.

59. Le terme anglais pour « mégadonnées » est *big data*.

Un cas particulièrement révélateur est le recrutement d'Ollie Watkins en 2017. Recruté pour 1,8 million d'euros, il avait un profil atypique pour un attaquant, avec un fort taux de conversion des tirs et une grande mobilité sur le terrain. En croisant ces données avec des statistiques de pressing et de vitesse, Brentford a estimé qu'il pourrait devenir un attaquant d'élite en Premier League. Trois ans plus tard, Watkins a été vendu à Aston Villa pour 33 millions d'euros, générant un bénéfice net de plus de 30 millions d'euros pour Brentford.

Ce modèle analytique ne se limite pas au football. En NBA, les Houston Rockets et les Golden State Warriors ont intégré des outils similaires pour optimiser leurs choix de repêchage et maximiser leur budget salarial. En analysant des millions de données issues des matchs universitaires et des entraînements, ces franchises sont capables d'identifier des joueurs qui correspondent précisément à leurs besoins tactiques et budgétaires.

Grâce à cette approche, les clubs peuvent réduire leurs coûts de recrutement de 40 à 50 %, en évitant les erreurs coûteuses et en ciblant uniquement des joueurs dont la performance statistique justifie l'investissement. Le recours aux données permet également d'ajuster les contrats et les bonis en fonction d'objectifs mesurables, plutôt que de simples évaluations subjectives.

L'analyse des données au service de l'analyse financière

Au-delà du recrutement, l'analyse des données est également un levier majeur pour l'optimisation des budgets et la gestion financière des clubs et fédérations sportives. Des outils d'intelligence artificielle sont désormais capables de prédire les flux de trésorerie, d'optimiser les coûts de fonctionnement et d'anticiper les risques financiers.

Par exemple, certaines plateformes informatiques permettent aux clubs d'automatiser leurs prévisions budgétaires en fonction des performances sportives et des fluctuations du marché des transferts. Ces outils analysent des variables telles que :

- Les recettes prévisionnelles des droits TV et des commanditaires;
- Les coûts fixes liés aux infrastructures et aux centres d'entraînement;
- Les probabilités de qualification aux compétitions internationales (et leurs revenus associés).

En anticipant ces variables, les clubs peuvent ajuster leurs investissements et limiter les déficits budgétaires. Des clubs comme l'Atlético Madrid et le Borussia Dortmund ont intégré ces outils pour affiner leur gestion financière et éviter les crises de liquidité.

L'optimisation de la gestion des infrastructures sportives

L'intégration de technologies intelligentes dans la gestion des infrastructures est devenue essentielle pour optimiser les coûts et améliorer l'efficacité opérationnelle. Les « stades intelligents » ou *Smart Stadiums* incarnent cette évolution en adoptant des solutions connectées pour surveiller et contrôler divers aspects de leur fonctionnement.

Vers un passage au stade intelligent

Un stade intelligent est équipé de capteurs et de systèmes automatisés qui permettent :

- *Optimisation de la consommation énergétique* : L'utilisation d'éclairages à DEL adaptatifs et de systèmes de climatisation automatisés réduit considérablement la consommation d'énergie.
- *Maintenance prédictive* : Des capteurs surveillent en temps réel l'état des installations, détectant les anomalies avant qu'elles ne se transforment en pannes coûteuses.
- *Amélioration de l'expérience spectateur* : Les technologies sans contact pour les paiements et la gestion en temps réel des flux de visiteurs fluidifient l'accès et augmentent la satisfaction des supporters.

L'optimisation des coûts énergétiques dans l'Allianz Arena

L'Allianz Arena de Munich illustre l'efficacité des technologies connectées dans la gestion des infrastructures sportives[60]. Confronté aux défis posés par une structure architecturale fermée et des hivers bavarois rigoureux, le stade a mis en place plusieurs initiatives pour améliorer la qualité de sa pelouse tout en réduisant sa consommation énergétique.

En 2022, l'Allianz Arena a adopté une technologie d'éclairage de croissance à DEL pour l'ensemble de sa pelouse, devenant ainsi le premier stade au monde à le faire. Cette innovation, développée en collaboration avec SGL, permet un contrôle climatique optimal tout en réalisant jusqu'à 40 % d'économies d'énergie.

Les plateformes numériques comme outil de réduction des coûts de billetterie

La transformation numérique a profondément modifié la manière dont les clubs sportifs gèrent la billetterie et le marchandisage, entraînant une réduction notable des coûts et une amélioration de l'efficacité opérationnelle.

Billetterie numérique et gestion des revenus

Traditionnellement, la gestion de la billetterie impliquait des coûts substantiels liés à l'impression, à la distribution physique des billets et à la gestion des files d'attente lors des événements. L'émergence des plateformes numériques a révolutionné ce secteur en proposant des solutions dématérialisées.

L'adoption de systèmes de billetterie en ligne et d'applications mobiles a effectivement permis de réduire les coûts de distribution des billets et d'améliorer l'efficacité. En ce qui concerne les modèles de tarification dynamique, ils sont de plus en plus utilisés dans divers secteurs, y compris les clubs de sport, pour maximiser les revenus. Cette approche flexible permet d'ajuster les prix en temps réel, optimisant ainsi le taux de remplissage des stades et les recettes associées.

60. Les informations sur le cas de l'Allianz Arena proviennent du site Internet : https://allianz-arena.com/

Automatisation du marchandisage

La gestion traditionnelle du marchandisage impliquait souvent des stocks importants, avec le risque de surproduction et d'invendus. L'intégration de solutions numériques a transformé ce domaine en permettant une production plus réactive et adaptée à la demande réelle. En offrant une expérience d'achat plus fluide et personnalisée, les plateformes numériques renforcent la fidélité des supporters.

Par exemple, certaines entreprises ont développé des solutions d'impression à la demande pour les articles de marchandisage, tels que les maillots personnalisés. Cette approche réduit considérablement les coûts de production en éliminant le besoin de maintenir des stocks importants et en minimisant les invendus. De plus, l'analyse des données de vente en temps réel permet d'ajuster rapidement l'offre en fonction des préférences des supporters, optimisant ainsi la satisfaction client et la rentabilité.

Section 5 – Comparaison de la gestion des coûts entre différents sports

La gestion des coûts dans le sport n'est pas uniforme. Elle dépend fortement du modèle économique propre à chaque discipline, des règles financières imposées par les ligues et fédérations et de la structure des revenus et investissements spécifiques à chaque sport. Alors que certaines disciplines s'appuient sur des revenus prévisibles et encadrent strictement leurs dépenses, d'autres connaissent des fluctuations plus importantes, nécessitant une gestion des coûts plus flexible.

Cette section est consacrée à la comparaison de trois sports majeurs – le football européen, la NBA et le cyclisme professionnel – pour analyser leurs principaux postes de dépenses, leurs stratégies de contrôle des coûts et les défis financiers qu'ils rencontrent. L'objectif est de comprendre comment chaque modèle gère sa structure de coûts et quels enseignements peuvent en être tirés.

Le soccer européen : un modèle basé sur les transferts et les salaires

Le football européen est marqué par une très forte inflation des coûts salariaux, les clubs consacrant en moyenne 60 à 70 % de leur budget aux rémunérations des joueurs. Contrairement aux sports nord-américains où des systèmes de plafonnement salarial existent (*salary cap*), les clubs européens sont libres de fixer leurs dépenses, ce qui a entraîné une course aux dépenses incontrôlée, notamment sur le marché des transferts.

Les principaux défis financiers dans ce sport sont :

- Les salaires des joueurs et du personnel technique (60-70 % du budget);
- Les frais de transferts et indemnités de résiliation de contrat;
- Les coûts d'exploitation des infrastructures (stades, centres d'entraînement);
- Les frais de gestion et d'administration;
- L'endettement lié aux investissements sportifs.

Par exemple, entre 2015 et 2021, le FC Barcelone a connu une explosion de sa masse salariale, atteignant un niveau record de 617 millions d'euros par an en 2020, soit plus de 100 % de ses revenus[61]. Cette dérive s'explique par des contrats exorbitants offerts à des joueurs comme Lionel Messi (70 millions d'euros annuellement) et Antoine Griezmann, mais aussi par un endettement excessif pour financer des transferts à prix record (Philippe Coutinho, Ousmane Dembélé).

En conséquence, le club s'est retrouvé en situation de quasi-faillite, incapable de respecter les nouvelles règles financières de la Liga et contraint de laisser partir Messi gratuitement en 2021. Cet exemple montre l'importance de maîtriser les coûts salariaux et d'adopter une stratégie de gestion plus durable.

La NBA : un modèle de contrôle avec un plafond salarial

La NBA est souvent considérée comme un exemple de gestion financière encadrée, en raison de son plafond salarial, qui limite le montant que chaque franchise peut dépenser en salaires de joueurs. Contrairement au football européen, où les clubs sont libres de dépenser autant qu'ils le souhaitent, la NBA impose une règle stricte qui garantit un certain équilibre économique entre les équipes.

Les principaux défis financiers dans ce sport sont :

- Les salaires des joueurs (plafonnés par la ligue);
- Les frais de fonctionnement de la franchise;
- Coûts de déplacement et de logistique;
- Les dépenses de marketing et produits dérivés;
- La taxe de base en cas de dépassement du *salary cap*.

Les Golden State Warriors, l'une des franchises les plus dominantes de la dernière décennie, ont dû jongler avec les règles du *salary cap* tout en construisant une équipe compétitive[62]. Après avoir signé des superstars comme Stephen Curry, Klay Thompson et Kevin Durant, la franchise s'est retrouvée au-dessus du plafond salarial, entraînant le paiement de la *luxury tax*, un impôt supplémentaire appliqué aux équipes qui dépassent le *salary cap*.

En 2019-2020, les Warriors ont payé 66 millions de dollars de *luxury tax*, un montant supérieur au budget total de certaines franchises NBA. Toutefois, leur gestion financière reste viable grâce à des revenus commerciaux très élevés, provenant notamment de la billetterie (grâce au Chase Center, leur nouvelle salle) et des droits TV.

Le cyclisme professionnel : un modèle fragilisé et dépendant des commanditaires

Le cyclisme est un sport particulier où les équipes ne génèrent pratiquement aucun revenu direct, contrairement au football ou à la NBA. Elles dépendent quasi exclusivement des commanditaires, qui financent les salaires des coureurs et les frais de fonctionnement.

---

61. Les informations sont notamment extraites des sites Internet de BBC Sport et *The Guardian*.
62. Les informations sont notamment extraites du site Internet de NBC Sports Bay Area.

Les principaux défis financiers dans ce sport sont :

- Les salaires des coureurs et du personnel (70 % du budget);
- La logistique (déplacements, hébergements, équipements);
- Les frais d'inscription et d'organisation des courses;
- Les dépenses liées au marketing et aux relations publiques.

L'exemple de l'équipe cycliste BMC Racing Team illustre les difficultés rencontrées lors de la perte d'un partenaire[63]. L'équipe cycliste BMC Racing Team, qui comptait parmi les plus performantes du peloton dans les années 2010, a disparu en 2018 faute de commanditaire principal. Son financement dépendait entièrement du fabricant de vélos BMC, qui a décidé d'arrêter son investissement. En l'absence de revenus générés par les courses et sans commanditaires alternatifs, l'équipe n'a pas pu survivre.

63. Les informations sont notamment tirées des sites Internet cyclingnews.com et velonews.com

Chapitre 6

Analyse des coûts et prise de décision

Dans le secteur sportif, les décisions financières et opérationnelles dépendent largement d'une compréhension approfondie des coûts. Ce chapitre explore comment les outils d'analyse des coûts, tels que le seuil de rentabilité et la marge de sécurité, guident les gestionnaires sportifs dans la prise de décisions éclairées, de la tarification aux stratégies d'investissement. L'objectif est d'illustrer comment ces outils permettent d'optimiser les ressources, d'accroître la rentabilité et de réduire les risques financiers.

Section 1 – Analyse des coût-volume-résultat (CVR)

La comptabilité de gestion réalise les calculs et les analyses de coûts nécessaires à la prévision et au contrôle des résultats. L'analyse des charges suppose qu'elles soient classées par objets de coût (produits, activités, divisions, etc.). Cette analyse guide les décisions stratégiques et tactiques.

Seuil de rentabilité et marge de sécurité

Le **seuil de rentabilité**, aussi appelé **point mort**, correspond au niveau d'activité pour lequel les revenus couvrent les charges. À ce stade, le résultat est nul. Si les revenus sont inférieurs au point mort, l'organisation enregistre des pertes. À l'inverse, des revenus supérieurs au point mort génèrent des profits.

L'analyse du point mort est un outil essentiel pour comprendre les équilibres financiers en comptabilité de gestion. Elle repose sur la distinction entre coûts fixes et variables pour identifier le seuil où une organisation couvre ses charges. La formule de calcul du point mort est la suivante :

$$\text{Point mort} = \frac{\text{Coûts fixes}}{\text{Marge sur coûts variables (MCV)}}$$

Le levier opérationnel

Le **levier opérationnel** mesure l'impact d'une variation des ventes sur le profit d'exploitation, en fonction de la structure des coûts. Un degré élevé de levier opérationnel signifie qu'une petite augmentation des ventes entraîne une forte augmentation du profit, dû à la prédominance des coûts fixes. Cependant, cela implique aussi un risque plus élevé, car en cas de baisse des ventes, les pertes peuvent être importantes.

$$\text{Levier opérationnel} = \frac{\text{Marge sur coûts variables}}{\text{Marge sur coûts variables} - \text{coûts fixes}}$$

FC Dynamique : calcul du seuil de rentabilité

Le club de football FC Dynamique[64] souhaite déterminer son seuil de rentabilité pour la saison à venir. Le club a compilé ses coûts fixes et variables et prévoit ses revenus basés sur la vente de billets pour les matchs. Utilisez ces informations pour calculer le seuil de rentabilité du club en nombre de billets vendus et en termes monétaires.

Informations fournies

Revenus

- Prix de vente par billet : 30 $

Coûts fixes annuels

- Salaires du personnel et des joueurs : 500 000 $
- Entretien du stade et autres dépenses fixes : 300 000 $

Coûts variables par billet vendu

- Impression et gestion des billets : 2 $
- Commission de vente : 3 $

Quel est le seuil de rentabilité du FC Dynamique en nombre de billets vendus et en termes monétaires pour la saison à venir ?

Éléments de correction

Calcul du seuil de rentabilité en nombre de billets vendus

Les coûts fixes totaux du club s'élèvent à :

500 000 $ (salaires) + 300 000 $ (entretien) = 800 000 $

Le coût variable par billet est de :

2 $ (impression) + 3 $ (commission) = 5 $

La marge sur coût variable (MCV) est égale à :

Prix de vente – coût variable : 30 $ – 5 $ = 25 $

Le seuil de rentabilité en unités (billets vendus) est calculé comme suit :

$$\text{Seuil de rentabilité (unités)} = \frac{\text{Coûts fixes totaux}}{\text{Marge sur coûts variables par unité}}$$

$$\text{Seuil de rentabilité (unités)} = \frac{800\ 000\ \$}{25\ \$} = 32\ 000 \text{ billets}$$

64. Le club FC Dynamique est un cas fictif.

Calcul du seuil de rentabilité en termes monétaires

Le seuil de rentabilité en termes monétaires est :

Seuil de rentabilité = seuil de rentabilité (unités) × prix de vente

Seuil de rentabilité = 32 000 billets × 30 $ = 960 000 $

Conclusion : FC Dynamique doit vendre 32 000 billets au total pour atteindre son seuil de rentabilité, ce qui correspond à des revenus de 960 000 $. Ce calcul permet au club de déterminer le volume de ventes nécessaire pour couvrir tous ses coûts et de planifier ses stratégies tarifaires et promotionnelles en conséquence.

L'analyse du point mort est un outil clé pour comprendre la répartition entre coûts fixes et coûts variables et pour évaluer les risques financiers associés. Un point mort élevé, dû à des coûts fixes importants, peut augmenter la pression sur les organisations pour générer des revenus suffisants. Ainsi, les décisions stratégiques favorisant des structures de coûts plus flexibles, comme la sous-traitance ou les contrats temporaires, peuvent réduire ce risque et améliorer l'adaptabilité.

Dans le domaine sportif, l'analyse du point mort permet de répondre à de nombreuses problématiques :

- **Optimisation des tarifs de billetterie** : Une équipe peut utiliser l'analyse du point mort pour déterminer combien de billets elle doit vendre à différents niveaux de prix pour couvrir ses coûts. Cela peut aider à fixer des prix de billets stratégiques pour maximiser les revenus tout en assurant une fréquentation élevée.
- **Stratégies de marchandisage** : Les clubs peuvent évaluer le nombre de produits dérivés (maillots, écharpes, casquettes, etc.) qu'ils doivent vendre pour atteindre leur point mort. Cela peut guider les campagnes de marketing et les offres promotionnelles pour stimuler les ventes.
- **Gestion des contrats de commandites** : En connaissant leur point mort, les organisations sportives peuvent négocier des contrats de commandites plus avantageux, en s'assurant que les montants reçus couvrent leurs coûts opérationnels et contribuent à la rentabilité.
- **Planification des investissements** : L'analyse du point mort peut aider à décider si l'achat ou la rénovation d'infrastructures sportives (stades, centres d'entraînement) est financièrement viable, en évaluant les revenus supplémentaires nécessaires pour couvrir ces coûts.
- **Décisions de recrutement** : Les clubs peuvent utiliser le point mort pour évaluer l'impact financier de l'embauche de nouveaux joueurs ou du personnel. Cela aide à déterminer si les revenus supplémentaires attendus (par exemple, via les ventes de billets, le marchandisage, les droits de diffusion) justifient les coûts.
- **Diversification des revenus** : Les organisations sportives peuvent utiliser l'analyse du point mort pour évaluer la possibilité de diversifier leurs sources de revenus pour réduire la dépendance à une seule source de revenus (par exemple, en ajoutant des événements non sportifs dans leurs stades).

Section 2 – Prise de décision basée sur les coûts

La prise de décision repose sur une analyse approfondie des coûts. Qu'il s'agisse d'initiatives à court terme ou de projets stratégiques, une compréhension claire de la structure de coûts et de leurs impacts financiers est essentielle. Cette section explore comment les organisations sportives peuvent s'appuyer sur l'analyse des coûts pour maximiser leur rentabilité, optimiser leurs ressources et prendre des décisions éclairées.

Décisions à court terme

Les décisions à court terme sont celles qui impliquent des ajustements rapides pour répondre à des occasions favorables ou à des contraintes immédiates. Ces décisions, bien qu'opérationnelles, ont des implications financières importantes. Différents exemples sont présentés ci-dessous :

- **Acceptation ou rejet de commandes supplémentaires** : Lorsqu'une organisation sportive reçoit une demande pour une location de stade, un événement ou un partenariat, elle doit déterminer si cette occasion est rentable. La marge sur coûts variables joue un rôle clé dans cette évaluation : tant que la commande supplémentaire génère une contribution positive, elle peut être acceptée.

  Exemple : un stade reçoit une demande pour louer ses installations à un tarif réduit pour un tournoi amateur. Bien que le tarif soit inférieur au coût habituel, le gestionnaire peut déterminer si la proposition est rentable en comparant avec les coûts variables.

- **Promotions et réductions** : Les promotions, telles que les réductions sur les billets, peuvent stimuler les ventes lors des périodes creuses. Toutefois, ces initiatives doivent être basées sur une analyse de la marge sur coût variable pour s'assurer qu'elles compensent la baisse de prix par une augmentation des ventes.

  Exemple : un club de basketball propose une réduction de 20 % sur les billets pour les matchs en semaine. En évaluant la marge sur coûts variables, le club peut prévoir si cette réduction augmente les revenus.

- **Ajustements des programmes sportifs** : La modification ou l'ajout de programmes sportifs peut être justifié en fonction des coûts et des bénéfices qu'ils génèrent. Cela inclut l'introduction de nouveaux entraînements, la diversification des événements ou l'annulation de programmes peu rentables.

  Exemple : un centre sportif décide d'introduire des cours de yoga pour répondre à une demande croissante. Une analyse de rentabilité basée sur les coûts fixes (salle, matériel) et les coûts variables (formateur) peut guider cette décision.

Décisions à long terme

Les décisions stratégiques nécessitent une évaluation approfondie des coûts et des revenus à long terme, ainsi que des risques associés. Ces exemples illustrent l'analyse des coûts dans des décisions à long terme :

- **Investissements dans les infrastructures** : Les investissements dans des stades, centres d'entraînement ou technologies doivent être justifiés par un retour sur investissement clair. Une analyse des coûts totaux et des revenus projetés (billetterie, marchandisage, événements) est essentielle.

Exemple : une équipe de football envisage de construire un nouveau centre d'entraînement. Elle évalue les coûts initiaux (construction) et les revenus supplémentaires attendus (attraction de nouveaux joueurs, commandite) pour s'assurer que le projet est rentable.

- **Développement de nouvelles disciplines sportives** : L'ajout de nouvelles disciplines ou catégories, tel que le sport féminin ou pour les jeunes, peut diversifier les sources de revenus. Toutefois, ces initiatives doivent être évaluées en termes de coûts supplémentaires (coachs, équipements) et de leur potentiel à générer des revenus.
- **Recrutement de joueurs ou de personnel** : L'embauche de joueurs célèbres ou d'entraîneurs réputés peut augmenter les coûts fixes, mais aussi attirer davantage de revenus (commanditaires, billetterie, produits dérivés). Une analyse coût-bénéfice est essentielle pour justifier ces recrutements.

Décisions de tarification dans les organisations sportives

La tarification est le processus par lequel une entreprise décide du montant à facturer pour ses produits ou services. Dans le contexte sportif, cela peut inclure les billets pour les événements, les abonnements, les produits dérivés et les services connexes comme le stationnement et la restauration.

Dans un contexte de ressources limitées, les organisations sportives doivent prioriser les activités les plus rentables. L'analyse des coûts permet d'identifier les segments générant les marges les plus élevées et d'allouer les budgets en fonction de cette analyse.

Exemple : Un club sportif universitaire procède à une analyse des revenus et des coûts variables associés à chaque discipline. Constatant que le football génère une marge sur coûts variables plus élevée que le tennis, il choisit d'allouer une part plus importante de son budget à cette discipline afin d'optimiser l'utilisation de ses ressources.

Différentes stratégies tarifaires permettent d'optimiser les revenus tout en répondant aux attentes des consommateurs :

- **Tarification dynamique** : ajuster les prix en fonction de la demande (p. ex. : matchs à fort enjeu);
- **Tarification par segments** : offrir des tarifs réduits pour certains publics (étudiants, familles);
- **Tarification basée sur la valeur** : fixer des prix plus élevés pour des événements particuliers (finales, compétitions internationales).

Ces stratégies permettent de mieux gérer les flux financiers dans un secteur saisonnier.

Les Jeux olympiques et la tarification par segments

Les Jeux olympiques sont un exemple réel de tarification par segments. Lors des JO, les prix des billets sont ajustés en fonction de différents segments de public :

- *Tarifs réduits pour les résidents locaux* : pour favoriser la participation de la population locale, des billets à prix réduit sont souvent proposés aux habitants de la ville ou du pays hôte. Lors des JO de Paris 2024, les Français ont eu l'occasion d'acheter des billets à tarif réduit.

- *Prix différenciés selon les catégories d'événements* : les billets pour des finales ou des compétitions très populaires, tels que l'athlétisme ou la natation, sont vendus à des prix élevés. Au contraire, pour des disciplines moins demandées, les prix sont plus faibles.
- *Offres spéciales pour les familles ou les groupes* : certains comités organisateurs offrent des forfaits familiaux ou des réductions pour les groupes, afin d'attirer un public plus large et diversifié.
- *Zones tarifaires dans les stades* : les billets sont souvent segmentés selon la localisation dans le stade ou l'arène. Par exemple, les places en bord de piste sont beaucoup plus chères que celles situées dans les zones éloignées ou avec une vue restreinte.

La National Basketball Association (NBA) et la tarification dynamique

La NBA utilise la tarification dynamique pour maximiser les revenus de billetterie tout en répondant aux variations de la demande. Cette stratégie ajuste en temps réel le prix des billets en fonction de divers facteurs, ce qui permet d'optimiser les revenus tout en répondant aux préférences des spectateurs.

Les équipes de la NBA utilisent des algorithmes pour déterminer les prix des billets en fonction des données suivantes :

- *Popularité de l'adversaire* : les matchs contre des équipes très populaires, comme les Los Angeles Lakers, attirent généralement une forte demande. Les billets pour ces matchs sont donc vendus à un prix plus élevé.
- *Performances des équipes* : si une équipe locale est en tête de sa division ou connaît une série de victoires, la demande pour ces matchs augmente, ce qui entraîne une hausse des prix.
- *Moment du match* : les matchs programmés pendant les périodes de vacances ou les week-ends, lorsque les spectateurs sont plus disponibles, sont souvent vendus à un prix plus élevé que ceux programmés en semaine.
- *Disponibilité des sièges* : plus le nombre de sièges disponibles diminue, plus les prix augmentent. Cette pratique encourage les spectateurs à acheter leurs billets rapidement avant que les prix ne montent.
- *Facteurs externes* : la météo, les nouvelles sportives (p. ex. : un joueur vedette blessé ou absent) et même les résultats des autres équipes de la ligue peuvent influencer les prix des billets.

Études de cas : Le club de hockey « Glace Étoilée »

Le club de hockey Glace Étoilée[65] fait face à des difficultés financières persistantes malgré une infrastructure moderne et une base de supporters fidèles. Affichant des déficits annuels récurrents, le club doit composer avec une gestion des coûts peu optimisée, une structure de revenus limitée et des performances sportives fluctuantes. Sa patinoire de 10 000 places, bien située, n'est remplie qu'à 60 % en moyenne, et ses revenus proviennent essentiellement de la billetterie, complétés par des recettes de restauration et de produits dérivés. Avec des coûts fixes annuels s'élevant à 2,5 millions de dollars et des coûts variables

65. Le club de hockey « Glace Étoilée » est un cas fictif.

par spectateur de 5 dollars, la rentabilité du club est mise à mal par une dépendance excessive aux ventes de billets, dont le prix moyen est fixé à 20 dollars. Pour inverser cette tendance, Glace Étoilée cherche à élaborer une stratégie visant à améliorer sa rentabilité tout en renforçant son attractivité auprès des spectateurs et des partenaires.

L'environnement concurrentiel accentue les défis du club, certaines équipes, comme Hockey Vedettes, ayant adopté des stratégies plus efficaces. Elles optimisent leurs coûts grâce à des partenariats locaux et augmentent leurs revenus par des promotions attrayantes combinant billets et produits dérivés. Ces approches démontrent que des ajustements stratégiques peuvent constituer des leviers puissants pour assurer la viabilité financière d'un club.

Dans ce contexte, Glace Étoilée souhaite mettre en place une révision stratégique autour de trois objectifs majeurs :

1. Améliorer la rentabilité financière à court et moyen termes en réduisant les coûts et/ou en augmentant les revenus;
2. Renforcer l'expérience spectateur pour fidéliser la base existante et attirer de nouveaux spectateurs;
3. Assurer la pérennité organisationnelle en adoptant des pratiques responsables et durables.

Pour y parvenir, le club doit identifier les leviers financiers et opérationnels les plus efficaces, tout en minimisant les risques liés aux hausses de prix ou aux réductions de coûts, qui pourraient affecter la satisfaction des spectateurs et des employés. L'intégration d'aspects ESG (environnementaux, sociaux et de gouvernance) sera également un facteur clé dans cette réflexion.

Dans ce cadre, vous êtes mandaté en tant que consultant pour analyser la situation financière du club et formuler des recommandations stratégiques. Votre mission consiste à réaliser une analyse coût-volume-résultat afin de déterminer le seuil de rentabilité du club, puis à proposer trois scénarios stratégiques permettant de réduire les coûts ou d'augmenter les revenus à court et moyen termes. Enfin, vous devrez évaluer les implications financières, opérationnelles et sociales des différentes stratégies envisagées, en tenant compte des réalités du club et des attentes de ses parties prenantes.

Données de base (club de hockey)

- Coûts fixes annuels : 2 500 000 $
- Coûts variables par spectateur : 5 $
- Capacité de la patinoire : 10 000 places
- Remplissage actuel : 60 % (6 000 spectateurs par match)
- Nombre de matchs par saison : 50

Scénarios possibles :

- Augmentation des prix des billets de 10 %
- Réduction des coûts variables de 1 $ par spectateur
- Réduction des coûts fixes annuels de 10 %
- Augmentation du taux de remplissage à 70 %

Données comparatives d'un club comparable, le club Hockey Vedettes

- Capacité de la patinoire : 10 000 places
- Remplissage moyen : 75 %
- Prix moyen des billets : 25 $
- Coûts fixes annuels : 2 300 000 $
- Coûts variables par spectateur : 4 $

Observations

- Le club Hockey Vedettes gère ses coûts variables grâce à des partenariats locaux pour la restauration.
- Stratégie principale : promotion régulière par des offres groupées (billet + produit dérivé).

Corrigé du cas : Le club de hockey « Glace Étoilée »

Les calculs nécessaires pour une analyse des coûts-volume-résultat (CVR) et pour la détermination du point mort sont fournis ci-dessous. Ils permettront de faire une évaluation des différents scénarios stratégiques.

- Recettes totales par saison : 50 matchs × 6 000 spectateurs × 20 $ = 6 000 000 $
- Coûts variables totaux : 6 000 spectateurs × 5 $ × 50 matchs = 1 500 000 $
- Coûts fixes annuels : 2 500 000 $

À partir de ces données, il est possible de calculer la marge sur coûts variables et le taux de marge sur coût variable.

- Marge sur coûts variables : 6 000 000 $ – 1 500 000 $ = 4 500 000 $
- Taux de marge sur coût variable : $\frac{\text{MCV}}{\text{Recette totale}} = \frac{4\ 500\ 000\ \$}{6\ 000\ 000\ \$} = 0{,}75$

Le taux de marge sur coût variable est utile pour déterminer le point mort, c'est-à-dire le niveau d'activité pour lequel les revenus couvrent les charges.

- Point mort : $\frac{\text{CF}}{\text{Taux de marge sur coût variable}} = \frac{2\ 500\ 000\ \$}{0{,}75} = 3\ 333\ 333\ \$$
- Seuil de rentabilité (en spectateurs par match) : $\frac{3\ 333\ 333}{20\ \$ \times 50\ \text{matchs}} = 3\ 333$ spectateurs

Le seuil de rentabilité est atteint lorsque les revenus sont égaux à 3 333 333 $, c'est-à-dire lorsque 3 333 spectateurs assistent à chacun des matchs.

Trois scénarios stratégiques peuvent être envisagés afin de réduire les coûts et d'augmenter les revenus.

- **Augmenter le taux de remplissage à 70 %**

  Le premier scénario repose sur une augmentation du taux de remplissage des matchs, en passant de 60 % à 70 %. Cette hausse pourrait être atteinte par la mise en place de promotions ciblées et d'offres attrayantes. Par exemple, des campagnes marketing axées sur des billets groupés pour les familles ou des *packs* combinant billets et produits dérivés pourraient séduire une audience plus large.

  Ce scénario exploite le potentiel inutilisé de la patinoire tout en renforçant l'engagement des spectateurs envers le club. Cependant, il nécessite une planification rigoureuse pour éviter une perception négative liée à des baisses ponctuelles de prix.

  Conséquences financières

  › Augmentation de 10 % du taux de remplissage, soit 1000 spectateurs supplémentaires par match;

  › Recettes supplémentaires : 1 000 × 20 $ × 50 matchs = 1 000 000 $.

- **Réduire les coûts fixes de 10 %**

  Le second scénario vise à réduire les coûts fixes annuels de 10 %, soit une économie directe de 250 000 $. Cela pourrait être réalisé en optimisant les opérations administratives et en renégociant certains contrats liés à l'entretien des infrastructures ou à des services externes.

  Parallèlement, une révision des processus internes, telle que l'automatisation de certaines tâches ou l'ajustement des horaires de travail des employés permanents en fonction des périodes d'activité, pourrait également contribuer à cette réduction.

  Toutefois, toute mesure dans cette direction devrait être mise en œuvre avec précaution pour éviter une surcharge de travail pour les employés ou une détérioration des conditions de travail.

  Conséquences financières

  › Économie réalisée : 10 % × 2 500 000 $ = 250 000 $ économisés

- **Optimiser les coûts variables à 4 $/spectateur**

  Le troisième scénario consiste à diminuer les coûts variables par spectateur, en les réduisant de 5 $ à 4 $. Cette réduction de 1 $ par spectateur pourrait être obtenue grâce à des partenariats stratégiques avec des fournisseurs locaux, notamment pour la restauration et les produits dérivés. Par exemple, des accords avec des entreprises locales permettraient d'optimiser la logistique et de réduire les coûts.

  Conséquences financières

  › Optimisation via des partenariats locaux pour la restauration ou les services;

  › 50 matchs × 6 000 spectateurs × 1 $ économisé = 300 000 $.

Ces trois stratégies ont des implications pour le club en matière de performance financière, opérationnelle et en termes d'impact social et environnemental.

- **Performance financière**

  Sur le plan financier, l'augmentation du taux de remplissage à 70 % pourrait générer une hausse substantielle des recettes, estimée à 1 000 000 $ supplémentaires par saison. Associées à une réduction de 10 % des coûts fixes et à une optimisation des coûts variables par spectateur, ces mesures combinées permettraient d'améliorer la marge opérationnelle de 1 550 000 $ au total. Cette progression renforcerait la viabilité financière du club et réduirait sa dépendance aux revenus purement liés à la billetterie, en stabilisant son seuil de rentabilité.

› Total des actifs financiers : 1 000 000 $ (augmentation des recettes) + 250 000 $ (réduction des coûts fixes) + 300 000 $ (réduction des coûts variables) = 1 550 000 $;

› Amélioration significative de la marge opérationnelle et réduction du seuil de rentabilité.

- **Performance opérationnelle**

Du point de vue opérationnel, une meilleure fréquentation des matchs aurait pour effet de dynamiser l'ambiance de la patinoire, ce qui renforcerait l'attractivité du club auprès des spectateurs existants et potentiels. En parallèle, l'établissement de partenariats locaux, notamment pour la restauration, contribuerait non seulement à réduire les coûts logistiques, mais aussi à intégrer le club dans une dynamique économique régionale. Cela pourrait également améliorer l'image du club en tant qu'acteur engagé dans le tissu local. Par ailleurs, la mise en place d'un programme d'abonnement adapté à la sensibilité des spectateurs pourrait fidéliser la base de supporters tout en stabilisant les flux de trésorerie, en réduisant la dépendance aux spectateurs occasionnels.

› *Taux de remplissage augmenté* : La hausse de fréquentation pourrait entraîner une meilleure ambiance lors des matchs, augmentant l'attractivité du club;

› *Partenariats locaux* **:** renforcer Les relations communautaires et réduire les coûts logistiques;

› *Programme d'abonnement* : Fidéliser les supporters, stabiliser les revenus et réduire la dépendance aux spectateurs occasionnels.

- **Impact social et ESG**

Enfin, les implications sociales et environnementales de ces recommandations sont alignées avec une stratégie ESG (environnement, social et gouvernance). Les partenariats locaux renforceraient l'économie régionale, favorisant un modèle d'affaires durable. De plus, en diversifiant les sources de revenus à travers des offres groupées et des initiatives innovantes, le club renforcerait sa responsabilité sociale tout en répondant aux attentes des parties prenantes.

Parallèlement, des actions de réduction de l'empreinte écologique (p. ex. : une gestion plus responsable des déchets) permettraient au club de s'affirmer comme une organisation sportive moderne et consciente de son influence.

- *Partenariats locaux* : Soutien à l'économie locale en collaborant avec des entreprises régionales;
- *Expérience spectateur améliorée* : Offres groupées (billet + produit dérivé ou restauration) pour renforcer la satisfaction et diversifier les sources de revenus;
- *Responsabilité sociale* : Réduction des coûts par des initiatives durables (p. ex. : réduction des déchets, utilisation de ressources locales).

Conclusion

Pour atteindre ses objectifs stratégiques, le club Glace Étoilée doit mettre en place une approche globale combinant optimisation des revenus, maîtrise des coûts et engagement des parties prenantes.

- Il est essentiel de prioriser l'augmentation du taux de remplissage en mettant en œuvre des promotions ciblées et des offres attrayantes afin d'attirer un plus grand nombre de spectateurs.
- Parallèlement, une réduction des coûts variables peut être réalisée grâce à des partenariats locaux, permettant d'améliorer la rentabilité sans compromettre la qualité de l'expérience offerte.
- La diversification des sources de revenus constitue également un levier clé, notamment par le développement d'une stratégie d'engagement des spectateurs, incluant des offres groupées combinant billetterie, restauration et produits dérivés.
- Enfin, l'adoption d'une approche ESG intégrée dans la gestion du club permettra non seulement de répondre aux attentes croissantes des parties prenantes en matière de responsabilité sociale et environnementale, mais aussi d'optimiser la performance financière sur le long terme.

Étude de cas : organisation du gala de boxe de SportEvents Inc.

Dans un marché du divertissement sportif de plus en plus concurrentiel, SportEvents Inc.[66], un promoteur bien établi à Montréal, envisage d'organiser un gala de boxe d'envergure dans une grande salle de spectacle. L'événement mettra en vedette un combat principal opposant une vedette québécoise à un boxeur international, ainsi que plusieurs combats préliminaires destinés à attirer un large public.

Ce type d'événement représente une opportunité majeure de visibilité et de revenus, mais comporte aussi d'importants risques financiers. Le succès repose non seulement sur la vente de billets, mais aussi sur la capacité à mobiliser des partenaires médiatiques, à sécuriser des commandites et à maîtriser les coûts logistiques.

SportEvents Inc. doit donc déterminer si cet investissement est viable et sous quelles conditions il pourrait l'être. Deux options sont envisagées : prendre l'entière responsabilité financière de l'événement ou s'associer à un partenaire stratégique pour en partager les risques et les bénéfices.

66. L'organisation du gala de boxe SportEvents inc est un cas fictif.

Tableau 71 Données financières du gala de boxe

Revenus	Coûts
Ventes de billets • Capacité de la salle : 12 000 places • Prix moyen du billet : 100 $ • Recettes potentielles : 1 200 000 $ **Droits de diffusion télévisée** • Accord avec une chaîne sportive : 300 000 $ **Commandites et partenariats** • Contrats publicitaires avec des marques de sport : 250 000 $ **Recettes secondaires (concessions, vente de produits dérivés…)** • Estimation : 100 000 $	**Coûts fixes estimés** • Location de la salle : 100 000 $ • Production audiovisuelle et logistique : 75 000 $ • Sécurité et personnel (arbitres, juges, médecins) : 50 000 $ • Marketing et promotion : 80 000 $ • Rémunération des boxeurs et entraîneurs : 500 000 $ • Assurance et frais administratifs : 30 000 $ • Divers imprévus : 25 000 $

Corrigé du cas : organisation du gala de boxe de SportEvents Inc.

Afin de déterminer le seuil de rentabilité et de choisir la meilleure option pour SportEvents Inc., il est nécessaire de se poser des questions :

- Si seuls les revenus des billets sont pris en compte, combien de billets doivent être vendus pour couvrir les coûts fixes ?
- Quelle est la marge de sécurité si l'événement ne se remplit qu'à 75 % ou 50 % de sa capacité ?

Il est également possible de se poser des questions à propos de scénarios de rentabilité :

- Quel est le rendement de l'investissement si le gala se vend à guichets fermés ?
- Quels sont les risques si les ventes de billets sont inférieures aux attentes ?
- Quel serait l'impact d'une annulation ou d'un report de l'événement ?

1. **Calculer le seuil de rentabilité : combien de billets doivent être vendus pour couvrir les coûts fixes ?**

   Revenus liés à la billetterie

   La recette maximale possible avec toutes les places vendues est :

   $$12\,000 \text{ places} \times 100\,\$ = 1\,200\,000\,\$$$

   Le seuil de rentabilité correspond au nombre de billets à vendre pour couvrir les 860 000 $ de coûts fixes :

   $$\frac{860\,000\,\$}{100\,\$} = 8\,600 \text{ billets}$$

   SportEvents Inc. doit vendre au moins 8 600 billets pour atteindre l'équilibre financier.

Évaluation des risques

› Si seuls 75 % des billets sont vendus (9 000 billets) :

Revenus = 9 000 billets × 100 $ = 900 000 $
Profit = revenus – coûts fixes = 900 000 $ – 860 000 $ = 40 000 $

› Si seuls 50 % des billets sont vendus (6 000 billets) :

Revenus = 6 000 billets × 100 $ = 600 000 $
Pertes = revenus – coûts fixes = 600 000 $ – 860 000 $ = (260 000 $)

2. Évaluer les risques : quels sont les principaux facteurs pouvant affecter la rentabilité ?

Les principaux risques sont les suivants :

› *Dépendance au boxeur principal* : une blessure ou un désistement peut compromettre la vente de billets;

› *Météo ou autres imprévus* : une tempête ou un événement concurrent peut réduire l'affluence;

› *Frais imprévus* : coûts de sécurité supplémentaires, cachets plus élevés des boxeurs, etc.;

› *Droits TV incertains* : les négociations peuvent être moins favorables que prévu.

3. Optimisation des revenus : quelles stratégies peuvent être mises en place pour maximiser les profits ?

Différentes stratégies peuvent être mises en place afin d'optimiser les revenus. Ces stratégies peuvent concerner la principale source de revenus, la billetterie, mais également la diversification des autres sources de revenus.

Tout d'abord, la billetterie peut être optimisée en appliquant une tarification dynamique, qui ajusterait les prix en fonction de la demande, notamment pour les places VIP. Une autre approche consiste à proposer des expériences exclusives, telles que des rencontres avec les boxeurs ou des accès aux coulisses, qui pourraient justifier un tarif plus élevé pour certains billets. Des offres groupées et des forfaits familiaux pourraient également encourager un public plus large à assister à l'événement.

En complément, la diversification des sources de revenus est essentielle. La négociation de droits de diffusion avec une chaîne sportive pourrait rapporter 300 000 $ et assurer une source de revenus stable indépendamment des ventes de billets. Les commanditaires et partenaires commerciaux représentent un autre levier financier important, avec une estimation de 250 000 $ en contrats publicitaires. Enfin, les recettes secondaires, incluant la vente de marchandises, la restauration et les concessions sur place, pourraient générer un supplément de 100 000 $. En combinant ces stratégies, SportEvents Inc. augmenterait significativement ses chances de succès financier, même en cas de ventes de billets en deçà des prévisions initiales.

4. Choix d'investissement : quelle option recommanderiez-vous au promoteur et pourquoi ?

L'option consistant à gérer l'événement en interne offre une forte rentabilité potentielle si l'événement connaît un succès, mais expose également l'entreprise à des pertes importantes en cas de ventes insuffisantes. En revanche, un partenariat avec un investisseur, une chaîne de télévision ou un commanditaire principal permettrait de sécuriser une partie des revenus et de limiter les pertes financières potentielles, au prix d'une marge bénéficiaire réduite.

Une approche équilibrée pourrait être recommandée : SportEvents Inc. pourrait structurer un modèle hybride en négociant un accord garantissant un minimum de financement par les droits TV et la commandite, tout en conservant une part importante des bénéfices issus de la billetterie. Ainsi, l'entreprise réduirait son exposition au risque tout en conservant un potentiel de rentabilité intéressant. Le choix final dépendra de la tolérance au risque du promoteur et de sa capacité à absorber une éventuelle perte.

Partie 4

Budget et tableau de bord

La gestion financière des organisations sportives repose sur deux piliers fondamentaux : la maîtrise de la gestion des budgets et le suivi des performances à travers les tableaux de bord. Dans un environnement où les ressources sont souvent limitées et où les fluctuations économiques et sportives influencent directement les finances, une planification rigoureuse et un contrôle budgétaire efficace sont essentiels pour assurer la viabilité et la compétitivité des clubs, fédérations et événements sportifs.

D'un côté, **l'élaboration d'un budget** permet aux dirigeants d'anticiper les besoins financiers, de fixer des objectifs clairs et d'allouer efficacement les ressources disponibles. Une bonne gestion budgétaire ne se limite pas à une simple projection des revenus et des dépenses; elle inclut également des mécanismes de flexibilité et d'adaptation aux imprévus, essentiels dans un secteur où les performances sportives, les contrats de commandites et la billetterie peuvent varier d'une saison à l'autre.

De l'autre, **le contrôle budgétaire et l'analyse des écarts** jouent un rôle clé pour assurer le respect des prévisions financières. En mesurant régulièrement les écarts entre le budget et la réalité, les gestionnaires peuvent ajuster leur stratégie, optimiser les coûts et identifier les occasions d'amélioration. Les études de cas présentées illustreront comment les clubs et événements sportifs appliquent ces principes pour maximiser leur rentabilité tout en maintenant une ambition sportive élevée.

Par ailleurs, **les tableaux de bord** constituent un outil de pilotage indispensable pour transformer les données budgétaires et opérationnelles en informations stratégiques exploitables. Ils permettent non seulement d'évaluer la performance financière, mais aussi de suivre des indicateurs clés liés à l'expérience des spectateurs, l'engagement des partenaires et même les impacts environnementaux des activités sportives. Un tableau de bord bien conçu offre ainsi une vision globale et dynamique, facilitant la prise de décision à tous les niveaux de l'organisation.

Chapitre 7

Budget et contrôle budgétaire

Dans le monde du sport, où les ressources financières sont souvent limitées tandis que les ambitions restent élevées, la budgétisation et le contrôle budgétaire constituent des leviers essentiels pour assurer la stabilité et la pérennité des organisations. Qu'il s'agisse de gérer les finances d'un club, de planifier un événement d'envergure ou d'entretenir des infrastructures coûteuses, les outils budgétaires permettent aux gestionnaires de prévoir, de structurer et de maîtriser les flux financiers avec rigueur.

Ce chapitre présente les fondements de la budgétisation et du contrôle budgétaire, tout en soulignant leur rôle stratégique dans la gouvernance des organisations sportives. Il expose les principales méthodologies et les outils indispensables à l'élaboration, au suivi et à l'ajustement des budgets dans un environnement marqué par l'incertitude et la variabilité. L'objectif est d'offrir aux lecteurs les repères nécessaires pour prendre des décisions éclairées et relever les défis financiers propres au secteur sportif.

Figure 6 Processus budgétaire

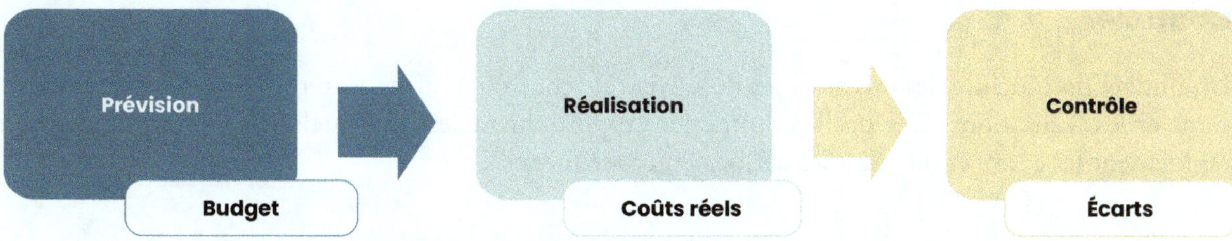

Section 1 – Élaboration d'un budget

L'élaboration d'un budget est un exercice fondamental pour toute organisation, permettant de structurer les ressources disponibles et d'assurer une gestion efficace des finances. **Un budget bien conçu constitue à la fois un outil de planification, de contrôle et d'aide à la prise de décision.**

Il permet d'anticiper les besoins financiers, de prévenir les écarts par rapport aux objectifs fixés et d'optimiser l'allocation des ressources. En intégrant une approche budgétaire rigoureuse, une organisation se donne les moyens d'améliorer sa performance financière tout en minimisant les risques d'imprévus.

Les principes fondamentaux de la budgétisation

Un budget efficace repose sur plusieurs principes clés qui garantissent sa pertinence et sa fiabilité. Dans le domaine sportif, où les sources de revenus peuvent fluctuer et les dépenses évoluer rapidement, l'application rigoureuse de ces principes permet de mieux gérer les incertitudes et d'assurer une stabilité financière. Ces principes, tels que la prévision réaliste, la flexibilité, la participation et le contrôle, offrent aux organisations sportives une structure solide pour optimiser leurs ressources et atteindre leurs objectifs stratégiques.

Prévision réaliste

Un budget doit s'appuyer sur des données fiables et des hypothèses réalistes. Dans un club sportif, cela inclut l'analyse des revenus passés, telle que la billetterie ou la vente de produits dérivés, ainsi que l'anticipation de nouvelles sources de revenus ou d'éventuels surcoûts (nouveaux joueurs, rénovation des infrastructures). Par exemple, un club de football peut utiliser les tendances de fréquentation des saisons précédentes pour estimer les ventes de billets pour la prochaine saison.

Flexibilité

Bien qu'un budget fixe des lignes directrices, il doit permettre des ajustements face à des imprévus ou à des occasions favorables. Par exemple, une organisation d'événements sportifs pourrait allouer un fonds d'urgence pour couvrir des dépenses imprévues, comme une hausse des coûts logistiques en raison de conditions météorologiques exceptionnelles.

Participation

Impliquer les différents services dans le processus de budgétisation favorise l'adhésion et l'alignement sur les objectifs communs. Dans un club sportif, cela peut inclure les entraîneurs pour évaluer les besoins de l'équipe.

Contrôle

Un budget doit inclure des mécanismes de suivi et de contrôle pour mesurer les écarts entre les prévisions et les réalisations. Des outils comme les rapports financiers mensuels permettent de détecter rapidement les écarts et d'ajuster les actions en conséquence.

Le budget du club de basketball Panthers de Montréal

Le club de basketball Panthers de Montréal prépare son budget pour la saison à venir. Son objectif est d'assurer une gestion efficace de ses finances tout en atteignant ses ambitions sportives, notamment en attirant plus de spectateurs et en améliorant les performances de l'équipe.

- **Étape 1 : prévision réaliste**

  Les Panthers analysent les revenus de la saison précédente :

  - Revenus de billetterie : 500 000 $
  - Ventes de marchandises : 150 000 $
  - Droits de diffusion : 300 000 $

  Ils anticipent une augmentation de 10 % des ventes de billets en raison de l'acquisition récente d'un joueur vedette. La prévision des revenus pour la saison est donc ajustée à 550 000 $ pour la billetterie. En revanche, les responsables identifient un risque d'augmentation des coûts logistiques en raison de nouvelles réglementations locales.

- **Étape 2 : flexibilité**

  Le club décide de constituer un fonds d'urgence de 50 000 $ pour faire face à des imprévus, tels que des coûts supplémentaires liés à l'organisation des matchs ou des réparations imprévues des installations. Ce fonds sera réévalué chaque trimestre.

- **Étape 3 : participation**

  Le processus de budgétisation implique plusieurs services :

  › Entraîneurs : le service estime qu'un budget de 100 000 $ est nécessaire pour de nouveaux équipements et des stages de préparation;

  › Marketing : le service envisage une campagne publicitaire pour un coût de 80 000 $ afin de promouvoir les matchs phares de la saison;

  › Direction générale : la direction valide les objectifs globaux et s'assure que les dépenses respectent les priorités stratégiques.

- **Étape 4 : contrôle**

  Les Panthers mettent en place un système de suivi mensuel pour comparer les dépenses et les revenus réels avec les prévisions budgétaires. Par exemple, si les revenus de billetterie au premier trimestre sont inférieurs aux attentes, le service marketing pourrait intensifier les efforts promotionnels ou ajuster les prix des billets pour attirer davantage de spectateurs.

Résultat et enseignements du processus budgétaire

Les différentes étapes du processus budgétaire permettent aux Panthers de Montréal de parvenir à gérer efficacement les coûts et à optimiser leurs revenus. Parallèlement, la constitution d'un fonds d'urgence s'avère utile pour couvrir des dépenses imprévues, comme faire face à des événements exceptionnels (p. ex. : panne d'éclairage, dégâts d'eau). Enfin, le suivi mensuel permet d'identifier rapidement un retard dans les ventes de marchandisage, conduisant à une nouvelle campagne promotionnelle ciblée.

Ce cas illustre les avantages liés à l'application des principes de prévision réaliste, de flexibilité, de participation et de contrôle lorsqu'ils s'intègrent dans un processus de budgétisation. Ces principes servent de guide essentiel pour les organisations sportives souhaitant maximiser leur efficacité et leur rentabilité.

Section 2 – Contrôle budgétaire et suivi

Le contrôle budgétaire est un processus essentiel pour garantir que les ressources financières sont utilisées efficacement et que les objectifs fixés dans le budget sont atteints. Étant donné le caractère saisonnier qui caractérise de nombreuses activités dans le monde sportif, un contrôle rigoureux est indispensable pour maintenir la viabilité financière et optimiser les performances opérationnelles.

Suivi budgétaire

Le suivi budgétaire consiste à comparer périodiquement les chiffres réels aux prévisions budgétaires. Il joue un rôle clé dans la gestion financière, en permettant aux organisations sportives de détecter les écarts, d'identifier les tendances et de réagir rapidement aux imprévus.

L'efficacité du suivi budgétaire repose sur différents principes :

- **Fréquence adaptée** : Le suivi doit être effectué régulièrement pour garantir une réactivité optimale. Par exemple, dans le cas des événements à court terme (p. ex. matchs, tournois), un suivi hebdomadaire est pertinent. Au contraire, dans le cadre d'activités récurrentes (p. ex. : abonnements, revenus de produits dérivés), un suivi mensuel ou trimestriel est correct.
- **Outils de suivi** : Les technologies modernes, comme les systèmes ERP[67] ou les tableurs avancés[68] facilitent la gestion et la visualisation des données financières.
- **Implication des parties prenantes** : Les directeurs de chaque service de l'organisation (équipe sportive, marketing, billetterie) doivent être impliqués dans le suivi pour garantir l'alignement sur les objectifs stratégiques.

Suivi budgétaire pour un tournoi de tennis

Un tournoi de tennis international, avec un budget initial de 5 millions de dollars, répartit ses dépenses principales comme suit :

- Logistique : 2 millions $
- Marketing : 1 million $
- Primes des joueurs : 1,5 million $
- Divers : 500 000 $

Lors de la première révision mensuelle, une dépense imprévue de 100 000 $ pour une infrastructure temporaire est détectée. Le suivi budgétaire montre que cette dépense compromet le budget divers, qui est déjà à 450 000 $.

Pour y remédier :

1. Le budget marketing est temporairement réduit de 200 000 $, en déplaçant certaines campagnes de médias vers des canaux moins coûteux.
2. Les commanditaires sont sollicités pour financer une partie de la dépense imprévue, réduisant ainsi l'incidence sur le budget global.

---

67. Un ERP (*Enterprise Resource Planning* ou progiciel de gestion intégrée) est un logiciel permettant de centraliser et de gérer en temps réel les principales fonctions d'une entreprise (comptabilité, finance, gestion des stocks, ressources humaines, etc.), en s'appuyant sur une base de données commune. Il vise à améliorer la coordination et l'efficacité des processus internes.
Exemple d'utilisation d'un ERP : Un club de football utilise un ERP pour suivre en temps réel les revenus issus de la billetterie et des produits dérivés. Les données consolidées permettent d'identifier rapidement les écarts et de générer des rapports détaillés pour chaque service.
68. Les tableurs sont des outils populaires, particulièrement pour les petites structures sportives. Grâce à des fonctionnalités avancées telles que les formules, les tableaux croisés dynamiques et les graphiques, ils permettent de suivre les prévisions budgétaires et les dépenses réelles.
Exemple d'utilisation dans le sport : Une organisation de course à pied utilise un tableur pour comparer les dépenses de chaque événement à son budget alloué, en intégrant des alertes automatiques lorsque les dépenses dépassent un certain seuil.

À l'aide du suivi budgétaire, l'équipe a pu maintenir une flexibilité financière et s'assurer que le tournoi reste dans les limites budgétaires sans compromettre son succès opérationnel.

Finalement, le suivi budgétaire régulier permet non seulement de détecter et de corriger des anomalies financières, mais aussi de fournir une base solide pour l'analyse des écarts. Cette dernière constitue une étape critique pour affiner les stratégies budgétaires et optimiser la performance organisationnelle.

Analyse des écarts

L'analyse des écarts est une étape essentielle du contrôle budgétaire. Elle identifie les divergences entre les montants budgétés et les résultats réels, mettant en lumière les sources de dépassement ou de sous-utilisation des ressources. Ces informations servent de levier pour ajuster les stratégies financières et optimiser l'allocation des ressources.

Les écarts peuvent être décomposés en plusieurs types :

- **Les écarts de revenus** reflètent les différences entre les recettes prévues et celles réellement perçues. Par exemple, un club de basketball peut anticiper des recettes de billetterie de 1,2 million de dollars pour une saison, mais ne générer que 950 000 dollars en raison d'une faible affluence liée à des performances décevantes ou à des conditions climatiques défavorables. Ces écarts mettent en lumière les lacunes dans les prévisions ou les aléas externes ayant affecté les résultats.
- **Les écarts de dépenses** soulignent les dépassements ou les économies par rapport aux budgets alloués. Ces différences peuvent résulter de coûts imprévus, comme une augmentation des prix des fournitures ou d'une gestion plus efficace que prévu. Par exemple, un budget de 300 000 $ alloué à la logistique pour un tournoi pourrait être dépassé pour atteindre 350 000 $, en raison de frais de transport additionnels liés à des reprogrammations de dernière minute.
- **Les écarts de marge ou de profit** mesurent les variations entre les bénéfices prévus et ceux réellement obtenus. Ces écarts sont souvent influencés par une combinaison des écarts de revenus et de dépenses. Une ligue de football, par exemple, pourrait prévoir une marge bénéficiaire de 15 %, mais n'en obtenir que 10 % en raison de recettes insuffisantes et de dépenses plus élevées que prévu.

L'analyse des écarts repose sur des méthodes quantitatives permettant de mesurer et de contextualiser ces différences.

La variance absolue est la simple différence entre les montants budgétés et réels. Elle offre une vue d'ensemble rapide des écarts :

$$\text{Variance absolue} = \text{valeur réelle} - \text{valeur budgétée}$$

La variance en pourcentage met en perspective les écarts en les exprimant sous forme de pourcentage du montant budgété. Elle est utile pour évaluer la significativité d'un écart :

$$\text{Variance (en \%)} = \frac{\text{valeur réelle} - \text{valeur budgetée}}{\text{valeur budgetée}} \times 100$$

Les résultats obtenus lors de la mesure des écarts doivent ensuite être étudiés. Le processus d'analyse des écarts est le suivant :

1. **Identification des écarts** : *les données réelles sont comparées aux prévisions pour repérer les écarts significatifs. Cela inclut la segmentation par catégories de coûts ou de revenus pour mieux cerner les déviations.*
2. **Compréhension des causes** : une fois les écarts identifiés, il est essentiel d'en comprendre les causes. Ces dernières peuvent être internes (p. ex. : erreurs de prévision, inefficacités opérationnelles) ou externes (p. ex. : variations de prix du marché, changements dans la demande, conditions climatiques).
3. **Communication des résultats** : les résultats de l'analyse doivent être communiqués aux parties prenantes concernées, comme les gestionnaires ou les membres de la direction, afin qu'elles puissent prendre des décisions éclairées.
4. **Mise en œuvre des actions correctives** : des mesures adaptées doivent être prises pour rectifier les écarts ou pour ajuster les budgets futurs. Les solutions doivent être appliquées rapidement, mais de manière structurée. Cela peut nécessiter la coordination entre différents services pour assurer une exécution efficace.
5. **Suivi et évaluation** : une fois les actions correctives mises en place, leur efficacité doit être suivie. Cette démarche permet de s'assurer que les écarts sont résorbés et que les objectifs budgétaires restent atteignables.

L'analyse des écarts d'une ligue de basketball

Une ligue de basketball dispose d'un budget total de 10 millions de dollars pour sa saison. Cette ligue remarque des écarts importants dans plusieurs catégories du budget :

- Les recettes de billetterie, prévues à 6 millions de dollars, atteignent seulement 5,4 millions de dollars en raison d'une faible affluence.
- Les dépenses marketing, budgétées à 1 million de dollars, augmentent à 1,2 million en raison d'une campagne promotionnelle non prévue pour attirer davantage de spectateurs.
- Les coûts de transport, estimés à 1,5 million de dollars, dépassent le budget pour atteindre 1,8 million de dollars, principalement à cause de déplacements imprévus pour des matchs reprogrammés.

Tableau 72 Analyse des écarts dans le budget de la ligue de basketball

Catégorie	Budget	Réel	Écart	Écart
Billetterie	6 000 000 $	5 400 000 $	(600 000 $)	– 10 %
Marketing	1 000 000 $	1 200 000 $	+ 200 000 $	+ 20 %
Transport	1 500 000 $	1 800 000 $	+ 300 000 $	+ 20 %
Autres postes	1 500 000 $	1 500 000 $	0 $	0 %
Total	10 000 000 $	9 900 000 $	(100 000 $)	– 1 %

En examinant ces écarts, la ligue de basketball identifie les facteurs spécifiques ayant contribué aux variations. Pour les recettes de billetterie, elle décide d'intensifier ses efforts de marketing numérique pour les matchs restants. Concernant les dépenses marketing, elle revoit ses priorités pour s'assurer que seules les initiatives ayant un fort rendement du capital investi sont poursuivies. Enfin, pour réduire les coûts de transport futurs, la ligue envisage de signer des contrats à prix fixe avec des prestataires de transport.

Cet exemple confirme que l'analyse des écarts, lorsqu'elle est correctement menée, offre de nombreux bénéfices. Elle permet non seulement de réagir rapidement aux variations imprévues, mais également d'améliorer les processus budgétaires pour les périodes futures. En responsabilisant les gestionnaires et en offrant une meilleure visibilité sur les performances financières, cette analyse contribue à optimiser les résultats globaux de l'organisation.

Il est important de noter que tous les écarts n'ont pas le même effet sur la performance. Seuls les écarts significatifs, c'est-à-dire ceux ayant une influence majeure sur les finances ou les opérations, doivent être identifiés. Par exemple, un dépassement important dans le budget des transports d'une équipe peut nécessiter une attention immédiate, alors qu'un écart mineur dans les fournitures de bureau peut être géré à plus long terme.

Tableau 73 Typologie d'actions correctives selon les écarts

Écarts de revenus	Écarts de dépenses	Écarts de profits ou marges
• Revoir la stratégie tarifaire pour les billets ou les produits dérivés. • Intensifier les campagnes marketing pour stimuler les ventes. • Diversifier les sources de revenus (p. ex. : organiser des événements non sportifs).	• Identifier et éliminer les dépenses inutiles. • Renégocier les contrats avec les fournisseurs pour obtenir des tarifs avantageux. • Optimiser les processus internes pour améliorer l'efficacité opérationnelle.	• Réviser les structures de coûts pour améliorer les marges. • Ajuster les prévisions de revenus et de dépenses pour aligner les attentes sur la réalité. • Implémenter des stratégies pour augmenter la rentabilité, comme des partenariats ou des réductions de coûts ciblés.

Section 3 – Budgétisation et contrôle dans différents types d'entités sportives

La budgétisation et le contrôle budgétaire sont des outils essentiels pour la viabilité financière et opérationnelle des entités sportives. Il est ici utile d'explorer les approches spécifiques adoptées par les clubs sportifs, les organisations d'événements sportifs et les gestionnaires d'infrastructures sportives, en mettant l'accent sur des exemples réels tirés du sport nord-américain et nautique.

Clubs sportifs

Les clubs sportifs génèrent leurs revenus à partir de sources variées, notamment la billetterie, les droits de diffusion, le marchandisage et la commandite. Cependant, ces flux de revenus sont souvent imprévisibles et étroitement liés aux performances sportives. **Une budgétisation efficace repose donc sur une diversification des revenus et une gestion prudente des dépenses.**

La descente de Leeds United[69]

Dans les années 2000, Leeds United a illustré les risques d'une mauvaise planification financière. Le club a fait face à une crise majeure après sa relégation, en raison de sa forte dépendance aux droits de diffusion de la Premier League. Les revenus ont chuté, mais les coûts fixes élevés (salaires des joueurs, infrastructures) sont restés constants. En conséquence, le club a été contraint de vendre ses meilleurs joueurs pour éviter la faillite.

- *1997-2001 – Ascension et dépenses* : Sous la direction de David O'Leary, Leeds United investit massivement dans des joueurs coûteux, espérant des succès en Ligue des Champions. En 2000, Leeds atteint les demi-finales de la Ligue des Champions, mais échoue à se qualifier pour la compétition en 2001.
- *2001-2002 – Début des problèmes financiers* : Leeds termine cinquième en Premier League, manquant la qualification pour la Ligue des Champions et les revenus associés. Le club commence à accumuler des dettes importantes, estimées à environ 100 millions de livres.
- *2002-2003 – Ventes de joueurs clés* : Pour réduire ses dettes, Leeds vend plusieurs de ses meilleurs joueurs, dont Rio Ferdinand à Manchester United pour 30 millions de livres. Malgré ces ventes, les problèmes financiers persistent et le club continue de s'endetter.
- *2003-2004 – Relégation et administration* : Leeds est relégué en Championship[70] à la fin de la saison 2003-2004.
- *2007-2010 – Reconstruction* : En 2007, le club entre en administration, entraînant une restructuration majeure et une pénalité de 10 points. Leeds passe trois saisons en League One (troisième division anglaise) avant de remonter en Championship en 2010. Le club continue de lutter financièrement, mais parvient à stabiliser sa situation sous de nouveaux propriétaires.

La gestion budgétaire des New York Yankees[71]

Dans la Major League Baseball (MLB), les New York Yankees maîtrisent l'art de concilier dépenses élevées et rentabilité. Grâce à leur stratégie budgétaire, ils optimisent leur masse salariale pour rester compétitifs tout en générant des revenus substantiels, atteignant environ 700 millions de dollars par an via le marchandisage et les droits de diffusion. Leur gestion de la *luxury tax*, une taxe imposée aux équipes dont la masse salariale dépasse un certain seuil, démontre une planification adaptée au cadre réglementaire. Les Yankees, souvent au-dessus de ce seuil, préfèrent payer cette taxe pour maintenir une équipe compétitive. Des contrats importants, comme ceux d'Aaron Judge et de Gerrit Cole, illustrent leur engagement à investir massivement pour rester au sommet.

---

69. Pour plus d'informations, voir :
    - Conn, D. (2007). *The Beautiful Game? Searching for the Soul of Football.* Random House.
    - BBC News. (2004). *Leeds United's financial meltdown.*
    - ABC News. (2004). *Leeds United : Chronology of a financial meltdown.*
70. En Angleterre, la **Championship** désigne **la deuxième division** du football professionnel, **juste en dessous de la Premier League**.
71. Pour plus d'informations, voir :
    - Brown, M. (2017). The Yankees Index : Every Number Tells a Story. Triumph Books.
    - Site Internet Spotrac : *New York Yankees Payroll.* https://www.spotrac.com/mlb/new-york-yankees/yearly

La gestion salariale des San Antonio Spurs

Dans l'univers compétitif de la NBA, les San Antonio Spurs se démarquent comme un modèle de rigueur économique et de performance durable. Contrairement à d'autres franchises qui misent sur des signatures de joueurs réputés et coûteux pour acheter le succès, les Spurs ont bâti une stratégie budgétaire stable et efficace.

La culture de la gestion rigoureuse est ancrée dans les pratiques en matière de rémunération des joueurs. Tim Duncan, l'un des meilleurs joueurs de l'histoire de la NBA, a accepté à plusieurs reprises des réductions de salaire pour permettre à l'équipe de rester compétitive. Cette flexibilité a facilité le recrutement et la rétention d'autres joueurs clés, illustrant une vision à long terme.

De même, le recrutement est basé sur une détection de qualité et un développement interne efficace. Les recruteurs ont réussi à repérer des joueurs sous-évalués lors du repêchage et à les transformer en piliers de l'équipe.

Par exemple, les joueurs Manu Ginóbili (57e choix en 1999) et Tony Parker (28e en 2001) ont été recrutés tard dans le repêchage. Ils sont pourtant devenus des pièces maîtresses de l'équipe et ont contribué à plusieurs titres NBA, avec des contrats bien inférieurs aux standards des stars de la ligue.

Enfin, San Antonio a historiquement préféré recruter des joueurs de rôle efficaces à un coût raisonnable. Ainsi, Boris Diaw a été recruté pour un faible coût et a joué un rôle crucial dans la victoire de 2014.

Organisations d'événements sportifs

Les organisations d'événements sportifs font face à des incertitudes importantes, qu'il s'agisse des revenus de billetterie, des droits de diffusion ou des commanditaires. Les coûts variables (logistique, sécurité, primes des athlètes) et les aléas externes (météo, pandémie) nécessitent une planification flexible.

Les Jeux olympiques de Los Angeles 1984[72]

Les Jeux de Los Angeles ont marqué un tournant dans la gestion budgétaire des événements sportifs. En utilisant des infrastructures existantes, comme le Los Angeles Memorial Coliseum, et en attirant des commanditaires privés, les organisateurs ont non seulement équilibré leur budget, mais ils ont aussi dégagé un excédent de 250 millions de dollars. Les contrats de diffusion télévisée et les accords de commandites ont joué un rôle crucial dans ce succès. Ce modèle est devenu une référence pour les événements à grande échelle, démontrant qu'il est possible de réaliser des bénéfices tout en organisant des événements de grande envergure.

---

72. Pour plus d'informations, voir :
- Zimbalist, A. (2015). *Circus Maximus : The Economic Gamble Behind Hosting the Olympics and the World Cup*. Brookings Institution Press.
- Los Angeles Olympic Organizing Committee. (1985). *Official Report of the Games of the XXIIIrd Olympiad Los Angeles 1984*.

La coupe de l'America

La 36e Coupe de l'America (AC36) a été organisée par Emirates Team New Zealand (ETNZ) après leur victoire à l'édition précédente. L'événement visait à générer des retombées économiques et à promouvoir Auckland et la Nouvelle-Zélande sur la scène internationale.

Afin de minimiser leurs risques, les organisateurs ont diversifié les sources de revenus :

- Les commandites avec des entreprises ont apporté des fonds en échange de visibilité et de partenariats exclusifs;
- Les droits de diffusion télévisée et les partenariats médiatiques ont généré des revenus substantiels avec une audience mondiale importante;
- Les ventes de billets et des forfaits avec des groupes hôteliers ont permis d'accueillir de nombreux spectateurs;
- Les subventions gouvernementales ont été versées dans l'objectif d'obtenir des retombées économiques positives dans la région;
- La vente de produits dérivés, tels que des vêtements et des souvenirs, a également été une source de revenus.

Ces différentes sources de revenus ont permis de financer les coûts élevés associés à l'organisation et à la participation à la Coupe de l'America, tout en maximisant le rendement de l'investissement pour les commanditaires et les villes hôtes.

Malgré des retombées économiques inférieures aux prévisions, la Coupe de l'America a laissé un héritage infrastructurel et culturel significatif[73] :

- Participation : Plus de 280 000 personnes ont assisté à l'événement, dont 77 % étaient des résidents d'Auckland.
- Valeur sociale : L'événement a renforcé la fierté locale, et 8 % des participants ont déclaré vouloir essayer la voile après leur expérience.
- Retombées culturelles : Un accent significatif a été mis sur la culture maorie, avec des retours positifs de la part des spectateurs et des bénévoles.

Infrastructures sportives

Les infrastructures sportives nécessitent des investissements constants, non seulement pour leur maintenance, mais aussi pour les moderniser et pour répondre aux attentes des utilisateurs. Une mauvaise gestion de ces coûts peut conduire à des dépassements budgétaires importants.

73. Pour plus d'informations, voir :
36th America's Cup Impact Evaluation. Rapport commandé par le ministère des Affaires, de l'Innovation et de l'Emploi de Nouvelle-Zélande.

Le Stade olympique de Montréal

Conçu pour accueillir les Jeux olympiques de 1976, le Stade olympique de Montréal est souvent cité comme un exemple de mauvaise planification budgétaire et de dépassements financiers. Initialement estimé à 120 millions de dollars, le coût de construction a explosé pour atteindre environ 770 millions de dollars en raison de retards de construction, de problèmes techniques (notamment liés au toit rétractable non fonctionnel) et d'une gestion de projet inadéquat.

En incluant les coûts d'entretien, les modifications et les intérêts sur les emprunts contractés pour financer le projet, le coût total s'est élevé à 1,47 milliard de dollars en 2006, selon les rapports officiels[74]. Le surnom de « Big O » (pour Olympic) s'est ironiquement transformé en « Big Owe » (le « grand dû »), illustrant le fardeau financier imposé à la Ville et à la province de Québec.

Le Stade olympique continue de poser des défis budgétaires avec des coûts d'entretien et des réparations fréquentes. En 2018, le total des investissements dans le Parc olympique, incluant les infrastructures associées, était estimé à 3,5 millions de dollars, un chiffre qui reflète l'ampleur des erreurs initiales et des efforts pour maintenir l'installation en état.

Cet exemple emblématique souligne les risques d'une mauvaise planification budgétaire dans le domaine sportif, où des prévisions optimistes et un manque de contrôles rigoureux peuvent entraîner des conséquences financières durables. Bien que le Stade soit actuellement utilisé pour des événements sportifs et culturels, son histoire reste un avertissement clair sur la nécessité d'une gestion budgétaire stricte et réaliste.

Le Mercedes-Benz Stadium d'Atlanta[75]

Le Mercedes-Benz Stadium d'Atlanta, inauguré en 2017, est un exemple de modernité et d'innovation dans le design des infrastructures sportives, mais aussi de défis financiers. Construit pour un coût initial estimé à 1,4 milliard de dollars, il est devenu le domicile des Atlanta Falcons (NFL) et d'Atlanta United (MLS). Cependant, le coût final a dépassé les prévisions initiales, atteignant environ 1,6 milliard de dollars, en grande partie en raison de l'intégration d'un toit rétractable.

Les défis du projet étaient les suivants :

- *Toit rétractable innovant* : inspiré d'une lentille de caméra, le toit a nécessité des innovations techniques importantes, ce qui a conduit à des retards et à des dépassements de coûts.

---

74. Pour plus d'informations, voir :
    - MacKinnon, J. (2017). *Stadium Economics and the Public Subsidy Game.* Oxford University Press.
    - Parc olympique de Montréal. (2018). *La véritable valeur du Parc olympique de Montréal.* https://parcolympique.qc.ca/nouvelles/la-veritable-valeur-du-parc-olympique-de-montreal
    - Girard, M. (2018, 5 mai). Le stade de la démesure. *Journal de Montréal.*
    - Dubuc, A. (2018, 24 mars). Un milliard d'investissements au Parc olympique. *La Presse.*
75. Pour plus d'informations, voir :
    - *Atlanta Journal-Constitution.* (2017, 27 août). Inside the Mercedes-Benz Stadium : A closer look at Atlanta's new jewel.
    - *Forbes.* (2017, 18 septembre). Why The Mercedes-Benz Stadium Sets A New Standard For Sports Venues.

- *Financement public et privé* : bien qu'une partie du financement ait été assurée par des fonds publics via une taxe hôtelière, le projet a également dépendu d'investissements privés significatifs de l'équipe propriétaire Arthur Blank.
- *Revenus diversifiés* : le stade accueille des matchs de la NFL de la MLS, ainsi que des concerts et des événements majeurs comme le Super Bowl LIII (2019), contribuant à générer des revenus substantiels.
- *Initiatives écologiques* : Le stade a reçu la certification LEED Platinum[76], ce qui en fait l'une des installations sportives les plus écologiques au monde. Bien que cette distinction soit un atout marketing, elle a aussi nécessité des investissements initiaux importants.

Afin de mieux comprendre les spécificités budgétaires des différentes entités sportives, il est utile de comparer leurs principales sources de revenus, leurs postes de dépenses majeurs et les défis financiers qu'elles rencontrent.

Le tableau ci-dessous synthétise ces éléments en se basant sur les enjeux distincts de la gestion budgétaire dans les clubs sportifs, les événements et les infrastructures sportives. Cette vue d'ensemble permet d'illustrer comment chaque entité adapte ses stratégies financières en fonction de son modèle économique et de son environnement opérationnel.

Tableau 74 Tableau comparatif des défis budgétaires spécifiques à chaque organisation

Type d'entité	Principaux revenus	Principales dépenses	Défi budgétaire majeur
Club sportif	Billetterie, droits TV, marchandisage	Salaires, transferts, infrastructures	Volatilité des revenus selon les performances.
Événement sportif	Commandites, billetterie, diffusion TV	Logistique, primes, sécurité	Planification des coûts et imprévus
Infrastructures	Location, événements, subventions	Construction, maintenance, rénovations	Coût initial et amortissement à long terme.

La gestion budgétaire d'un tournoi de rugby

Un club de rugby bien établi dans sa région prévoit d'organiser un tournoi national sur deux jours dans un grand stade municipal. Cet événement, regroupant 16 équipes de différentes provinces, attire l'attention des médias et constitue une occasion stratégique de renforcer la notoriété du club. En plus de promouvoir le rugby dans la communauté locale, le tournoi vise à générer des revenus pour financer des programmes de développement des jeunes joueurs.

76. LEED Platinum est le niveau le plus élevé de la certification LEED (*Leadership in Energy and Environmental Design*). Cette certification est attribuée aux bâtiments qui obtiennent plus de 80 points sur une échelle de 100, en fonction de divers critères de durabilité.

Cependant, le projet s'accompagne de nombreux défis financiers. Le club, fonctionnant avec un budget limité, doit composer avec des coûts fixes élevés et des revenus incertains. Le succès de l'événement repose en partie sur une participation significative des spectateurs et sur le soutien des commanditaires. Récemment, l'équipe organisatrice a appris qu'un des commanditaires principaux avait décidé de réduire son financement, ajoutant un élément d'imprévisibilité au budget initial.

De plus, des équipes internationales invitées à participer ont exprimé des besoins logistiques spécifiques, augmentant les coûts de transport et d'hébergement. Pour compliquer la situation, les prévisions météorologiques indiquent un temps pluvieux, ce qui pourrait dissuader une partie des spectateurs d'assister au tournoi. Face à ces enjeux, le club envisage de mettre en place une stratégie innovante, incluant la création d'un espace VIP pour attirer des revenus supplémentaires.

Votre mission consiste à examiner le budget prévisionnel initial, à identifier les principaux écarts financiers et à proposer des ajustements pour garantir la réussite de l'événement. Vous devrez également formuler des recommandations stratégiques pour minimiser les risques financiers et maximiser les possibilités à moyen terme.

Questions :

1. **Ajustez le budget** en fonction des données fournies en annexe. Identifiez les écarts financiers principaux et analysez leurs conséquences.

2. Proposez **deux recommandations** pour réduire les risques financiers à moyen terme, en expliquant les implications comptables et stratégiques.

3. Discutez **les limites du contrôle budgétaire** dans ce contexte.

Annexe 1 : budget prévisionnel initial pour un tournoi de rugby

Revenus	Coûts fixes	Coûts variables
• Commandites : 80 000 $ • Billetterie (prévision de 5 000 spectateurs à 20 $/billet) : 100 000 $ • Subventions publiques : 50 000 $ • Revenus de concessions (nourriture, boissons) : 20 000 $ • Revenus de produits dérivés (t-shirts, casquettes) : 10 000 $ • **Total des revenus : 260 000 $**	• Location du stade : 40 000 $ • Salaires du personnel administratif : 20 000 $ • Publicité et promotion : 30 000 $ • Équipement et matériel sportifs : 15 000 $ • Assurance et frais administratifs : 10 000 $ • Fonds de réserve : 10 000 $ • **Total des coûts fixes : 125 000 $**	• Sécurité et encadrement : 3 $ • Logistique (transport des équipes) : 5 $ • Frais de restauration (collations et boissons gratuites pour les participants) : 2 $ • **Total des coûts variables estimés (5 000 spectateurs) : 50 000 $**

Budget prévisionnel net = revenus totaux – coûts fixes et variables totaux

Budget prévisionnel net = 260 000 $ – 175 000 $ = 85 000 $

Annexe 2 : Scénario d'événements imprévus

- **Réduction du financement du commanditaire principal** : Un commanditaire réduit son financement de 20 000 $.
- **Coûts additionnels de logistique** : Les équipes internationales ajoutent des coûts de transport supplémentaires estimés à 15 000 $.
- **Possibilités d'augmenter les revenus** : Ajout d'un programme VIP (50 billets VIP à 100 $ chacun), estimé à 5 000 $ de revenus.
- **Météo défavorable prévue** : Diminution anticipée de 10 % des spectateurs (4 500 spectateurs attendus).

Éléments de correction

<u>**Ajustement du budget en fonction des événements imprévus**</u>

Revenus ajustés :

- Commandites : 80 000 $ - 20 000 $ = 60 000 $
- Billetterie (4 500 spectateurs à 20 $) : 4 500 × 20 = 90 000 $
- Subventions publiques : 50 000 $
- Concessions : (90 % de 20 000 $) = 18 000 $
- Produits dérivés : 10 000 $
- Programme VIP : 5 000 $
- **Total des revenus : 233 000 $**

Coûts ajustés :

- Coûts fixes : 115 000 $
- Coûts variables (4 500 spectateurs × 10 $) : 45 000 $
- Fonds de réserve : 10 000 $
- Coûts additionnels de logistique : 15 000 $
- **Total des coûts : 185 000 $**

  Budget prévisionnel net ajusté = 233 000 $ – 185 000 $ = 48 000 $

<u>**Analyse des écarts**</u>

- **Réduction des revenus de commandites** : une baisse significative de 20 000 $ limite les marges initiales.
- **Effet combiné de la baisse d'affluence et des concessions :** une perte de 10 % des spectateurs entraîne un manque à gagner de 8 000 $.
- **Ajout du programme VIP** : cet ajout permet de compenser partiellement les pertes avec un gain supplémentaire de 5 000 $.
- **Augmentation des coûts logistiques** : une hausse de 15 000 $ liée à la logistique des équipes internationales réduit davantage les marges.

Limites et recommandations

- **Diversification des sources de commandites** : Le club devrait explorer des partenariats avec plusieurs entreprises, y compris des commanditaires secondaires. Par exemple, des entreprises locales pourraient financer certains aspects de l'événement, comme les équipements ou la restauration, afin de réduire la dépendance à un seul commanditaire. Cette stratégie limiterait les répercussions financières en cas de retrait ou de réduction d'un financement.
- **Optimisation de la billetterie et des campagnes promotionnelles** : Une stratégie de communication ciblée, incluant des offres préférentielles pour les familles ou des forfaits promotionnels, pourrait maximiser la prévente des billets. Une billetterie solide avant l'événement réduirait l'impact de conditions météorologiques défavorables sur l'affluence.
- **Meilleure prévision logistique** : En établissant des partenariats à long terme avec des prestataires logistiques, le club pourrait obtenir des tarifs réduits ou des conditions flexibles pour l'organisation future. En outre, prévoir une marge supplémentaire pour couvrir des imprévus logistiques dans les budgets futurs éviterait des augmentations soudaines des coûts comme celles actuellement connues.
- **Innovation dans les revenus d'événements** : Le programme VIP, bien qu'introduit tardivement, montre une occasion de diversifier les revenus. Dans le futur, inclure des options similaires (p. ex. : déjeuners VIP, accès à des zones réservées) dans la planification initiale pourrait générer des recettes supplémentaires et attirer des segments de marché à plus forte valeur ajoutée.

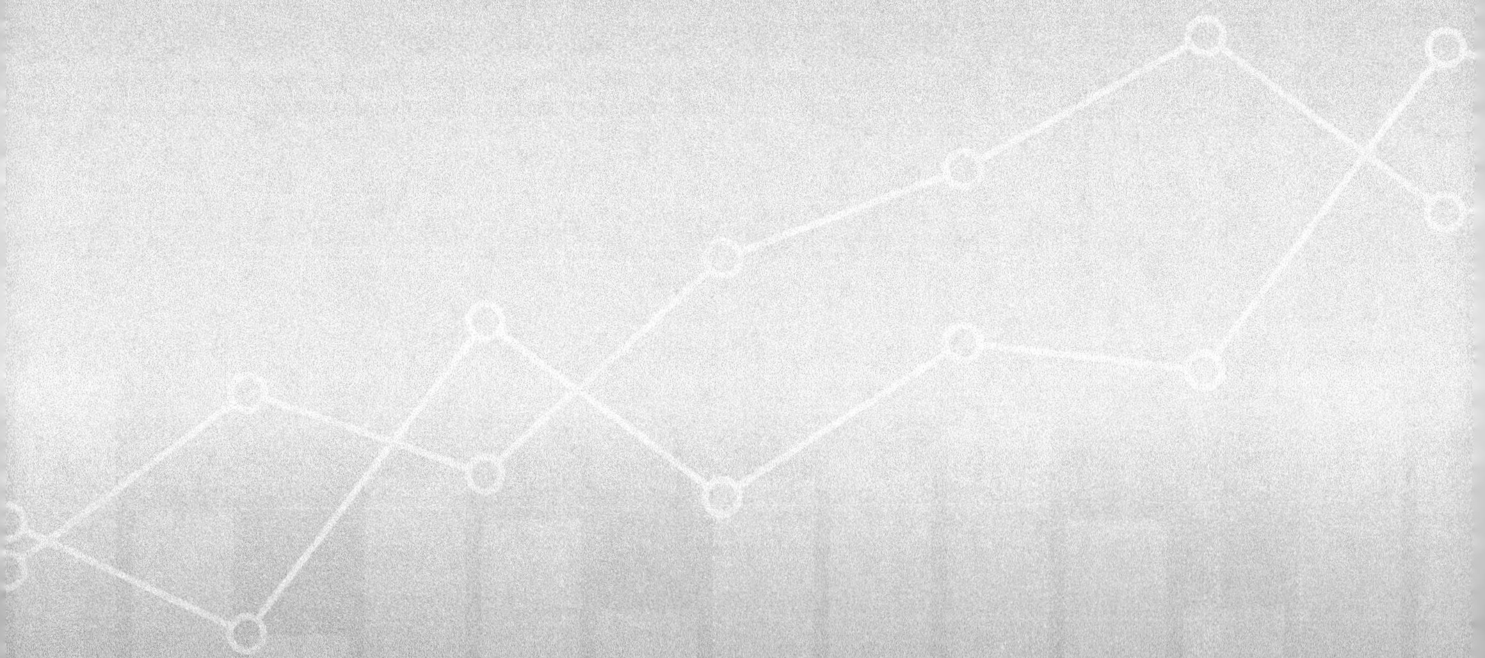

Chapitre 8

Le tableau de bord

Les tableaux de bord jouent un rôle central en comptabilité de gestion en fournissant des outils structurés pour **surveiller, analyser et prendre des décisions stratégiques**. Leur pertinence ne se limite pas aux entreprises classiques; ils sont également essentiels dans des domaines spécifiques comme le sport, où la performance financière, la satisfaction des parties prenantes et l'impact sociétal sont étroitement liés. Ce chapitre explore en détail les composantes, la mise en place et l'utilisation des tableaux de bord, illustrés par des exemples concrets tirés du secteur sportif.

Section 1 : Composition et structure d'un tableau de bord

Dans le domaine du sport et de la finance, la prise de décision repose sur une analyse rigoureuse des performances et des tendances. Un tableau de bord bien conçu est un outil essentiel permettant aux dirigeants, gestionnaires et investisseurs de disposer d'une vision synthétique et dynamique des indicateurs clés. Il facilite non seulement le suivi des objectifs stratégiques et opérationnels, mais aussi l'anticipation des tendances et l'optimisation des ressources. Cette section explore la composition et la structure d'un tableau de bord efficace, en mettant en lumière les éléments essentiels à son élaboration et à son organisation.

Les composantes fondamentales d'un tableau de bord efficace

Un tableau de bord efficace repose sur des éléments soigneusement conçus pour fournir une vue d'ensemble claire et utile des performances. Les éléments fondamentaux du tableau de bord efficace sont les éléments suivants :

- **Indicateurs clés de performance** (*Key performance indicators* ou KPI) : ces mesures permettent de mesurer les progrès par rapport à des objectifs stratégiques. Par exemple, un club de football doit suivre le nombre de spectateurs moyens par match ou le ratio coût/bénéfice par événement.
- **Analyse financière et non financière** : parallèlement aux indicateurs financiers classiques (flux de trésorerie, rentabilité), des indicateurs comme l'engagement des supporters ou l'empreinte carbone gagnent en importance.
- **Visualisation des données** : les tableaux et les graphiques sont essentiels pour interpréter rapidement les données et faciliter la prise de décision.

Structure d'un tableau de bord

Les tableaux de bord suivent une organisation qui maximise leur pertinence et leur efficacité.

Au niveau de la hiérarchisation des données, les informations stratégiques (KPI principaux) apparaissent en priorité en haut du tableau de bord. Les niveaux détaillés, c'est-à-dire les données opérationnelles et historiques, doivent toutefois être accessibles pour les utilisateurs qui souhaitent approfondir une analyse.

Exemple : la direction d'un club de basket peut décider de mettre en avant les indicateurs que sont les revenus par match ou les taux d'engagement des spectateurs et classer les coûts logistiques dans des sous-sections.

Afin de simplifier la lecture, les données doivent être regroupées en thèmes cohérents (p. ex. : financier, opérationnel, client, environnemental). Chaque catégorie dispose ainsi d'un espace consacré, évitant ainsi toute surcharge visuelle.

Exemple : une fédération de sports nautiques peut décider de segmenter les données pour les revenus des événements, la satisfaction des spectateurs et l'impact écologique.

Les graphiques, tableaux et histogrammes devraient utiliser des codes de couleurs et des modèles homogènes pour garantir la cohérence et simplifier le travail des lecteurs.

Exemple : le niveau de réalisation des objectifs peut être présenté comme des histogrammes de couleurs verte, orange ou rouge, ou les performances annuelles peuvent être présentées avec des graphiques à barres.

Le tableau de bord peut inclure des données historiques (p. ex. : évolution des revenus annuels du club) et des données en temps réel (p. ex. : progression des ventes de billets). Le choix des données doit être basé sur la rapidité des décisions que le tableau de bord permet de prendre, tout en lui permettant de mettre en avant les tendances à long terme.

Typologie des tableaux de bord

Tableau 75 Caractéristique des différents tableaux de bord

	Tableau de bord opérationnel	Tableau de bord stratégique	Tableau de bord analytique
Objectif	Assurer le suivi des activités quotidiennes en temps réel.	Fournir une vue d'ensemble sur le long terme et aligner les activités avec les objectifs de l'organisation.	Approfondir l'analyse des données grâce à des outils avancés, comme la prédiction des tendances ou l'identification des corrélations complexes.
Caractéristiques	Ce type de tableau offre une vue instantanée sur les opérations courantes. Les données sont mises à jour en continu pour permettre des ajustements rapides.	Ce tableau inclut des tendances historiques et des projets prévus. Il aide à planifier les ressources et à évaluer l'atteinte des objectifs.	Ce tableau exploite des technologies comme l'intelligence artificielle ou les mégadonnées pour extraire des informations précises.

	Tableau de bord opérationnel	Tableau de bord stratégique	Tableau de bord analytique
Utilisateur	Utile pour les dirigeants qui doivent réagir rapidement aux imprévus (retard dans la logistique, augmentation inattendue de la fréquentation).	Utile pour les décideurs qui doivent prendre des décisions stratégiques, comme l'ouverture de nouveaux marchés ou la signature de partenariats à long terme.	Utile pour les analystes et les stratèges qui cherchent à optimiser les performances à partir de grandes quantités de données.
Exemple	Suivi des stocks alimentaires dans un stade ou des files d'attente aux guichets.	Une fédération sportive peut analyser l'évolution des commanditaires sur cinq ans et mesurer l'effet de ses campagnes de marketing.	Analyse des performances des joueurs en fonction de multiples variables (conditions météorologiques, adversaires, fatigue) pour ajuster les séances d'entraînement.

Construction du tableau de bord pour un marathon

Une organisation gérant un marathon peut structurer son tableau de bord selon ces différents indicateurs :

Tableau 76 Caractéristiques du tableau de bord d'un marathon

Indicateurs financiers	• Revenus issus des inscriptions (par tranche d'âge, nationalité des participants, canaux de vente); • Coûts logistiques ventilés par poste (sécurité, infrastructures, marketing); • Rendement de l'investissement des partenariats commerciaux.
Indicateurs non financiers	• Taux de satisfaction des participants recueillis via des enquêtes postévénements (questions liées à l'accueil, au parcours, à l'organisation); • Temps moyen d'attente pour récupérer les dossards, avec comparaison entre les différents points de retrait; • Taux de rétention des coureurs entre deux éditions, analysé par type de participant (amateurs, élites).
Perspectives stratégiques	• Comparaison de l'empreinte carbone annuelle avec les objectifs de durabilité, incluant les transports des participants et les pratiques de recyclage sur place; • Progrès dans la réduction des déchets, avec suivi du pourcentage de matériaux recyclés et compostables utilisés.
Visualisation	• Graphiques d'évolution des inscriptions sur plusieurs années, segmentés par tranche d'âge; • Histogrammes illustrant l'atteinte des objectifs financiers (p. ex. : budget prévisionnel vs réel) et environnementaux; • Cartes interactives montrant la provenance des coureurs et les zones de forte participation.

Un tel tableau de bord permet aux organisateurs de prendre des décisions précises, comme augmenter le nombre de points de retrait des dossards si les files d'attente sont jugées trop longues. Il peut aussi orienter les stratégies marketing en mettant l'accent sur les tranches d'âge ou les nationalités sous-représentées.

Section 2 : Indicateurs clés de performance (*Key Performance Indicators*)

Définition

Les indicateurs clés de performance (KPI) sont des outils essentiels pour mesurer l'efficacité des stratégies d'une organisation. Ils permettent de suivre les progrès vers des objectifs spécifiques et fournissent une base de référence pour les décisions futures. Dans le sport, les KPI jouent un rôle central dans la gestion des événements, l'optimisation des revenus et l'amélioration de la satisfaction des parties prenantes. Ils se déclinent en plusieurs catégories : financiers, opérationnels, clients et environnementaux.

Caractéristiques d'un bon KPI

Pour qu'un KPI soit efficace, il doit être SMART[77] :

- **S pour *Specific*** (spécifique) : Un objectif doit être clair et précis. Par exemple, « augmenter les revenus des commanditaires sportifs de 15 % » est plus spécifique que « améliorer les revenus ».
- **M pour *Measurable*** (mesurable) **:** Chaque objectif doit inclure des indicateurs de performance qui permettent de suivre les progrès. Cela garantit une évaluation continue et facilite l'ajustement des stratégies.
- **A pour *Achievable*** (atteignable) : Les objectifs doivent être réalistes, en tenant compte des ressources et des capacités disponibles, tout en restant suffisamment ambitieux pour stimuler la performance.
- **R pour *Relevant*** (pertinent) : Un objectif doit être aligné sur les priorités stratégiques de l'organisation ou de l'individu. Dans le domaine du sport, cela pourrait inclure la hausse de la rentabilité ou l'amélioration de la performance des athlètes.
- **T pour *Time-Bound*** (temporel) : Les objectifs doivent être assortis de délais clairs pour inciter à l'action et éviter les retards.

Dans le cadre de la gestion sportive, le modèle SMART peut être utilisé pour fixer des objectifs financiers et de performance adaptés aux clubs, athlètes et événements. Par exemple, un club de football pourrait utiliser ce cadre pour établir une stratégie de réduction des coûts d'exploitation ou pour augmenter l'engagement des frais sur une période donnée.

Ces critères aident à s'assurer que les objectifs et les KPI sont actionnables et utiles dans la prise de décision.

Les KPI peuvent être décomposés en trois catégories en fonction de leurs objectifs.

77. Doran, G. T. (1981). There's a S.M.A.R.T. way to write managements's goals and objectives. *Management Review, 70*(11).

Les KPI financiers

Les KPI financiers évaluent la santé financière d'une organisation sportive. Ils permettent de mesurer la rentabilité, la croissance et l'efficience économique des équipes, clubs ou événements sportifs.

Une bonne gestion financière est essentielle pour assurer la pérennité des organisations sportives, qu'elles soient à but lucratif ou non. Dans ce contexte, l'analyse des revenus, des coûts et du rendement de l'investissement constitue une base indispensable pour les décisions stratégiques. En optimisant ces indicateurs, les gestionnaires peuvent améliorer la stabilité financière, attirer des investisseurs et garantir une expérience optimale aux spectateurs et aux partenaires commerciaux.

Tableau 77 Exemples de KPI financiers

Indicateur	Définition	Exemple pratique
Revenus par spectateur	Revenu total/nombre de spectateurs	85 $ par spectateur lors d'un match NBA
Rendement de l'investissement des commanditaires	Retour sur investisseur	150 % pour un commanditaire majeur
Coûts par événement	Coûts fixes + variables d'un événement	100 000 $ pour un marathon annuel

Les KPI clients

Les KPI liés aux clients permettent de mesurer l'incidence et l'efficacité des stratégies mises en place pour attirer, fidéliser et satisfaire les spectateurs, ainsi que les partenaires commerciaux. Ils évaluent le niveau d'engagement des supporters, leur interaction avec l'organisation et la rentabilité des programmes de marketing.

Dans le secteur sportif, ces indicateurs jouent un rôle clé dans l'amélioration de l'expérience des spectateurs et dans la maximisation des revenus provenant des abonnements, de la billetterie, des produits dérivés et des droits médias. Une compréhension approfondie de ces données permet aux organisations de mieux répondre aux attentes des supporters et d'adapter leurs offres en conséquence.

Parallèlement, l'engagement numérique et les interactions sur les réseaux sociaux sont devenus des éléments incontournables du paysage sportif moderne. Ils permettent de suivre en temps réels l'adhésion du public aux campagnes promotionnelles, la portée des contenus publiés et l'effet des initiatives de communication.

Tableau 78 Exemples de KPI clients

Indicateur	Définition	Exemple pratique
Taux de satisfaction	Pourcentage de spectateurs satisfaits	90 % de satisfaction lors d'un tournoi
Engagement numérique	Interactions sur les réseaux sociaux	50 000 interactions par semaine
Taux de renouvellement	Abonnés renouvelant leurs abonnements	75 % pour une saison de football

Les KPI environnementaux

Les KPI environnementaux permettent d'évaluer l'impact des activités sportives sur l'environnement et de mesurer les efforts déployés pour réduire leur empreinte écologique. Ces indicateurs sont de plus en plus essentiels dans un contexte où la durabilité et la responsabilité environnementale prennent une place centrale dans les politiques des organisations sportives.

Ils permettent de suivre les actions mises en œuvre pour minimiser l'empreinte carbone des événements sportifs, favoriser le recyclage des déchets et améliorer l'efficacité énergétique des infrastructures. En optimisant ces aspects, les clubs et fédérations sportives peuvent renforcer leur engagement envers le développement durable et répondre aux attentes croissantes des parties prenantes.

Tableau 79 Exemples de KPI environnementaux

Indicateur	Définition	Exemple pratique
Empreinte carbone	CO_2 émis par événement	20 tonnes pour un match international
Pourcentage de déchets recyclés	Part des déchets recyclés	65 % lors d'un festival sportif

Illustrations des KPI pour les clubs de basket professionnels

Les clubs de basket professionnels ont développé un ensemble de KPI pour mesurer l'évolution de leur performance, qu'elle soit financière, extra-financière ou environnementale.

Tableau 80 Exemples de KPI dans les clubs de basket professionnels

Financiers	• **Revenus par spectateur** : L'indicateur mesure les revenus générés pour chaque spectateur, incluant les ventes de billets, concessions et produits dérivés. • **Rendement de l'investissement des commanditaires** : L'indicateur évalue la rentabilité des investissements en commandites. • **Coûts par événement** : L'indicateur inclut les coûts fixes et variables liés à l'organisation des matchs.
Gestion des supporters	• **Taux de satisfaction des spectateurs** : L'indicateur est collecté via des enquêtes après les matchs. • **Engagement sur les réseaux sociaux** : L'indicateur mesure les interactions (partages, commentaires) sur les plateformes numériques.
Environnemental et social	• **Empreinte carbone** : Quantité totale d'émissions de CO_2 générées par les événements. • **Pourcentage de déchets recyclés** : L'indicateur mesure l'efficacité des pratiques de recyclage. • **Retombées sur la communauté** : L'effet peut être mesuré avec le nombre d'emplois locaux créés ou les autres initiatives communautaires.

Exemples de clubs NBA	• **Golden State Warriors** : Le club utilise les KPI financiers pour optimiser ses revenus par spectateur en ajustant les prix des billets et des concessions. • **Los Angeles Lakers** : Le club suit le taux de satisfaction des spectateurs et a amélioré les services de restauration pour augmenter la satisfaction de 20 % en 2023. • **Brooklyn Nets** : Le club a réduit son empreinte carbone de 30 % en 2024 grâce à l'utilisation de panneaux solaires pour alimenter son aréna. • **Chicago Bulls** : Le club suit la dépense moyenne par partisan dans les boutiques officielles et les stands de nourriture pour optimiser son offre de produits et de prix. Les revenus commerciaux ont augmenté de 12 % après l'ajustement des prix sur les stands de nourriture en 2022. • **Dallas Mavericks** : Le club mesure le temps moyen pour entrer dans l'arène. En améliorant son processus de numérisation des billets et des contrôles de sécurité, le temps d'attente a été réduit de 30 %.

Le temps d'accès aux toilettes : un KPI en NBA ?

Le Chase Center, domicile des Golden State Warriors, mesure le temps d'attente aux toilettes comme un indicateur clé d'expérience spectateur. L'objectif est de minimiser l'interruption de l'expérience de match et de maximiser le temps passé à regarder le jeu.

Grâce à des capteurs et à des caméras intelligentes, l'arène suit les flux de spectateurs et estime les temps d'attente aux toilettes et aux stands de nourriture. Des notifications en temps réel sur l'application mobile du Chase Center alertent les spectateurs sur les toilettes les plus rapides d'accès.

Section 3 : Le tableau de bord prospectif

Le tableau de bord prospectif (TBP), ou *Balanced Scorecard* (BSC), a été développé par Robert S. Kaplan et David P. Norton[78] dans les années 1990 comme un outil de gestion stratégique permettant aux organisations de traduire leur vision et leur stratégie en indicateurs de performance concrets. Contrairement aux tableaux de bord financiers traditionnels, qui se concentrent uniquement sur les aspects économiques à court terme, le TBP adopte une approche plus globale et équilibrée, intégrant des dimensions complémentaires pour assurer une performance durable.

Dans l'industrie du sport, où la gestion doit allier performance sportive, rentabilité économique et engagement des supporters, le TBP est très utile. De nombreux clubs, fédérations et franchises l'ont adopté pour structurer leur prise de décision, optimiser leurs ressources et maximiser leur impact stratégique.

78. Kaplan, R. et Norton, D. (1992). The Balanced Scorecard : Measures that drive performance. *Harvard Business Review,* 70(3), 71-79.

Introduction au tableau de bord prospectif

Le TBP est une méthode de gestion intégrée qui repose sur l'idée que la performance d'une organisation ne peut être évaluée uniquement à travers ses états financiers. Le TBP repose sur quatre perspectives fondamentales :

- **Perspective financière** : Elle mesure la rentabilité et la viabilité économique en analysant les revenus, les coûts et la gestion des investissements afin d'assurer la pérennité financière;
- **Perspective des clients** : Elle évalue la satisfaction, la fidélisation et l'engagement des clients en se basant sur leur perception de la qualité des produits ou services offerts;
- **Perspective des processus internes** : Elle analyse l'efficacité et l'optimisation des opérations internes en identifiant les processus clés qui contribuent à la création de valeur et à la performance organisationnelle;
- **Perspective d'apprentissage et d'innovation** : Elle se concentre sur le développement des compétences, l'innovation technologique et l'amélioration continue pour assurer la croissance et l'adaptabilité de l'organisation face aux évolutions du marché.

En associant ces quatre dimensions, le TBP permet d'établir un pilotage stratégique équilibré, alignant les objectifs à court terme avec une vision à long terme.

Les 4 perspectives appliquées au sport

Le monde sportif présente des spécificités qui rendent l'application du TBP pertinente. La réussite d'un club ne dépend pas uniquement de ses résultats financiers, mais aussi de sa compétitivité sur le terrain, de son attractivité pour les supporters et partenaires, ainsi que de sa capacité d'innovation.

En intégrant ces différentes dimensions, le TBP se positionne comme un véritable levier de compétitivité pour les clubs et franchises sportives. Les quatre perspectives d'une organisation du monde sportif sont les suivantes :

- **Perspective financière** : Cette perspective vise à assurer la rentabilité et la viabilité économique des organisations sportives. Elle englobe l'analyse des revenus issus de la billetterie, des droits de retransmission télévisée, du marchandisage et des partenariats commerciaux. L'objectif est d'optimiser la gestion des coûts, notamment la masse salariale et les investissements en infrastructures, tout en maximisant les sources de financement pour garantir une stabilité financière à long terme.
- **Perspective des clients** : Cette perspective (qui inclut les supporters, les commanditaires et les médias) se concentre sur la satisfaction et l'engagement des parties prenantes. L'expérience des spectateurs dans les stades, l'interaction sur les réseaux sociaux et la fidélisation des abonnés sont des éléments clés de cette dimension. De même, la relation avec les commanditaires et les diffuseurs télévisés joue un rôle essentiel dans le développement et la valorisation de l'image du club.
- **Perspective des processus internes** : Cette perspective concerne la gestion de la performance sportive et organisationnelle. Elle englobe des aspects tels que la planification des entraînements, la prévention des blessures, l'optimisation des stratégies de jeu et la gestion du personnel encadrant. L'objectif est d'améliorer l'efficacité des opérations internes pour garantir un niveau de compétitivité élevé tout en assurant une gestion optimale des ressources humaines et matérielles.

- **Perspectives d'apprentissage et d'innovation** : Cette perspective met l'accent sur le développement des jeunes talents, l'adoption des nouvelles technologies et l'amélioration des infrastructures. L'investissement dans les centres de formation, l'utilisation de l'intelligence artificielle et des analyses de données pour la performance des joueurs, ainsi que l'intégration de méthodes innovantes dans la gestion et la préparation physique, permettent d'assurer une croissance durable et une adaptation constante aux évolutions du sport professionnel.

Figure 7 Le tableau de bord prospectif dans le monde sportif

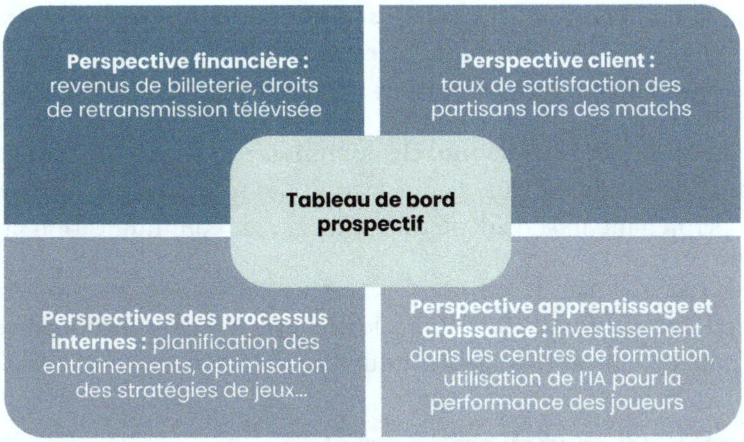

Conclusion sur le tableau de bord prospectif dans le monde sportif

Le TBP appliqué au sport offre une vision stratégique globale, permettant aux clubs et franchises d'assurer une gestion efficace, compétitive et durable. Grâce à ses quatre perspectives complémentaires, il constitue un levier de croissance et d'optimisation dans l'univers du sport professionnel.

Section 4 : Mise en place d'un tableau de bord

La mise en place d'un tableau de bord est un processus structuré qui permet de transformer les objectifs stratégiques en indicateurs mesurables. Un tableau de bord bien conçu améliore la prise de décision en fournissant une vue synthétique et dynamique des performances financières, opérationnelles et environnementales.

Le processus de construction d'un tableau de bord peut être décomposé en quatre étapes. Chacune des étapes nécessite des efforts de chacun des acteurs de la gouvernance, du conseil d'administration aux équipes opérationnelles, en passant par la direction de l'organisation.

Figure 8 Les différentes étapes de la conception d'un tableau de bord

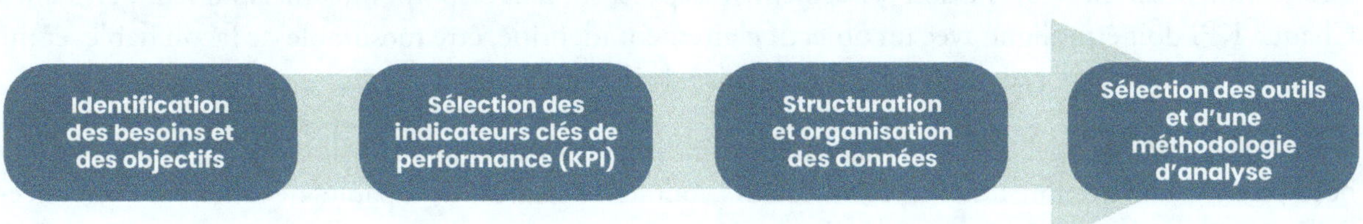

Étape 1 : Identification des besoins et des objectifs

La première étape de conception d'un tableau de bord consiste à définir clairement ses finalités. Un tableau de bord efficace doit répondre à des besoins spécifiques et permettre de suivre des objectifs précis.

Il permet tout d'abord le suivi de la performance financière, en fournissant des indicateurs tels que la rentabilité d'un événement sportif ou les revenus générés par spectateur, facilitant ainsi l'évaluation de la viabilité économique des activités.

Ensuite, il contribue à l'optimisation des processus opérationnels, en analysant des éléments comme le temps d'attente aux guichets ou le nombre de billets vendus en ligne, ce qui permet d'améliorer l'efficacité et l'expérience des utilisateurs.

Parallèlement, un tableau de bord est un outil clé pour mesurer l'engagement des parties prenantes, en intégrant des indicateurs tels que le taux de satisfaction des spectateurs et le niveau d'interaction sur les réseaux sociaux, permettant ainsi d'adapter les stratégies de communication et de fidélisation.

Enfin, il joue un rôle essentiel dans le suivi des indicateurs environnementaux, en mesurant des paramètres comme l'empreinte carbone ou le volume de déchets recyclés, contribuant ainsi à l'amélioration des performances en matière de développement durable.

Étape 2 : Sélection des indicateurs clés de performance (KPI)

Une fois les objectifs définis, la sélection des indicateurs clés de performance est indispensable pour s'assurer de l'efficacité de l'organisation.

Tableau 81 Sélection des indicateurs clés de performance

Type de KPI	Exemples	Objectif
Financier	Rentabilité des événements, revenus par spectateur	Optimiser la gestion budgétaire
Opérationnel	Taux d'occupation des infrastructures, temps d'attente	Améliorer l'efficacité des opérations
Client	Satisfaction des abonnés, fidélisation des spectateurs	Accroître l'engagement des parties prenantes
Environnemental	Empreinte carbone, pourcentage de déchets recyclés	Suivre l'impact environnemental

La sélection des indicateurs ne doit pas seulement reposer sur leur disponibilité, mais sur leur pertinence. Chaque KPI doit être aligné avec un objectif clairement identifié, être mesurable de façon fiable, et mis à jour selon une fréquence cohérente avec la prise de décision.

Il est également essentiel d'éviter la surcharge d'indicateurs, qui nuit à la lisibilité. Un bon tableau de bord privilégie un nombre restreint d'indicateurs vraiment significatifs, capables de refléter les tendances, d'alerter en cas de dérive, et de guider l'action.

Enfin, certains indicateurs peuvent entrer en tension : par exemple, un objectif d'efficacité opérationnelle (temps d'attente réduit) peut entrer en conflit avec des indicateurs de durabilité (réduction de l'usage de transports motorisés). Ces arbitrages doivent être discutés en amont avec les responsables concernés, afin d'assurer une cohérence entre les différents objectifs poursuivis.

Étape 3 : Structuration et organisation des données

Un tableau de bord efficace repose sur une structuration claire et lisible des informations afin de faciliter l'analyse et la prise de décision. Il est essentiel de hiérarchiser les données, en mettant en avant les indicateurs les plus critiques dès le premier niveau d'affichage, garantissant une lecture rapide et une réactivité optimale.

De plus, les informations doivent être regroupées par thématiques, comme les performances financières, les aspects opérationnels, la satisfaction des clients ou encore les indicateurs environnementaux, afin de structurer les données de manière cohérente et d'éviter toute confusion.

Enfin, la clarté visuelle joue un rôle clé : l'utilisation de formats simples et intuitifs, tels que des graphiques, des histogrammes ou des codes de couleurs, permet de rendre les données immédiatement compréhensibles et d'améliorer l'efficacité du tableau de bord.

Tableau 82 Exemple de tableau de bord d'une fédération sportive

Thèmes	Indicateurs clés de performance (KPI)
Revenus	• Recettes des adhérents : les cotisations des membres, les frais d'inscription et les contributions des clubs affiliés. • Subventions gouvernementales : les financements publics alloués à la fédération. • Recettes de commandites : les contrats de commandites, les partenariats et les accords de marketing. • Recettes de licences : les revenus provenant de la vente de licences aux athlètes, aux entraîneurs et aux arbitres. • Autres sources de revenus : les revenus de la vente de billets pour les événements, les recettes de marchandisage, etc.
Dépenses	• Salaires et avantages sociaux du personnel : les rémunérations des employés de la fédération. • Coûts d'organisation d'événements : les dépenses liées à l'organisation de compétitions, de tournois et d'autres événements sportifs. • Frais administratifs : les coûts de gestion générale, y compris les frais de bureau, de location, etc. • Dépenses de développement sportif : les investissements dans le développement des athlètes, des entraîneurs et des infrastructures. • Coûts de marketing et de communication : les dépenses liées à la promotion et à la communication de la fédération.
Programme de développement sportif	• Le suivi des programmes de formation et de développement des athlètes. • Résultats sportifs : les performances des athlètes de la fédération dans les compétitions nationales et internationales.

Thèmes	Indicateurs clés de performance (KPI)
Engagement des membres	• Nombre d'adhérents : le nombre total de membres de la fédération, y compris les athlètes, les entraîneurs, les officiels, etc. • Rétention des membres : le taux de renouvellement des adhésions. • Satisfaction des membres : les enquêtes ou les commentaires des membres sur leur expérience au sein de la fédération.
Finances	• États financiers : les rapports financiers détaillés, y compris le bilan, le compte de résultat et le tableau des flux de trésorerie. • Budgets : les budgets annuels et les prévisions financières.
Objectifs et réalisations	• Objectifs : les objectifs financiers, sportifs et de développement fixés par la fédération. • Comparaisons : la comparaison des performances actuelles avec les objectifs et les performances passées.
Tendances	• Tendances financières : les tendances de revenus et de dépenses au fil du temps. • Tendances sportives : les performances des athlètes et des équipes nationales au fil des saisons.

Étape 4 : Sélection des outils et d'une méthodologie d'analyse

Un tableau de bord efficace repose sur une organisation claire et structurée des informations afin de garantir une lecture fluide et une prise de décision rapide. Une conception soignée permet d'éviter la surcharge d'informations et d'orienter immédiatement l'utilisateur vers les données les plus pertinentes.

La première règle d'un tableau de bord efficace est la hiérarchisation des informations. Les indicateurs les plus critiques doivent être placés en priorité, idéalement en haut de l'interface ou au centre de la page, afin d'être visibles dès le premier regard. Cette approche permet aux décideurs d'identifier rapidement les points de vigilance et de suivre l'évolution des performances sans devoir couvrir un ensemble complexe de chiffres et de graphiques. Un bon tableau de bord doit permettre une prise de décision rapide en mettant immédiatement en évidence les tendances et écarts importants.

Pour éviter la confusion et faciliter l'analyse, il est recommandé de regrouper les indicateurs par catégories thématiques. De plus, pour être efficace, il ne doit pas être une simple accumulation de chiffres bruts, mais plutôt une représentation graphique en barres, des histogrammes colorés, des tableaux synthétiques et des courbes d'évolution. Un effort dans la représentation graphique est essentiel pour rendre les données compréhensibles en un coup d'œil.

Parallèlement, un tableau de bord bien conçu doit être simple, structuré et immédiatement exploitable. La hiérarchisation des informations, le regroupement par thématiques et la clarté visuelle sont des principes fondamentaux qui garantissent une lecture fluide et une prise de décision efficace. En suivant ces recommandations, les gestionnaires peuvent s'assurer que leur tableau de bord reste un outil réellement utile et non une source de confusion.

Moneyball : une révolution de la gestion financière et sportive dans un tableau de bord

L'histoire des Oakland Athletics au début des années 2000 illustre parfaitement l'incidence des indicateurs de performance avancés dans la gestion d'une organisation sportive. Confrontée à un budget limité et à la concurrence de franchises aux moyens bien plus importants, l'équipe dirigée par Billy Beane a dû repenser complètement son approche du recrutement et de l'évaluation des joueurs.

Plutôt que de s'appuyer sur les critères traditionnels des recruteurs (comme l'apparence physique ou l'intuition), Beane a adopté une méthode basée sur les données analytiques et les statistiques avancées, popularisée sous le nom de *Moneyball Strategy*. Grâce aux travaux de Bill James, un statisticien ayant développé la sabermétrie[79], les Oakland Athletics ont utilisé des indicateurs comme le *on-base percentage* (OBP) pour identifier des joueurs sous-évalués mais performants.

Cette approche a permis à l'équipe de rivaliser avec des franchises aux budgets bien plus élevés, démontrant ainsi que l'analyse des bonnes données permet de maximiser la performance tout en optimisant les coûts. L'effet de cette stratégie a été si marquant qu'il a inspiré d'autres sports, notamment le football, où des modèles statistiques comme les *Expected Goals* (xG) sont désormais utilisés pour analyser l'efficacité offensive et la prise de décision des joueurs.

Au-delà du sport, cette approche trouve un écho dans la gestion financière et stratégique des entreprises. À l'instar des Oakland Athletics, une entreprise qui sait identifier et exploiter les bons indicateurs de performance sera en mesure de prendre des décisions plus éclairées, d'optimiser ses ressources et de gagner en compétitivité. Les tableaux de bord modernes intègrent ainsi de plus en plus de modèles prédictifs et d'analyses basées sur les données, permettant d'améliorer aussi bien la gestion d'une équipe que la performance économique d'une organisation.

---

79. La sabermétrie (ou *sabermetrics* en anglais) est l'analyse statistique avancée appliquée au baseball pour évaluer la performance des joueurs de manière plus objective que les statistiques traditionnelles.
Le terme vient de l'acronyme SABR (*Society for American Baseball Research*), une organisation consacrée à la recherche sur le baseball. Popularisée par Bill James dans les années 1980, la sabermétrie repose sur des indicateurs plus précis que la moyenne au bâton ou les points produits. Les indicateurs suivants sont des exemples de mesures développées selon cette approche :
    - *On-Base Percentage (OBP)* : mesure la fréquence à laquelle un joueur atteint les bases;
    - *Fielding Independant Pitching (FIP)* : analyse la performance d'un lanceur indépendamment de la défense de son équipe;
    - *Wins Above Replacement (WAR)* : estime la contribution globale d'un joueur par rapport à un joueur moyen de remplacement.

    Pour approfondir le sujet : James, B. (1985). *The Bill James Historical Baseball Abstract*. Villard Books (réédité en 2001).

Section 5 : Études de cas

Étude de cas : Gestion de la performance du club de basketball professionnel Elite Basket

Le club Elite Basket évolue dans une ligue majeure de basketball et ambitionne d'améliorer sa gestion financière, sa rentabilité, l'expérience de ses supporters et son impact environnemental. Depuis plusieurs saisons, la direction du club a mis en place différentes initiatives pour optimiser les revenus, fidéliser son public et adopter des pratiques plus durables.

Parallèlement, les performances sportives du club se sont améliorées, avec une progression constante au classement, des qualifications aux séries éliminatoires et une augmentation du nombre de victoires par saison. Cette dynamique a renforcé l'engouement des supporters, comme en témoignent le taux de remplissage croissant du stade et l'augmentation des interactions numériques.

Afin d'améliorer l'expérience des spectateurs et de réduire l'attente aux points stratégiques du stade, Elite Basket a investi dans plusieurs initiatives, notamment l'optimisation des flux d'entrée avec des billets électroniques et des services de restauration avec l'introduction des bornes de commandes automatisées. Malgré ces efforts, la direction souhaite mesurer précisément l'effet de ces changements et identifier de nouvelles possibilités d'amélioration.

Les enjeux du club

La direction d'Elite Basket a identifié plusieurs domaines clés nécessitant une surveillance accrue et des ajustements stratégiques :

- Sur le plan de la gestion financière :
  - › Augmenter les revenus issus de la billetterie, de la vente de produits dérivés et des commandites;
  - › Mieux contrôler les coûts opérationnels pour améliorer la rentabilité nette.
- Sur le plan de l'optimisation des infrastructures et de l'expérience spectateur :
  - › Améliorer le taux de remplissage du stade, notamment sur les matchs à faible affluence;
  - › Réduire les temps d'attente aux entrées et aux points de restauration, tout en garantissant une fluidité dans l'expérience spectateur;
  - › Évaluer l'incidence des nouvelles solutions mises en place pour améliorer l'accueil et le service dans l'enceinte du stade.
- Sur le plan de l'engagement des supporters et de l'influence du numérique :
  - › Développer une stratégie numérique performante pour maximiser l'engagement sur les réseaux sociaux et fidéliser les abonnés;
  - › Analyser le taux de satisfaction des spectateurs pour identifier les axes d'amélioration.
- Sur le plan de la responsabilité environnementale et du développement durable :
  - › Réduire l'empreinte carbone du club et des événements;
  - › Augmenter la part des déchets recyclés dans l'enceinte du stade.

La demande de la direction

Face à ces défis, la direction d'Elite Basket souhaite mettre en place un tableau de bord de gestion qui permettra de suivre et d'analyser les indicateurs clés de performance du club. Le dirigeant souhaite que vous preniez deux éléments en compte :

« *Nous avons investi dans une numérisation accrue de l'expérience spectateur. Nous vous demandons maintenant si nos efforts ont réellement porté leurs fruits et comment nous pouvons continuer à innover.* »

« *Avant, c'était un cauchemar d'entrer dans le stade à l'heure du coup d'envoi. Maintenant, avec les billets électroniques, ça va beaucoup plus vite !* »

Votre mission

Vous êtes consultant(e) en gestion et finance sportive. La direction vous confie la tâche de concevoir un tableau de bord qui présentera les indicateurs les plus pertinents pour assurer une gestion optimale du club.

Annexes

Tableau 83 Indicateurs financiers (revenus, billetterie, rentabilité)

Saison	Revenus de billetterie (en M$)	Revenus liés à la vente de produits dérivés (en M$)	Commandites (en M$)	Total des revenus (en M$)	Coût total (en M$)	Bénéfice net (en M$)	Prix moyen du billet (en $)
2019-20	45	12	30	87	65	22	63
2020-21	38	10	27	75	60	15	62
2021-22	50	14	35	99	70	29	66
2022-23	55	16	40	111	75	36	71
2023-24	60	18	45	123	80	43	75

Tableau 84 Taux de remplissage du stade

Saison	Capacité totale du stade	Nombre moyen de spectateurs par match	Taux de remplissage (%)
2019-20	20 000	17 500	87,50 %
2020-21	20 000	15 000	75,00 %
2021-22	20 000	18 500	92,50 %
2022-23	20 000	19 000	95,00 %
2023-24	20 000	19 500	97,50 %

Tableau 85 Temps d'attente aux entrées du stade et à la restauration

Saison	Temps moyen d'attente aux entrées (min)	Temps moyen d'attente à la restauration (min)
2019-20	15	12
2020-21	18	14
2021-22	13	10
2022-23	10	9
2023-24	8	7

Tableau 86 Engagement des supporters (réseaux sociaux, abonnements, satisfaction)

Saison	Abonnés annuels	Engagement numérique[80] (interactions/match)	Taux de satisfaction des spectateurs (%)
2019-20	8 500	50 000	85%
2020-21	7 000	42 000	80%
2021-22	9 200	55 000	88%
2022-23	10 000	60 000	90%
2023-24	11 500	75 000	95%

Tableau 87 Indicateurs environnementaux (empreinte carbone, recyclage)

Saison	Empreinte carbone (tonnes de CO_2)	% de déchets recyclés	Consommation énergétique (MWh)
2019-20	2 500	40%	1 200
2020-21	2 200	45%	1 100
2021-22	2 000	50%	1 000
2022-23	1 800	55%	900
2023-24	1 600	60%	850

Corrigé du cas : Gestion de la performance du club de basketball professionnel Elite Basket

L'analyse de ces données sur les cinq dernières saisons permet d'évaluer son évolution financière, opérationnelle, marketing et environnementale. Le tableau de bord sous forme de graphique représente le document de synthèse principal utile pour la prise de décision.

80. L'engagement numérique est évalué en fonction des interactions des utilisateurs. Ces interactions peuvent inclure les éléments suivants : mentions J'aime (*Likes*), commentaires, partages, clics sur les liens, visionnage de vidéos, participation à des sondages et votes, nombre de messages directs envoyés au club, téléchargement de contenu.

- *Performance financière et revenus*

  Au fil des saisons, le club a connu une croissance continue de ses revenus, notamment grâce à une hausse des recettes de billetterie, des commandites et de marchandisage.

  › Revenus de billetterie : Passant de 45 millions $ en 2019-2020 à 60 millions $ en 2023-2024, cette progression s'explique par une augmentation du taux de remplissage du stade.

  › Commandite et marchandisage : L'attractivité du club auprès des marques partenaires a généré des revenus commandités en hausse de 50 % en 5 ans, tandis que les ventes de produits dérivés ont progressé de 6 millions $ sur la même période.

  Malgré ces évolutions positives, les coûts opérationnels ont également augmenté, notamment en raison des salaires des joueurs et du développement des infrastructures. Toutefois, la rentabilité nette du club est en constante progression, passant de 22 millions $ en 2019-2020 à 43 millions $ en 2023-2024.

- *Taux de remplissage du stade et expérience des spectateurs*

  Le taux de remplissage du stade a fortement progressé, atteignant 97,5 % en 2023-2024 contre 75 % en 2020-2021, une saison touchée par une baisse d'affluence. Cette amélioration découle de plusieurs facteurs :

  › Une meilleure expérience des spectateurs, avec une réduction des temps d'attente aux entrées et aux points de restauration;

  › Des performances sportives en hausse, renforçant l'attrait du club auprès des supporters et des abonnés.

  Le temps d'attente aux guichets d'entrée, autrefois un frein à l'expérience des spectateurs, a été réduit de 15 à 8 minutes en 5 ans, grâce à l'adoption de billets électroniques et à l'ajout d'entrées supplémentaires. De même, le temps d'attente pour la restauration a diminué de 5 minutes, grâce à l'installation de bornes de commande automatisées.

- *Engagement des supporters et retombées du numérique*

  L'implication du club sur les réseaux sociaux et son interaction avec les supporters ont fortement évolué.

  › Engagement numérique : Les interactions en ligne par match ont connu une augmentation constante, passant de 50 000 à 75 000 en cinq ans.

  › Nombre d'abonnés : La base de supporters abonnés annuels est en hausse, atteignant 11 500 abonnés en 2023-2024, soit une progression de 35 % en 5 ans.

  › Satisfaction des spectateurs : La perception globale du club par ses supporters est positive, avec un taux de satisfaction passant de 85 % à 95 %.

  Ces résultats traduisent l'effet d'une stratégie numérique efficace, avec une communication renforcée sur les réseaux sociaux, des événements interactifs pour les supporters et des expériences exclusives pour les abonnés.

- *Responsabilité environnementale et développement durable*

  Le club a progressivement mis en place une politique de gestion durable de ses infrastructures et événements, avec des objectifs de réduction de son empreinte carbone et d'amélioration du recyclage des déchets :

- Empreinte carbone : réduction de 2 000 t de CO_2 à 1 600 t de CO2;
- Recyclage : le pourcentage de déchets recyclés est passé de 40 % à 60 %, grâce à une sensibilisation accrue et à une meilleure gestion des déchets dans l'enceinte du stade;
- Consommation énergétique : réduction de 30 % en 5 ans, grâce à des investissements dans des technologies plus économiques en énergie.

Ces efforts démontrent l'engagement du club envers une gestion plus responsable, alignée avec les attentes croissantes des supporters et des commanditaires en matière de durabilité.

Figure 9 Tableau de bord d'Elite Basket

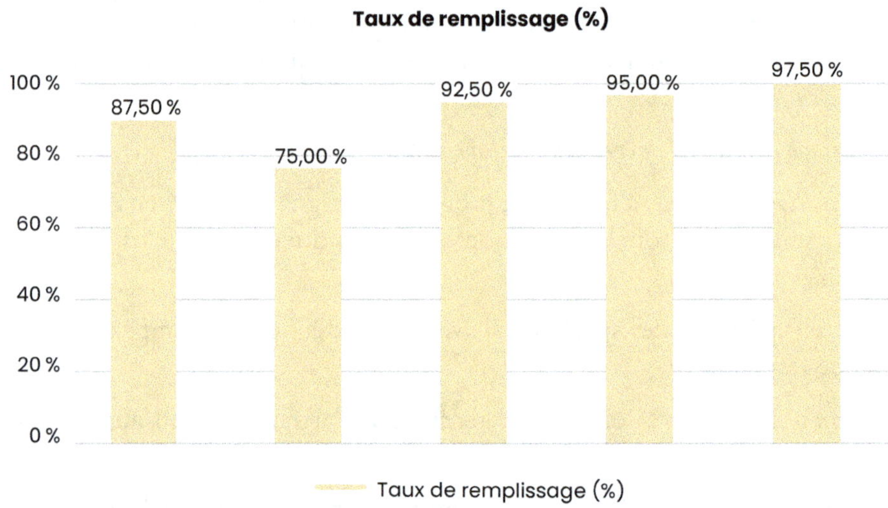

Étude de cas : Le tableau de bord d'une fédération de sports extrêmes

Une fédération de sports extrêmes souhaite renforcer son attractivité auprès de nouveaux partenaires et accroître la visibilité internationale de ses événements. Pour atteindre ces objectifs, elle doit mettre en place un tableau de bord de gestion intégrant des indicateurs financiers et non financiers permettant d'optimiser sa performance globale.

Vous êtes chargé(e) de concevoir un tableau de bord adapté à cette fédération en tenant compte de ses enjeux stratégiques. Votre mission consiste à :

1. **Définir la structure du tableau de bord** en précisant les axes stratégiques retenus et leur importance.
2. **Identifier cinq indicateurs clés de performance (KPI)** et justifier leur pertinence.
3. **Évaluer les limites des indicateurs existants**, en identifiant leurs biais potentiels et leurs effets pervers.

Tableau 88 Annexe 1 : Données financières et non financières

Revenus moyens sur 5 ans	Coûts moyens sur 5 ans
• Billetterie : 120 000 $ • Commandites : 90 000 $ • Subventions publiques : 60 000 $ • Produits dérivés : 15 000 $ • Concessions alimentaires : 25 000 $	Fixes : 200 000 $ • Publicité/promotion : 40 000 $ • Location des installations : 60 000 $ • Salaires : 80 000 $ • Autres coûts fixes : 20 000 $ Variables : 100 000 $ • Logistique (par équipe) : 5 000 $ • Sécurité : 30 000 $ • Frais divers : 65 000 $

Tableau 89 Annexe 2 : Satisfaction des parties prenantes

Population	Mesures de satisfaction
Supporters	• Taux de satisfaction des spectateurs : 85 % • Principale plainte : difficulté d'accès au stade et prix élevé des concessions
Commanditaires	• Taux de satisfaction des commanditaires : 70 % • Attente clé : plus de visibilité sur les supports numériques et sociaux
Joueurs et personnel	• Taux de satisfaction des joueurs et du personnel : 90 % • Suggestion : amélioration des infrastructures d'entraînement

Corrigé du cas : Le tableau de bord d'une fédération de sports extrêmes

Structure du tableau de bord et axes stratégiques

L'approche recommandée repose sur le tableau de bord prospectif (ou *Balanced Scorecard*), qui permet de concilier performance financière et objectifs stratégiques. Ce tableau de bord s'articule autour de quatre perspectives :

- Financière : assurer la rentabilité et la diversification des revenus;
- Client : améliorer l'expérience des supporters et maximiser l'engagement des commanditaires;
- Processus internes : optimiser l'organisation des événements et la logistique;
- Apprentissage et croissance : développer les compétences internes et favoriser l'innovation, notamment en matière d'ESG (environnement, social et gouvernance).

Sélection des indicateurs clés de performance (KPI)

Les indicateurs retenus permettent un suivi précis de la performance de la fédération :

Perspective financière

La gestion financière est essentielle pour assurer la pérennité des activités. Deux indicateurs principaux sont à suivre :

- Marge nette : La marge nette constitue un indicateur clé, puisqu'elle reflète la rentabilité globale en tenant compte des différentes sources de revenus ainsi que des charges fixes et variables.
- Ratio de revenus par spectateur : Le ratio de revenus par spectateur permet d'évaluer l'efficacité des stratégies commerciales mises en place afin d'optimiser la rentabilité de chaque événement.

Perspective client

L'attractivité des événements repose en grande partie sur l'expérience des spectateurs et la satisfaction des commanditaires :

- Taux de satisfaction des spectateurs : Le taux de satisfaction des spectateurs est un indicateur clé pour mesurer la fidélisation et évaluer la qualité de l'expérience événementielle.
- Taux de renouvellement des commanditaires : La capacité de la fédération à maintenir un partenariat durable avec ses commanditaires se reflète dans le taux de renouvellement des commandites, un élément crucial pour assurer une stabilité financière et une visibilité à long terme.

Processus interne

L'optimisation des opérations est un facteur de succès :

- Temps moyen d'organisation par événement : Le temps moyen d'organisation par événement représente un indicateur pertinent pour apprécier la performance logistique et identifier les axes d'amélioration dans la gestion des compétitions et des infrastructures.

Apprentissage et innovation

Le développement continu des compétences et la capacité à innover sont essentiels pour se démarquer :

- Heures de formation du personnel et des bénévoles : La formation continue du personnel et des bénévoles est un élément clé pour renforcer les compétences internes et assurer un développement organisationnel durable.
- Nombre d'innovations mises en place : Le nombre d'innovations mises en place, qu'il s'agisse d'initiatives numériques, de stratégies ESG ou de nouvelles infrastructures, illustre la capacité d'adaptation et d'amélioration continue de la fédération.

L'intégration des enjeux ESG est essentielle pour assurer la pérennité de la fédération et répondre aux attentes croissantes des parties prenantes. Trois axes ESG peuvent être intégrés au tableau de bord :

- Environnemental : suivi de l'empreinte carbone par événement (p. ex. émissions liées aux déplacements, gestion des déchets);

- Social : évaluation des retombées sur le plan communautaire (p. ex. initiatives locales, accessibilité des événements);
- Gouvernance : mise en place d'indicateurs de transparence financière et de bonne gestion des ressources.

Ainsi, le tableau de bord élaboré pour la fédération de sports extrêmes permet d'assurer un suivi rigoureux de sa performance globale tout en intégrant les principes fondamentaux d'une gestion responsable et durable.

Conclusion

Le monde du sport, bien plus qu'un simple spectacle ou un terrain de performance, repose sur des mécanismes économiques et financiers complexes. Derrière chaque décision stratégique, qu'il s'agisse d'un transfert de joueur, de la construction d'un stade ou de la gestion des droits de diffusion, se trouvent des choix financiers qui conditionnent la viabilité et la compétitivité des organisations sportives.

À travers cet ouvrage, nous avons exploré les multiples facettes du lien entre sport et finance. Nous avons mis en lumière l'importance de l'information comptable et financière pour assurer une gestion rigoureuse, la nécessité d'arbitrer entre différentes possibilités d'investissement et l'incidence des choix budgétaires sur la rentabilité et la pérennité des clubs et fédérations.

Les dynamiques du financement, qu'elles concernent les levées de fonds, les investissements en infrastructures ou les mécanismes de contrôle des coûts, révèlent un équilibre délicat entre la recherche de performance sportive et la nécessité d'une gestion financière saine. De nombreux cas analysés dans cet ouvrage illustrent que même les organisations les plus prestigieuses ne sont pas à l'abri de défis économiques majeurs.

Enfin, dans un environnement en constante évolution, où les nouvelles technologies, les modèles de gouvernance et les exigences réglementaires transforment en profondeur l'industrie du sport, il est plus que jamais essentiel pour les acteurs du secteur de maîtriser les enjeux financiers.

Si la passion et la performance restent le moteur du sport, la finance en est l'ossature. Comprendre et intégrer ces dimensions, c'est donner aux clubs, aux fédérations et aux investisseurs les moyens d'évoluer dans un monde sportif toujours plus exigeant et compétitif.

Imprimé sur Rolland Enviro®.
Ce papier contient 100% de fibres recyclées durables,
est fabriqué avec un procédé sans chlore
et à partir d'énergie biogaz.

100%

PCF

BIO GAZ ÉNERGIE

PERMANENT

www.ingramcontent.com/pod-product-compliance
Lightning Source LLC
LaVergne TN
LVHW082032051026
849532LV00011B/3334
* 9 7 8 2 8 9 7 9 9 8 4 2 4 *